KB274084

미로의 시련
– 엘리아데 입문

미로의 시련

– 엘리아데 입문

미르체아 엘리아데 지음
– 로케와의 대화

김종서 옮김

북코리아

※ 이 역서는 2007년 정부(교육과학기술부)의 재원으로 한국연구재단의 지원을 받아 수행된
   연구임(KRF-2007-361-AL0016)

머리말

『미로의 시련』(*L'Epreuve du labyrinthe*), 이 책의 제목은 그 성격을 잘 말해준다. 관례대로라면 이런 질문과 답변 형식의 대담에는 절친한 친구가 머리말을 써야 마땅하다. 어쨌든 나는 인터뷰를 위해서 엘리아데라는 다소 전설적인 세계의 가장자리에 내가 다가서게 된 이유들을 말할 수 있다. 그 이유는, 내가 스무 살 때, 실은 내가 별로 갈 곳이 아닌 정치학 연구소의 도서관에서 엘리아데의 책 ― 아마 『이미지와 상징』(*Images et Symboles*) ― 을 처음 읽었는데, 그 책에 나온 원형(archétypes), 매듭의 주술, 진주와 조개의 신화, 세례와 홍수 등 모두가 정치 경제학 교수들의 가르침보다는 훨씬 더 깊이 나를 사로잡았기 때문이다. 즉, 그 책은 사물의 맛과 의미를 다루고 있었다. 또한 몇 년 후, 마음의 중요한 지점들에 따라 위치를 정하지 않으면 인간의 공간은 실제로 측량될 수 없다는 것을 건축학도들에게 이해시켜야 했을 때, 내가 가장 많은 도움을 받은 책들이 바슐라르의 『공간의 시학』(*La Poétique de l'espace*)과 엘리아데의 『성과 속』(*Le Sacré et le Profane*)이었기 때문이다. 마지막으로, 시에나(Siena) 혹은 베니스를 거닐듯이, 엘리아데의 『일기』(*Fragments d'un Journal*)를 읽고 또 읽으며 한 세계의 전개와 한 인간의 현존, 인생의 여정을 음미하던 와중에, 나는 그 저서 전체를 관통하는 한 인격체의 광채가 빛나는 것을 갑자기 보게 되었기 때문이다. 나는 내 열망이 이루어졌다고 믿는다. 신화적인 선구자와 만났고, 그와 친구가 되었다고 말할 수 있다. 그리고 나의 끈기로 인하여, 엘리아데의 저작 — 그 저술과 사상의 풍부한 영토 — 한가운데에 소우주이자 교차점인 이 '대담'(Entretiens)을 펴내게 된 것이다.

하나의 작품과 인생의 미로 속으로 관통하여 일관된 독특함을 발견하기 위해서는, 어느 입구로 들어가도 괜찮다. 스무 살에 초심자로 인도에 들어가고 20년 후 "에라노스"(Eranos) 회의에서 융(Jung)과 가까워진 것, 세계를 고향으로 삼는 그의 방식에서조차 두드러지는 루마니아의 깊숙한 뿌리, 편집되면서 또 한편으로 깊이 이해된 긴 신화 목록, 역사가로서의 작업과 이야기를 창작하고 싶은 소박한 열정, 쿠사의 니콜라스(Nicolas de Cuse)와 히말라야, 이러한 것들을 보면 엘리아데에게서 상반의 합일(coïncidentia oppositorum)이라는 테마가 왜 그토록 강하게 자주 울려 퍼지는지 알 수 있다. 하지만 이는 모든 것이 결국 하나로 모인다고 말할 수 있을까? 아마도 그보다는 모든 것이 근원적 정신에서 솟아났다고 할 수 있을 것이다. 이 정신은 물음을 통해 세상에 답을 주기 위해서, 마치 씨앗이나 나무처럼 세상의 다양한 측면들을 끌어들이면서 스스로의 존재를 통해 세상을 풍성하게 한다고 할 수 있을 것이다. 결국 기원은 진화하고 그 이후로 엮어진 모든 것을 통하여 나타난다.

나는 내 청년기를 밝혀 주었던 책의 저자를 만나러 갔고, 바로 거기서 그때 그분을 만났다. 엘리아데는 인문사회과학이 자연과학을 본보기로 삼는 것을 인정하는 오류를 결코 범하지 않았다. 그는 인간 만사를 다루려면 인간을 먼저 이해해야 한다는 점과, 질문자가 자신이 묻는 것의 바깥에 설 수 없다는 점을 결코 잊지 않았던 것이다. 엘리아데는 프로이트주의, 마르크스주의, 구조주의의 유혹이나, 그 용어들에 담겨있곤 했던 독단과 유행의 뒤범벅의 유혹에 결코 넘어가지 않았다. 요컨대 그는 해석의 환원될 수 없는 몫, 의미와 철학적 담론에 대한 꺼질 수 없는 욕구를 잊어버린 적이 없었다. 하지만 엘리아데의 *관심사*는 대중 잡지의 그것과는 달랐다는 점을 분명히 밝혀야 한다. 아무도 그를 카트만두로 가는 캘리포니아 순례자들의 선봉장으로 여기지 않았고, 아무도 그에게서 듣도 보도 못한 "새 철학자" 같은 존재를 보게 되리라고 생각지 않았다. 엘리아데가 *현대적*이라고 한다면, 그것은 "인류의 위기"가 사실은 "서양인의" 위기임을 벌써 반세기 전에 통찰했기 때문이다. 그는 인간 조건의 고대적 · 야생적 · 일상적 뿌리들을 깨달아 인류의 위기를 이해하고 그 위기에서 현명하게 살아남으려 했기 때문일 것이다.

미르체아 엘리아데, "종교학자"(historien des religions)……. 이처럼 공식적인 투로 정의하게 되면 그를 오해할 위험이 있다. 적어도 우리는 *역사*라는 말이 *기억*을 뜻하며, 모든 기억은 *지금* 현재라는 점을 명심해야 하는 것이다. 또한 엘리아데에게는 종교적인 것의 판단 기준이 성스러움, 즉 *실재*와의 만남이나 예감이라는 점도 상기해야 한다. 예술도 종교와 마찬가지로 이 실재의 자력(磁力)에 이끌린다. 그렇다면 종교와 예술을 어떻게 구별해야 할까? 내 생각에 엘리아데의 사상은 말로(A. Malraux)의 사상에 대한 반박으로 보면 더 잘 파악할 수 있다. 말로가 예술에서 *절대의 화폐*, 즉 일종의 종교적 영성을 보았다면, 엘리아데는 고대인의 의례와 신화 즉 고대인의 종교를 모두 예술품이자 걸작으로 여긴 것이다. 하지만 두 사상가에게는 공통점이 있다. 둘 다 상상적인 것의 무한한 가치를 인정했고, 낯설거나 버려진 상상의 세계를 알기 위해서는 그것을 재창조하여 앞을 내다보지 못하는 인류에게 보여 주는 방법밖에 없음을 깨달았던 것이다. 학문적 열망도 철학자의 관심도 엘리아데가 본래 목표로 한 자리는 아닌 듯하다. 오히려 그의 자리는, 결국 죽음에 처하는 인생으로 하여금 가끔 한계에서 벗어나게 해주고 희망으로 우리를 압도하는, 시의 원천에 있다고 하겠다.

클로드-앙리 로케(Claude-Henri Rocquet)

CONTENTS

CONTENTS

CONTENTS

기원과 그 의미

이름과 기원 | 용과 낙원 | 나는 어떻게 철학자의 돌을 찾았는가?
다락방 | 르네상스와 인도 | 쉬는 시간

이름과 기원

Ⓡ 미르체아 엘리아데(Mircea Eliade), 아주 멋진 이름입니다.

Ⓔ 그런가요? 엘리아데는 헬리오스(helios, 태양)라는 그리스어에서 왔고, 미르체아는 미르(mir)라는 슬라브어가 어근인데, 그 의미가 평화…….

Ⓡ 그리고 세계라는 의미도 있지요?

Ⓔ 예, 세계, 오히려 우주라고 할까요.

Ⓡ 저는 처음에 그 의미보다는 어감을 생각했습니다.

Ⓔ 엘리아데라는 성은 본래 그리스어에서 유래하는데 아마도 거슬러 올라가보면 헬리오스까지 갈 것입니다. 처음에는 헬리아데(Héliade)라고 썼는데, 재미있게도 태양을 뜻하는 헬리오스와 그

리스인이라는 헬라데(Hellade)와 음이 비슷해요. 하지만 그게 아버지의 진짜 성은 아니었어요. 할아버지는 예레미야(Ieremia)였으니까요. 루마니아에서는 약간 게으르거나 굼뜬 사람에게 "너는 침상을 치우지 않던 예레미야 같구나."라고 놀리곤 합니다. 어린 시절 이런 놀림을 받았던 아버지는 성인이 되자마자 성을 바꾸셨지요. 19세기의 유명한 작가였던 엘리아데 라두레스쿠(Eliade Radulescu)의 성을 딴 것입니다. 그래서 아버지는 '엘리아데'가 된 것이지요. 예레미야보다는 엘리아데라는 성을 물려준 아버지께 감사합니다. 그게 더 마음에 들거든요.

Ⓡ 선생님의 『일기』를 읽은 사람들은 이미 선생님이 어떤 분이시고, 어떻게 살아 오셨는지 대충 알고 있을 것입니다. 그런데 그 『일기』는 1945년의 파리, 선생님이 거의 마흔 살이셨던 때부터 시작하고 있거든요. 그 이전에는 루마니아, 인도, 런던, 그리고 리스본 등지에서 사셨고, 또 루마니아에서는 유명한 작가이자 동양학자이시기도 했지요. 『일기』에 언급되어 있기는 합니다만, 파리에 오시기 전, 특히 선생님의 유년 시절에 대해서는 거의 모르고 있습니다.

🄴 글쎄요, 말씀 드리자면 저는 1907년 3월 9일에 태어났는데, 그해 3월은 루마니아 전 지방에서 농민 폭동이 일어나서 끔찍한 때였습니다. 고등학교 때에는 "야! 너는 농민 폭동의 와중에 태어났구나……." 라는 말을 항상 듣곤 했어요. 아버지는 육군 대위이셨고, 삼촌도 군인이었습니다. 초등학교는 부쿠레슈티(Bucureşti)의 만툴리사(Mântuleasa) 거리에 있는 학교를 다녔어요. 『만툴리사 거

리』(*Strada Mântulesa - Le Vieil Homme et l'Officier*)[1]라는 소설에서 썼던 바로 그 학교지요. 그리고 스피루하렛(Spiru-Haret) 고등학교에 다녔는데, 루마니아의 쥘 페리(Jules Ferry)라는 이름을 얻을 만큼 좋은 학교였습니다.

Ⓡ 아버님께서 장교셨군요. 가족에 대해 좀 더 말씀해 주시지요.

🅴 난 내 자신을 일종의 혼혈아라고 생각합니다. 아버지는 몰다비아 분이시고, 어머니는 올테니아 분이에요. 루마니아 문화에서 몰다비아라고 하면 감정적인 면, 우울증, 철학과 시에 대한 관심, 삶의 수동성을 떠올립니다. 몰다비아 사람들은 정치학보다는 차라리 정치적 프로그램이나 이론상의 혁명에 관심이 있지요. 나는 아버지와 농부였던 할아버지에게서 이런 몰다비아의 전통을 물려받았습니다. 난 내가 우리 집안에서 신발을 신고 다닌 제3세대라는 걸 자랑스럽게 얘기합니다. 제 증조부만 하더라도 맨발로 다니시거나, 오핀시(opinci)라는 일종의 샌들을 신고 다니셨거든요. 겨울이면 나는 커다란 부츠를 신었습니다. 루마니아에서는 흔히 '2대, 3대, 4대의 신발 세대'라는 말을 합니다. 그러니까 난 제3세대인 셈이지요. 그런 몰다비아의 유산으로 인해서 나는 우울하고 시적이고 형이상학적인, 말하자면 '밤'을 좋아하는 성향을 갖게 되었지요.

반면에 어머니는 유고슬라비아 접경의 서쪽 지방인 올테니

---

1) 홍숙영 옮김, 『만툴리사 거리』, 전망사, 1986.

아 출신이에요. 올테니아 사람들은 야심차고 정력적인 사람들로, 특히 말을 아주 좋아해서 농부들뿐만 아니라 상업에 종사하는 하이둑(haïduks)까지도 말들을 팔고, 때로는 훔치기까지 하는 그런 사람들이에요. 아주 활동적이고 자부심이 대단한 사람들이지요. 심지어는 야수 같은 사람들이라고 할 수 있을 정도로요. 몰다비아와는 완전히 상반되는 곳이지요. 부모님은 부쿠레슈티에서 만나셨다고 합니다. 이러한 유산을 물려받은 것을 알게 되었을 때, 난 매우 기뻤습니다.

청소년기에는 여느 또래들과 같이 극단적인 절망과 우울증에 빠지곤 해서, 때로는 정신과 치료를 받아야 할 정도였어요. 그건 몰다비아적인 유산이지요. 그러나 동시에 내 안에 있는 엄청난 에너지를 의식하게 될 때는 혼잣말로 "이건 어머니에게서 온 거야."라고 말하곤 했어요. 두 분에게서 많은 걸 물려받은 것이지요. 열세 살 때 보이스카우트 활동을 하기도 했고, 방학 동안에는 카르파티아산을 오르거나, 다뉴브강이나 흑해에서 보트를 타면서 지낼 수 있었습니다. 가족들, 특히 어머니는 내가 무엇을 하든 내버려 두셨어요. 스물한 살 때 어머니께 "인도로 가겠습니다."라고 말씀드렸어요. 사회적으로 보면 우리 가족은 소시민 계급에 속했지만, 부모님들은 제 말을 자연스럽게 생각하셨어요. 그때가 1928년이었는데, 당시 서구의 저명한 산스크리트어 학자들조차도 인도에 직접 가서 공부하지는 않던 때였습니다. 제가 알기로는, 루이 르노(Louis Renou)도 인도에 처음 갔던 게 아마 서른다섯 살 때였는데, 난 스무 살에 간 것이에요. 우리 집안은 내가 하고 싶은 건 무엇이든 하게 해주었습니다. 이탈리아에 가든지, 닥치는 대로 책을 사든지,

히브리어와 페르시아어를 배우든지, 어떤 것이든 말입니다. 대단한 자유를 누린 것이지요.

R 집안이 소시민 계층에 속한다고 말씀하셨는데요. 그러나 하시는 말씀으로 보면 그분들에게는 뭔가 정신적인 것에 대한 풍취가 보이는데요. '교양인 계층'이라고 하는 것이 더 정확하지 않겠습니까?

E 그렇기도 합니다만, 부모님들은 대단한 교양인으로 자처하지도 않으셨고, 또 동시에 그런 집안에 있을 법한 완고함도 없으셨어요. 그러니 그냥 소시민이라고 해두지요.

R 외아들이셨습니까?

E 아뇨, 삼남매였어요. 나보다 두 살 위인 형이 있고, 여동생은 네 살 아래입니다. 둘째로 태어난 게 참 다행이라는 생각이 듭니다. 왜냐하면 여러 해 동안 가장 사랑 받은 사람은 당연히 장남인 형이었고 그 다음에는 막내인 여동생이 사랑을 독차지했으니까요. 내가 사랑을 못 받았다고 할 수는 없지만, 어머니나 아버지의 지나친 사랑으로 숨 막힐 정도는 아니었지요. 그건 큰 행운인 셈이죠. 게다가 친구 같은 형과 여동생까지 있었으니 더할 나위가 없었어요.

R 지금 묘사하시는 이미지를 보면, 태생과 출신이 정말 행복한 분이시군요.

E 예, 그건 사실입니다. 내 가족에 대해 불만이 있었다거나,

청소년기에 반항을 했던 기억이 없어요. 그러나 풍족했다고는 할 수 없습니다. 책을 살 돈도 넉넉지 않았으니까요. 어머니께서는 가끔씩 생활비에서 모아 놓은 돈이나, 무얼 내다 팔았을 때 돈을 주시곤 했어요. 나중에는 집의 일부를 세 놓기까지 했지요. 풍족하진 않았지만 박탈감을 느끼진 않았습니다. 내가 처했던 인간적 조건과 사회적 위치와 가족에 꽤 만족했어요.

용과 낙원

R 유년기에 대해서는 어떤 이미지들을 갖고 계신가요?

E 첫 번째 이미지는……. 내가 두 살인가 두 살 반쯤이었을 때입니다. 내가 숲 속에 있었고, 무언가를 쳐다봤어요. 그런데 어머니가 안 보이는 것이에요. 식구들이 소풍을 갔는데 몇 미터쯤 간신히 걸음마를 걷다가 그만 길을 잃어버린 것이지요. 그때 갑자기 내 눈앞에 커다랗고 반짝반짝 빛나는 푸른 도마뱀이 나타났어요. 눈이 부셨지요. 무섭기는커녕 그 아름다움에, 그 거대한 푸른 동물에 매료되었지요. 흥분과 두려움으로 내 심장이 두근거리는 것을 느낄 수 있었고, 또 동시에, 두려움에 찬 도마뱀의 눈과 그 고동치는 가슴도 볼 수 있었어요. 이 이미지는 그 후로도 오랫동안 남아 있었습니다.

또 한 번은, 아직 걸음마를 할 때니까 거의 같은 나이였을 텐데, 집에서 있었던 일이에요. 방이 하나 있었는데, 거기는 내가 들어갈 수 없는 거실이었어요. 사실 그 방은 항상 잠겨 있다고 생각했지요. 하루는, 여름날 오후 네 시쯤 되었는데 식구들이 다 나가고 없었어요. 아버지는 병영에 가시고, 어머니는 이웃집에 가신 거예요. 내가 그 방문까지 다가가서 밀었더니 문이 그냥 열렸어요. 곧바로 그 안에 들어갔죠. 그건 나에게 예사롭지 않은 경험이었습니다. 창문에는 초록색 커튼이 있었는데, 여름이라 쳐져 있었지요. 그래서 온 방안이 초록색으로 물들어 있어서 묘한 느낌이었고, 나는 포도알 속에 있는 것 같았지요. 난 그 초록의 빛, 금빛 초록색에 매혹되었습니다. 주위를 둘러보았는데 그건 정말 이전에는 몰랐던 공간, 완전히 다른 세계였습니다. 그건 단 한 번뿐이었어요. 다음 날 다시 문을 밀어 보았는데, 문은 이미 잠겨 있었답니다.

　　🆁 왜 그 방에 못 들어가게 한 것입니까?
　　🅴 아, 예, 그 방 선반 위에는 작은 장식품들이 많이 있었어요. 게다가 어머니와 동네 아주머니들은 아이들에게 당첨 상품을 주는 파티를 열어 주곤 하셨는데, 그 상품들을 그 방에 보관했지요. 어머니는 우리들이 그 장난감 더미를 미리 못 보도록 하신 것이에요.

　　🆁 방에 들어갔을 때 그 장난감들을 보았습니까?
　　🅴 예, 그게 거기에 있다는 걸 알고는 있었어요. 집으로 가져오시는 걸 보았거든요. 내 눈을 사로잡은 건 그게 아니라 색깔이었습니다. 그건 진짜 포도 알맹이 속 같았어요. 아주 무더운 날씨였는데, 빛이 너무나 환했어요. 커튼을 통해 걸러져 들어오는 빛, 그

빛이 초록색이었지요. 난 문득 포도 안에 있다고 느꼈어요. 『금지된 숲』(Forêt interdite)이라는 내 소설을 읽어 보셨습니까? 거기에서 스테파니는 어릴 적에 본 '삼보'(Sambo)라는 신비스러운 방을 기억하고 있지요. 그녀는 그 이름이 뜻하는 게 무얼까 생각해요. 그건 바로 그녀가 이전에 알았던 공간에 대한 향수입니다. 자기가 늘 있었던 어떤 방과도 다른 공간이지요. 그 '삼보'에 대한 묘사는 나 자신의 체험, 완전히 다른 공간에 들어갔던 특이한 체험을 떠올리며 한 것입니다.

R 자신의 대담함에 조금 겁나셨나요, 아니면 그저 감탄만 하셨나요?

E 감탄했지요.

R 전혀 두렵지 않았습니까? 아주 신나는 나쁜 짓을 저지른다는 느낌은 없었나요?

E 아니요. 나를 안으로 끌어당긴 것은 그 색깔, 그 고요함과 아름다움이었어요. 그 방은 그림들과 장식품 선반도 온통 초록이었어요! 초록빛을 뒤집어쓰고 있었죠.

R 여기에서 신화 전문가이며 해석자이자, 융(Jung)의 친구인 엘리아데로 돌아갔으면 하는데요. 그 두 사건을 어떻게 생각하십니까?

E 예, 그건 아주 신기했지만, 그걸 해석해 보겠다는 생각은 해본 적이 없습니다. 나에게는 언제나 기억으로 남아 있는 것입니

다. 하지만 내가 그 괴물, 놀랍고 기이한 아름다움을 지닌 그 도마뱀을 만난 일 등은 사실이에요.

Ⓡ 그 용은…….
Ⓔ 예, 그건 용이었어요. 암컷 용, 양성(兩性, androgyne)의 용이었죠. 정말 아름다웠으니까요. 나는 그 아름다움, 그 기이한 푸른색에 사로잡혔죠.

Ⓡ 자신도 두려웠지만, 그래도 도마뱀의 두려움까지 느낄 만큼 정신을 차리셨군요.
Ⓔ 그걸 봤어요! 그 눈에 어린 두려움을, 어린아이를 두려워하는 걸 봤어요. 그 커다랗고 아주 멋진 도마뱀 괴물이 어린아이를 무서워한 것입니다. 난 그 사실에 깜짝 놀랐어요.

Ⓡ 그 용이 '암컷, 양성'이라서 무척 아름다웠다고 말씀하셨는데요. 아름다움이란 본질적으로 여성과 연관된다는 의미인가요?
Ⓔ 아니요. 난 양성의 아름다움도, 남성의 아름다움도 다 느낍니다. 아름다움을, 인간의 육체적 아름다움조차 여성만의 것이라고 말할 수는 없지요.

Ⓡ 그런데 왜 도마뱀의 경우는 '양성의 아름다움'이라고 하셨습니까?
Ⓔ 완벽했기 때문이지요. 그것은 완전했어요. 우아함과 공포, 잔혹함과 미소, 전부 다 거기에 있었어요.

Ⓡ '양성'이라는 말은 선생님의 저술에서 적지 않게 중요하지요. 또 양성이라는 주제로 꽤 길게 쓰기도 하셨죠.

Ⓔ 예, 그러나 *양성*(androgyne)과 *자웅동체*(hermaphrodite)는 같은 것이 아니라는 점을 항상 강조하지요. 자웅동체에서는 두 성이 공존합니다. 유방이 있는 남자 조각상을 들 수 있지요. 반면에 양성은 완전함의 이상을 나타내고 있어요. 두 성이 융합된 것입니다. 이건 다른 종의 인간, 다른 종입니다. 그게 중요하다고 생각해요. 물론 그 둘은, 양성도 자웅동체도 모두 유럽문화뿐만 아니라 세계문화 안에 다 있습니다. 나는 양성 유형에 이끌렸어요. 구별된 두 성에서는 이루기 어렵거나, 아마 결코 이루지 못할 완전함이 양성에 있다고 본 것이지요.

Ⓡ 저는 고대 그리스에서 야수와 신 사이의 '구조적' 분석을 드러내는 어떤 대비가 떠오르는데요. 자웅동체는 괴물에, 양성은 신의 측면에 속한다는 말씀입니까?

Ⓔ 아니요. 난 자웅동체가 괴물의 형상을 나타낸다고 보지 않기 때문이지요. 그건 전체화를 실행하기 위한 필사적인 노력이에요. 그러나 그건 융합도 아니고 통합도 아니죠.

Ⓡ 그 포도알 방에는 어떤 의미를 부여하십니까? 왜 이 기억이 그토록 생생하게 남아 있는지 아시나요?

Ⓔ 나에게 인상 깊었던 것은 그 분위기, 바로 낙원의 분위기였어요. 금빛 초록색이었고, 절대적인 고요함이었어요. 내가 그 영역으로, 그 성스러운 공간으로 파고 들어간 것입니다. '성스럽다'

라고 말했는데요. 그건 이 공간이 질적으로 완전히 달랐기 때문이에요. 그러니까 그것은 속되거나 일상적이지 않았어요. 아버지, 어머니, 형 그리고 마당과 집이 있는, 평소에 내가 살던 평범한 세계가 아니었습니다. 그럼요, 그건 완전히 다른 것이었지요. 낙원의 것. 그 이전이나 이후에도 금지된 장소. 내 기억 속에 아주 예외적인 것으로 남아 있습니다. 나중에 말을 배웠을 때 그곳을 '낙원적'이라고 불렀어요. 종교적인 체험은 아니었지만, 내가 완전히 다른 공간에서 완전히 다른 것을 체험했다는 것을 이해하게 되었지요. 이 기억이 항상 나를 따라 다녔다는 게 그 증거입니다.

    Ⓡ 초록색이나 금빛 초록색의 *완전히 다른* 공간, 성스럽고 (범할 수 없는) 금지된 장소였군요. 원초적인 초록색, 금색, 둥근 공간, 빛, 이런 것들이야말로 낙원의 이미지인데, 선생님께서 어린 시절에 한순간 낙원, 말하자면 에덴 같은 최초의 낙원을 체험하신 것 같군요.

    Ⓔ 예, 그렇습니다.

    Ⓡ 그런데 선생님의 '완전히 다른'(tout autre)이라는 표현을 들으면, 아시다시피 루돌프 오토(Rudolf Otto)가 성스러움을 정의하기 위해 사용한 '전혀 다른'(ganz andere)이라는 말이 떠오릅니다. 또 그 유년기의 이미지라는 것도 이미 어른이 되신 선생님을 매혹하고 사로잡았던, 신화들 속의 이미지와 비슷하다는 생각이 드네요. 그 기억이 선생님의 것인지 모른 채 들었더라도, 선생님의 책을 읽은 사람이라면 누구나 선생님을 떠올릴 것입니다. 이 중대한 경험, 용

그리고 낙원처럼 빛나는 닫힌 방의 경험이 선생님의 인생에 깊은 영향을 끼쳤다는 것을 누가 알았겠습니까?

E 그렇지요. 누가 알았겠어요? 나는 청년 시절의 어떤 책들, 어떤 발견들이 종교와 신화에 대한 나의 관심을 일깨웠는지 정확하게 알고 있어요. 하지만 그런 유년기의 체험이 내 인생을 어느 정도로 결정했는지는 나 자신도 알 수가 없군요.

R 히에로니무스 보스(Hieronymus Bosch)는 〈쾌락의 동산〉(Le Jardin des délices)에서 과일 안에 사는 존재들을 그렸는데요.

E 내가 실제로 큰 과일 안에 있다고 느끼지는 않았습니다. 금빛 초록색의 빛을 포도알 속에 갇혔다고 비유할 수밖에 없었을 뿐이지요. 그러니까 그건 과일이라는 생각, 과일 안에 산다는 생각이 아니고, 내 자신이 어떤 공간, 낙원 안에 있다는 생각이지요. 그건 어떤 빛에 대한 체험이었어요.

나는 어떻게 철학자의 돌을 찾았는가?

R 처음 다니신 학교가 만툴리사 거리의 학교였는데요. 그 학교에 대해서는 어떤 기억이 있으십니까?

E 책이라는 것을 알게 되고, 독서라는 것을 알게 된 것. 그게 거의 다였습니다. 열 살 땐가 소설을 읽기 시작했는데, 주로 탐정소설이었어요. 사실 그 나이 또래들이 읽는 거의 모든 종류의 책을 읽었습니다. 루마니아어로 번역된 알렉산더 뒤마(Alexander Dumas)의 작품 같은 것 말이지요.

R 직접 글 쓰는 일도 시작하지 않으셨습니까?

E 고등학교 1학년이 되어서야 내 글을 쓰기 시작했어요.

R 그 시기에 과학에도 대단한 관심을 가지셨다고 알고 있

는데요.

　🄴 자연과학은 무척 흥미 있었지만, 수학은 영 재미가 없었어요. 그런 점에서는 괴테와 비슷하다고 생각했지요. 괴테도 수학은 못했지만 자연과학은 무척 좋아했거든요. 동물학으로 시작해서, 특히 곤충학이 재미있었어요. 곤충에 관해 몇 개의 논문을 썼는데, 《대중 과학 저널》(*Ziarul Stiintelor Populare*)에 실리기도 했어요.

　🅁 열두 살의 신예 작가셨군요!

　🄴 네, 열세 살에 내 글이 처음 출판됐어요. 경쟁에 뛰어든 것은 일종의 과학이야기를 가지고서였죠. 《대중 과학 저널》이 루마니아 모든 고등학생을 대상으로 주최한 현상모집에 응모한 것이었어요. 제목이 "나는 어떻게 철학자의 돌을 찾았는가?"였는데, 일등을 했어요.

　🅁 『일기』에서 그 글을 언급하면서 "그것을 잃어버렸다. 다시는 못 찾을 것이다. 다시 읽어볼 수 있다면 얼마나 좋을까……." 라고 쓰셨는데, 다시 찾으셨나요?

　🄴 네, 찾았어요! 내 『일기』를 읽은 부쿠레슈티의 어떤 분이 고맙게도 학술원 도서관을 뒤져서 그걸 복사해서 보내줬어요. 주제나 결말을 맺은 방식은 기억하고 있었지만 정확한 줄거리나 내용은 잊고 있었는데, 꽤 잘 쓰인 걸 알고는 저도 좀 놀랐습니다. 그건 조금도 현학적이거나 '과학적'이지 않아요. 그것은 진짜 이야기죠……. 물질을 변환시킬 수 있는 방법을 찾으려는 생각에 사로잡혀서 실험에 몰두하는 열네 살짜리 학생, 사실 나 자신의 이야기였

어요. 그가 꿈을 꾸는데, 꿈속에서 계시를 받아요. 어떤 사람이 그 돌을 어떻게 제조하는지 보여 준 것입니다. 꿈에서 깨어난 그는 도가니 안에서 작은 금덩이를 발견하고, 그 변환을 실제로 믿게 되죠. 하지만 얼마 후에 그것이 황화철, 황산염이라는 걸 깨닫는다는 내용이에요.

R 철학자의 돌로 인도한 것이 그 꿈이었습니까?

E 바로 그 꿈에서 동물 같기도 하고 사람 같기도 한 어떤 둔갑한 존재가 나한테 비결을 주었죠. 나는 그의 조언을 따른 것이에요.

R 어릴 적에 그런 글을 쓰셨는데, 곤충 이상의 무언가에 관심이 있으셨군요. 화학이나 연금술에도 관심이 있으셨나 봐요?

E 난 동물학에 빠져 있었고, '곤충' 전문이다시피 했어요. 대체로 물리학, 특히 화학을 좋아했고, 유기화학에 관심을 갖기 전에는 무기화학에 특별히 열중했습니다. 참 유별났죠.

R 꿈, 연금술, 비법을 전수하는 상상 속 인물. 초기 저술에서부터 선생님 일생에 걸친 형상과 테마들이 나타나는데요. 이건 우리가 어릴 때부터, 우리는 누구이고 어디로 가는지를 막연히 알고 있다는 말씀입니까?

E 잘 모르겠네요……. 나에게 그 이야기가 중요한 것은, 내가 열두세 살 때, 과학적이고 진지한 방식으로 물질을 탐구했고 동시에 문학적 상상에 사로잡혀 있었다는 것을 보여주기 때문입니다.

ℝ 선생님께서 정신의 낮의 측면이라고 말씀하실 때, 이걸 뜻하시는 건가요?

𝔼 정신의 낮의 작용과 밤의 작용이지요.

ℝ 과학은 밝은 면, 시는 어두운 면입니까?

𝔼 예. 문학적인 상상은 신화적인 상상이고 형이상학의 거대 구조를 발견하는 것이에요. 밤과 낮, 둘이지요……. 상반의 합일 (coincidentia oppositorum), 위대한 전체, 음과 양…….

ℝ 선생님은 한편으로 학자이시고 다른 한편으로 작가이신데요. 그 양면이 신화라는 기반 위에서 서로 만나는군요…….

𝔼 맞습니다. 신화 이론들과 신화의 구조에 대한 관심도 역시 밤의 삶, 그 밤의 창조성의 메시지를 풀어 보려는 바람이지요.

다락방

[R] 그러니까 간단히 말해서, 고등학교를 졸업하기도 전에 벌써 작가가 되셨군요!

[E] 어떻게 보면 그렇다고 할 수 있지요.《대중 과학 저널》에 백 편 남짓 짧은 글을 발표했을 뿐만 아니라, 카르파티아 등산기며, 다뉴브강과 흑해 여행기, 그리고 『어느 근시 청년의 이야기』(*Le Roman d'un adolescent myope*)라는 자전적인 단편을 발표하기도 했습니다. 본래 내 성격이 그런 것처럼, 나의 몰다비아적인 유산인 우울증에 빠질 때면, 나는 모든 '영적 기술'을 사용하여 그 우울함에 맞서 싸웠습니다. 쥘 파요트(Jules Payot)의 『의지의 교육』(*L'Education de la volonté*)을 읽고, 그의 아이디어를 실천해 보려고도 했지요. 이미 고등학교 때에 나중에 내가 '잠과의 전쟁'이라고 부른 걸 시작했습니다. 좀 더 많은 시간을 벌기 위해서였죠. 과학만이 관심사가 아니고, 동양

학이나 연금술, 종교학같이 공부하고 싶은 게 너무 많았어요. 우연히 프레이저(James G. Frazer)와 막스 뮐러(Max Müller)를 읽게 되었고, 파피니(Papini)[2]의 저작을 읽기 위해 이탈리아어를 배운 후에는 이탈리아의 동양학자들과 종교학자들, 페타조니(Pettazzoni), 부오나이우티(Buonaiuti), 투치(Tucci) 등을 알게 되었습니다. 그리고 그들의 책과 관심사에 대해 논문을 쓰기도 했지요.

사실 난 모든 여건에서 운이 좋았어요. 부쿠레슈티의 집에는 나 혼자 쓰는 다락방이 있었는데, 집의 나머지 부분과는 꽤 떨어져 있었지요. 겨우 열다섯 살 때, 거기에서 밤새도록 친구들과 커피를 마시고 얘기를 하며 지낼 수도 있었죠. 가족들과는 떨어져서 아무 방해도 없었죠. 같이 방을 쓰던 형이 사관학교에 들어갔기 때문에 열여섯 살 때 그 다락방을 독차지할 수 있었습니다. 내게 완전히 꼭 맞는 두 개의 작은 방, 그 공간의 유일한 지배자가 된 것입니다. 야단을 맞지 않고 밤새도록 책을 읽을 수가 있게 됐죠. 아시다시피, 근대의 시라든지 다른 많은 것들을 발견하게 된 열일곱 살에 자신만의 방, 그러니까 부모님에게 잠시 빌려 쓰는 장소가 아니라 마음대로 꾸미고 바꿀 수 있는 그런 방을 갖는다는 건 정말 멋진 일이지요. 그건 정말 *나의* 공간이었습니다. 거기서 쭉 생활을

---

2)   Giovanni Papini(1881-1956) : 이탈리아의 작가·평론가·시인. 1903년 피렌체의 문학지 《레오나르도》(*Il Leonardo*)를 창간하고, 국가주의적 간행물인 《왕국》(*Il Regno*)의 편집장을 지내기도 했으며, 《아니마》(*L'Anima*), 《라 보체》(*La Voce*) 등에도 관여했다. 1913년에는 전위지인 《라체르바》(*Lacerva*)를 창간하여 미래파를 옹호하였으나, 그 후 운동에서 탈퇴하였다. 젊어서는 전투적 무신론자였던 파피니는 제1차 세계대전 이후 가톨릭에 귀의했다. 파시즘 시대에는 그 정책에 동조하기도 했다. 그의 60여 권의 저서 중에는 『그리스도 이야기』(*Storia di Cristo*, 1921)를 비롯하여, 문예평론인 『24명의 지성』(*24 cervelli*, 1912), 자전소설 『실패자』(*Un uomo finito*, 1912), 시집 『빵과 포도주』(*Pane e vino*, 1926), 그리고 무솔리니 상을 받은 『살아 있는 단테』(*Dante vivo*, 1933) 등이 있다.

했고, 내가 색깔을 고른 내 침대도 있었어요. 내가 자른 염색 천을 벽에 붙여 놓기도 했습니다. 무엇보다 내 책들이 있었죠. 그건 공부 이상의 것이었고, 내가 살아가는 공간이었어요.

Ⓡ 마치 신이나 요정들이 첫 걸음을 보살펴 주었다는 듯이 들리는군요.

Ⓔ 그랬다는 생각이 드는군요. 내가 우리 집을 떠나기 전까지, 언제나 모든 행복을 누리고 살았으니까요.

Ⓡ 대학에 가셨을 때는 지적인 분위기가 어땠습니까? 1920년에서 1925년까지의 루마니아의 문화적 분위기는요?

Ⓔ 우리는 그 당시에, 1914년부터 1918년까지의 전쟁 이후에 등장했던 '위대한 루마니아'라는 기치 아래 문화 교육을 받은 첫 세대였습니다. 기존의 어떤 프로그램도 없었고, 이미 만들어져 있거나 실현해야 할 이상도 없었던 첫 세대였죠. 아버지나 할아버지의 세대에게는 루마니아의 통일이라는 미리 주어진 이상이 있었어요. 그것은 이루어졌죠. 그래서 나는 다행히도 *자유로운*, 어떤 프로그램도 짜여 있지 않은 루마니아의 첫 세대였던 것입니다. 우리는 전통적인 문화 자료, 고전과 프랑스 문학뿐만 아니라, 그 외의 다른 모든 것을 자유롭게 탐구했습니다. 난 이탈리아 문학, 종교학, 그리고 동양을 알게 되었어요. 미국 문학이나 스칸디나비아 문화를 알게 된 친구들도 있었죠. 우리는 자크 바코트(Jacques Bacot)가

번역한 밀라레파(Milarepa)[3]에 푹 빠지기도 했어요. 모든 게 가능했지요. 우리는 마침내 도약할 준비가 되어 있었습니다.

　Ⓡ 우주를 향한 도약이군요. 사람들의 마음에 자리 잡고 있는 인도, 나중에 브란쿠시(Brancusi)[4]가 읽었던 밀라레파…….
　Ⓔ 예, 그렇습니다. 그리고 우리는 1922년에서 1928년까지 루마니아로 번역된 프루스트(Proust)라든지 발레리(Valéry), 초현실주의를 발견하고 있었어요.

　Ⓡ 그런데 보편에 대한 열망이 루마니아의 뿌리에 대한 열망과 어떻게 조화를 이룰 수 있었습니까? 아니면, 조화를 못 이루었나요?
　Ⓔ 우리는 순수하게 루마니아적인 창작은 우리 선조들이 동경했던 서구 문화의 분위기와 형식들 안에서는 이루어지기 어렵다고 느꼈어요. 예를 들어 아나톨 프랑스(Anatole France)나 바레스(Barrés) 조차도요. 우리는 선조들이 열광했던 위대한 작가나 사상가들과는 다른 언어로 말해야 한다고 느꼈던 것입니다. 우리는 우파니샤드

---

3)　Mi-la ras-pa(1052-1135) : 티베트 불교인 카규파(Bka'-brgyud pa) 전통의 유명한 은자로, 티베트에서는 밀라레파를 현세에서 성불한 유일한 사람으로 생각한다. 그의 자서전 『남타르』(*rnam thar*)와, 수도 중의 깨달음을 노래한 『구르붐』(*mgur hbum*, 十萬歌)은 티베트 문학의 역사적인 걸작으로 꼽힌다.

4)　Constantin Brancusi(1876-1957) : 루마니아의 조각가. 트란실바니아 산맥의 농촌 호비차에서 태어나 부쿠레슈티의 미술학교에서 조각을 공부하고, 파리의 에꼴 데 보자르(École des Beaux-Arts)에서 수학하였다. 초기에는 로댕(Rodin)의 영향을 많이 받았으나, 점차 소박하고 원초적인 형상을 추구하였다. 철저한 단순화로 소재의 생명을 최대한 끌어내면서 추상적 형태를 조형한 그의 작품은 전위조각에 큰 발자취를 남겼다. 〈키스〉(1908), 〈잠자는 뮤즈〉(1909), 〈공간 속 새들〉(1919-1940), 〈끝없는 기둥〉(1938) 등이 유명하다.

나 밀라레파, 타고르, 간디, 그리고 동양의 고대 문화에 매료되었습니다. 고대의 비(非)유럽 문화의 메시지를 융합시키면 우리 자신의 정신적 유산, 즉 트라키아-슬라브-루마니아의 유산인 동시에 원(原)역사적이고 동양적이기도 한 그 유산을 표현할 방도를 찾을 수 있을 거라고 생각한 것입니다. 동양과 서양 사이에 처한 우리의 자리를 잘 인식하고 있었지요. 아시겠지만 루마니아 문화는 한편으로는 서양과 비잔틴 사이에서, 다른 한편으로는 슬라브 세계와 동양 및 지중해 세계 사이에서 일종의 '가교' 역할을 했습니다. 하지만 사실은 나중에서야 그 모든 가능성을 충분히 알게 되었지요.

Ⓡ 방금 초현실주의를 언급하셨는데요. 루마니아 출신 다다(Dada)나 차라(Tzara)에 대해서는 말씀하지 않으셨습니다.

🄴 그들에 대해 알고 있었고, 특히 아방가르드 시기의 작품을 읽고 아주 열광하기도 했습니다. 하지만 난 개인적으로 다다나 초현실주의의 영향을 받지는 않았어요. 그들에 대해 경탄하기도 했고, 그 용기에 찬사를 보내기도 했지만, 나는 우리들이 발견한 미래파(futurisme)의 충격에서 아직 못 벗어나고 있었습니다. 나는 파피니, 그것도 개종하기 이전의 파피니, 위대한 시사평론가이자 『남성』(*Maschilità*)과 『실패자』(*Un uomo finito*)의 저자인 그의 자서전에 폭 빠져 있었어요. 우리에게는 그게 바로 아방가르드였습니다. 이상하게 들리겠지만 레옹 블로이(Léon Bloy)를 통해서 로트레아몽(Lautréamont)[5]을 발견하게 됐어요. 논문집, 아마 『검투사와 돼지치기』

---

5)　　Comte de Lautrèamont(1846-1870) : 프랑스의 시인, 초현실주의의 선구자. 그의 산문시집
　　　『말도로르의 노래』(1968)는 악의 화신인 말도로르를 중심으로 한 60편의 에피소드를

(*Belluaires et Porchers*)를 읽었는데, 그 안에는 『말도로르의 노래』(*Les Chants de Maldoror*)에 대한 뛰어난 논문이 긴 인용문과 함께 있습니다. 그래서 말라르메(Mallarmé)나 랭보(Rimbaud)를 알기 전에 로트레아몽을 알게 된 것입니다. 그들은 후에 대학에 가서야 읽었어요.

Ⓡ 『일기』에서 여러 번 프랑스 실존주의에 앞서는 루마니아의 '실존주의적' 분위기에 대해서 말씀하셨는데요.

Ⓔ 사실입니다. 하지만 그런 분위기는 1933년에서 1936년 사이에만 일어났고, 그 후에는 아니었어요. 그때는 내가 대학 초기였는데, 이미 이탈리아어로 번역된 키에르케고르의 짧은 작품을 서넛 읽었었죠. 후에 독일어 번역으로 그의 작품 거의 모두를 알게 되었어요. 《말》(*Cuvântul*)이라는 신문에다 그에 관한 논문을 기고했던 걸로 기억합니다. 제목이 "시사평론가, 약혼자 그리고 은둔자"였는데, 아마 루마니아에서 키에르케고르에 관하여 출판된 첫 번째 논문일 것입니다. 그게 1925년 아니면 1926년이었죠. 키에르케고르는 내게 많은 것을 의미했고, 무엇보다 따라야 할 전형이었어요. 그의 삶 때문만이 아니라 그가 전하고 예견했던 것 때문에요. 불행히도 그의 책은 매우 지루해서, 엄선된 인용문들이 실려 있는 장 발(Jean Wahl)의 『키에르케고르 연구』가 오히려 키에르케고르에 대한 최고의 책이라고 생각합니다. 핵심적인 책이지요.

Ⓡ 대학에서는 같은 세대의 젊은이들과 더불어 여러 관심사에

포함하고 있다. 그의 작품은 광신적인 미적 환락의 공상적 서사시로, 강한 염세관을 창조하였다.

열정적이셨는데요. 개인적으로 특별히 끌렸던 건 무엇이었습니까?

E 무엇보다 오리엔탈리즘이었어요. 히브리어와 페르시아어를 배우려고 애썼죠. 문법책을 사서 연습도 하고……. 예, 오리엔탈리즘. 그리고 종교학과 신화도 물론이지요. 또한 연금술의 역사에 대해 발표하기도 했는데, 그건 다른 사람들이 관심 갖지 않았던 분야입니다. 난 유일하게도 동양과 종교학, 이 양쪽에 열정적인 관심을 가지고 있었어요. 고대의 동양뿐만 아니라, 현대의 동양, 간디나 타고르, 라마크리슈나(Ramakrishna)에게 깊은 관심이 있었어요. 당시에 오로빈도(Aurobindo Ghose)는 들어 본 적이 없었어요. 종교학에 관심이 있는 사람이면 누구나 그렇듯이 프레이저의 『황금 가지』(*The Golden Bough*)를 읽었고, 그 후에 막스 뮐러의 책도 읽었습니다. 사실 영어를 공부하기 시작한 건 프레이저의 전집을 읽기 위해서였어요.

R 그것은 단지 더 넓은 문화적 지평을 얻고자 하는 욕망의 결과였습니까? 아니면 이미 표층적인 다양성의 밑바닥에 놓인 '전형적' 인간이라고 할 수 있는 본질적 인간을, 아마도 무의식적으로 추구하셨던 것입니까?

E 나는 그때까지 무시되어 왔던 어떤 원천을, 당대에는 정신적이고 문화적인 화제가 되지 못한 채 도서관에나 묻혀 있던 원천을 파 내려가 볼 필요가 있다고 느낀 것입니다. 인간이라는 것, 특히 유럽인조차 칸트나 헤겔, 니체가 보여 주는 게 유일한 것은 아니죠. 유럽과 루마니아 전통 안에는 또 다른, 보다 깊은 광맥이 있었던 것입니다. 그리스는 훌륭한 시인이나 철학자들만의 그리스

가 아니라, 엘레우시스(Eleusis)[6]와 오르페우스교(Orphisme)[7]의 그리스, 고대의 지중해와 근동에 뿌리를 두고 있는 그리스이기도 하다는 것을 크게 깨달았던 것이지요. 지금은 그것들이 원(原)역사에 바로 파고들었기 때문에, 그 근원 중의 어떤 것은 루마니아의 민속 전통 안에서도 볼 수 있습니다. 그것은 다키아(Dacia) 사람들의 불후의 유업에, 아니 그 이전에 이 땅에서 살았던 신석기 사람들에게까지 거슬러 올라갑니다. 아마 내가 사실 본보기적 인간을 의식적으로 추구한 건 아니었을 것입니다. 그러나 유럽 문화의 잊힌 원천이 매우 중요하다는 것은 감을 잡고 있었던 것이지요. 그래서 대학 졸업반 때, 이탈리아 르네상스 철학 내의 연금술과 '비의적인'(occultes) 요소들(카발라와 연금술)을 공부하기 시작한 것이에요. 그게 내 논문의 주제였습니다.

Ⓡ 그 논문에 들어가기 전에, 종교학도가 되게 했던 개인적인 동기가 무엇이었는지 묻고 싶은데요. 방금 말씀하신 것들은 지적 추구의 순서에 대한 것인데, 종교와의 내적인 관계는 무엇이었습니까?

🄴 나는 내 자신의 전통, 그러니까 동방교회에 대해서는 잘 몰랐어요. 우리 집안은 '종교적'이긴 했지만, 아시다시피 동방교회

---

6)   아테네 북서쪽의 엘레우시스 언덕에 있는 데메테르(Demeter Eleusinia) 사원과 연관된 고대의 신비 종파.

7)   아폴로의 아들인 오르페우스가 다른 세계로 가서 그의 추종자들에게 불멸을 준다고 하는 고대 그리스의 한 종파. 신자들은 육체가 영혼의 감옥이며 금욕과 제의에 의해 영혼이 정화되어 보다 나은 내생으로 윤회한다고 믿었다. 플라톤과 신플라톤주의에도 큰 영향을 끼쳤다.

전통에서의 종교란 습득된 관습과도 같아서 거의 가르치지를 않습니다. 예컨대 교인들은 교리문답반에 가지 않아요. 중요하게 여기는 건 성찬식, 의례적인 생활, 예배 자체, 회중 찬송, 성례전이에요. 누구나 하듯이 거기에 참여하기는 했지만, 결코 그런 것들이 내 생활의 본질적인 건 아니었습니다. 나의 관심은 다른 데 있었어요. 그때 나는 철학도로서 위대한 철학자들을 공부해 갈수록, 어떤 걸 놓치고 있다는 생각이 들었습니다. 고대의 종교적 체험 단계를 알지 못하고서는 인간의 운명과 세계 안에서의 인간의 특정한 존재 양태를 알 수 없다는 것을 깨달은 것입니다. 그러한 뿌리들을 내 자신의 종교 전통, 오늘날의 특정한 교회의 현실 안에서는 발견하기가 어렵다는 느낌을 갖고 있었어요. 그것은 다른 것과 마찬가지로 긴 역사와, 나도 잘 모르는 의미와 형태를 지닌 제도에 의해 조건 지워져 있기 때문이지요. 나는 나 자신의 전통 안에서만 기독교의 진정한 의미와 메시지를 발견해 낸다는 것이 어렵다는 것을 느꼈던 것입니다. 그래서 좀 더 깊게 파 보려고 한 것이에요. 먼저 구약성서, 그리고 메소포타미아, 이집트, 지중해 지방, 인도까지 파 내려간 것입니다.

    Ⓡ 그런데 그러한 과정의 밑바닥에 형이상학적 불안이나 신비한 위기, 또는 회의의 시기나 갑작스럽게 불타는 듯한 신앙은 없었습니까? 많은 젊은이들이 종교적이거나 형이상학적인 고뇌의 시기를 겪는데, 선생님은 그런 것을 피하셨던 것처럼 보이는군요.

    🄴 예. 그러한 심각한 종교적 위기를 체험해 보지는 못했습니다. 좀 이상하긴 하지요⋯⋯. 만족스럽지도 않았지만 회의도 없

었어요. 그럴 만큼 내 신앙이 열성적이지 않았기 때문이지요. 다만 내가 참으로 찾아내고 이해해야 할 어떤 본질적인 것을 내 자신의 전통만이 아닌 다른 곳에서도 찾아보아야 한다고 느낀 것입니다. 내 자신을 이해하기 위해서. 이해를 위해서…….

Ⓡ 그 길이 영지주의나 지혜 요가의 길이라고 말할 수 있겠습니까?

🄴 예, 그럴 수 있겠죠. 영지주의, 지혜 요가…….

Ⓡ 그 둘을 같은 것으로 볼 수 있겠죠?

🄴 예, 정확히 동의어입니다. 또한 나에게는 내 자신의 종교 전통 안에서는 발견할 수 없었던 기술, 훈련이 필요했어요. 실제로 그걸 찾아내지는 못했지만. 그랬다면 쉽사리 아토스(Athos)산에 들어가 수도사가 되어서, 요가의 모든 기술을 습득했을 수도 있었겠죠. 예를 들어 조식(調息, pranayama)[8] 같은 것 말입니다.

Ⓡ 또는 정적주의(hésychasme)[9]…….

🄴 예, 하지만 그때에는 정적주의를 몰랐어요. 영적 지식뿐만 아니라, 명상을 위한 일종의 기술, 실제 방법이 필요하다고 느낀 것이에요. 당시에는 매 주일 드리는 예배가 어떤 종교적 가치가

---

8)　고전 요가의 한 단계로 호흡의 리듬을 의미.

9)　9~15세기경 동방정교회의 신비주의 운동. 특히 호흡할 때마다 신을 명상하고 끊임없이 주기도문을 암송함으로써, 내적인 고요와 마음의 침묵을 뜻하는 hesychia(정적)의 상태에 들어간다고 주장했다. 13세기경 고독자 니케보로스(Nikeboros)와 그레고리(Gregory of Sinai)가 아토스산에서 그 기술을 가르쳤다.

있는지를 알지 못했던 것이지요. 인도에서 돌아와서야 그 가치를 발견하게 되었습니다.

Ⓡ 그러면 그 논문으로 다시 돌아가서, 그 주제가 정확히 무엇이었습니까?

🄴 피치노(Marsilio Ficino)[10]에서 브루노(Giordano Bruno)까지의 이탈리아 철학입니다. 특히 피치노와 피코(Pico della Mirandola)[11]에 관심이 있었어요. 그러한 르네상스 철학자들이 그리스 철학을 재발견했을 뿐만 아니라, 메디치(Cosimo de Medici)가 입수한 『연금술 집성』(*Corpus hermeticum*)을 피치노가 라틴어로 번역해 냈다는 사실에 매료되었지요. 또한 피코가 피치노의 그 번역본을 알고 있었다는 것과 구약성서와 유대교 신비 전통인 카발라(Kabbala)[12]를 이해하기 위해 히브리어를 배웠다는 사실에 감명 받았습니다. 그래서 그들은 단지

---

10) Marsilio Ficino(1433-1499) : 이탈리아 르네상스 시대의 철학자. 1462년 플라톤의 『대화』의 이탈리아어 번역에 착수하여 1477년 완성하였다. 그 주석을 하면서 플로티누스(Plotinus)의 『엔네아데스』(*Enneades*)의 번역도 동시에 진행하여 1486년에 끝냈다. 신, 우주, 인간의 영혼에 대해, 특히 신플라톤주의와 기독교를 융합시킨 이론을 전개하였으며, '제2의 플라톤'으로 불렸다.

11) Giovanni Pico della Mirandola(1463-1494) : 이탈리아 르네상스 시대의 철학자. 피렌체에서 피치노를 비롯한 플라톤 아카데미아의 사람들과 친교를 맺고, 1486년 카발라와 코란을 연구한 후 로마에서 『철학 · 카발라 · 신학의 여러 결론』(*Conclusiones philosophicae, cabalisticae et theologicae*)을 출판하였다. 이 책은 여러 나라의 종교적 · 철학적 전통은 공통의 원천을 갖는다는 확신에서 그것들의 종합을 목표로 하여 900가지 논제를 정리한 광범위한 집대성이다. 그 사상은 온갖 종교, 철학을 종합하려고 한 절충적 특징이 많이 보이나 본질적으로 플라톤의 색채가 강하다.

12) 13세기 초의 유대 신비전통으로, 실재에 대한 상징적 견해와 결합된 신비적인 신 이해와 신의 이름을 부름으로써 생성되는 신비한 체험을 얻고자 하였다. 남 프랑스의 프로방스 지방에서 시작되었다. 1280년경 편집된 『조하르』(*Zohar*)는 이들이 가장 중시하는 경전이다.

신플라톤주의의 재발견만이 아니라, 그리스 고전 철학의 확장이라는 업적도 이루었음을 확신하게 된 것이지요. 연금술의 발견은 동방으로, 그리고 이집트, 페르시아를 향한 진전을 뜻하는 것입니다.

R 그러니까 르네상스가 그리스나 고전에 속하지 않은 곳을 향한 진전을 함축하고 있었다는 것에 자극을 받은 것입니까?

E 이러한 영역의 확장이, 플로렌스에서 재발견된 고전 플라톤주의에서 내가 찾아냈던 것보다 훨씬 광대하고 흥미롭고 창조적인 정신을 드러내고 있다는 점에 깊은 인상을 받았습니다.

R 그 르네상스, 그렇게 부를 수 있다면, 유대 신비주의자들의 르네상스와 선생님 당시의 루마니아에서 일어났던 것 사이에는 어떤 유비가 있는 듯해요. 순전히 지중해인(人)으로 대변되는 접경을 넘어서 비(非)유럽 전통이 키워 낸 문화적 창조에 참여하려는 의식적인 시도 말입니다.

E 전통이라……. '비(非)유럽'보다는 '비(非)고전' 전통이라고 해 두죠. 그건 우리 트라키아 조상이나, 그리스와 로마인들이 물려준 고전적 유산보다 더 깊이 놓여 있는 전통을 의미하는 것입니다. 나중에서야 나는 그게 고대 근동과 지중해 세계의 모든 도시 문화의 모체가 된 바로 신석기 문화의 자산이었다는 것을 이해하게 되었어요.

R '나중'이라는 건 인도에서 공부하고 난 다음을 의미하는 건가요? 그런데 피코와 브루노 사이에 쿠사의 니콜라스(Nicolas de

Cusa)를 언급하지 않은 건 좀 의외입니다.

E 이탈리아엔 몇 번 가기도 했었고, 석 달간 머문 적도 있었어요. 그때 쿠사의 니콜라스의 『무지의 지』(*Docta ignorantia*)와 내 사상의 촉매 역할을 한 상반의 합일에 관한 그의 유명한 연구를 발견했습니다. 그러나 내 논문에서는 그를 다루거나 깊이 공부하진 않았어요. 그걸 보충하기 위해 1934년 부쿠레슈티에 돌아와 가르치기 시작했을 때, 『무지의 지』에 대한 세미나를 열기도 했어요. 나는 쿠사의 니콜라스에게 오늘날까지도 여전히 관심이 있습니다.

르네상스와 인도

R 1949년 2월 10일에 '옛 스승 페타조니'(Pettazzoni)로부터 선생님의 『종교사 개론』(*Traité d'histoire des religions*)[13]의 출판을 축하하는 편지를 받으시고 그에 답장하기를, "저는 『미스테리』(*I misteri*)를 발견하고 열여덟 젊은이의 열정과 자신감으로 종교학에 투신하기로 했던 1925년의 그 아침을 기억하고 있습니다. 그리고 페타조니 선생님과 서신을 주고받은 후 『신』(*Dio*)의 복사본을 선물로 받고 거의 모두 줄을 치다시피 하면서 독파했던 1926년의 여름을 기억하고 있습니다. 기억하고 말고요……."라고 하셨지요.

E 예, 그랬죠. 부쿠레슈티에서 학교를 다닐 적에 몇 차례 이

---

13) 영어판은 Patterns in Comparative Religion(tr. Rosemary Sheed, New York & London: Sheed & Ward, 1958)이며, 한글판은 프랑스어 책을 번역한 『종교사 개론』(이재실 역, 까치, 1993)과 영어 책을 번역한 『종교형태론』(이은봉 역, 형설출판사, 1982; 한길사, 1996) 두 가지가 있다.

탈리아 여행을 했는데요. 처음에는 한 오륙 주 정도 머무르면서 플로렌스에서 파피니를 만났고, 로마에서는 저명한 기독교 사가이자, 《종교 연구》(*Ricerche religiose*)의 편집자인 부오나이우티(Buonaiuti)를 만났습니다. 그리고 나폴리에서는 당시 국립 박물관 관장이자 이탈리아의 뛰어난 고전 학자로 오르페우스교 연구의 전문가였던 비토리오 마키오로(Vittorio Macchioro)를 만났어요. 그때는 페타조니를 못 만났었는데, 한참 후에야 그를 알게 되었고 서신을 주고받게 된 것이지요.

Ⓡ 아직 어리다고 할 나이에 그런 식으로 가서 스승을 찾고, 또 그들에게 잘 받아들여졌다는 건 그렇게 흔한 일이 아닌데요. 그건 바로 지식에 대한 열정, 결과적으로는 그 근원으로 가야 할 필요성 때문이 아니었나 합니다. 또한 그게 선생님이 받아들여질 수 있었던 이유라는 생각도 들어요. 그러면 예컨대 마키오로에게서는 무엇을 기대하신 것이지요?

🅔 우선 내가 관심을 갖고 있었던 것은 그의 중심적 논제였습니다. 그는 폼페이의 '신비의 집'(Villa dei Misteri)에서 발굴된 그림들이 오르페우스교의 입교 의례 단계들을 보여준다고 믿었어요. 또 헤라클리투스(Heraclitus)의 철학도 오르페우스교에 의해 설명될 수 있다고 생각했어요. 게다가 사도 바울도 전통적 유대교의 대표자일 뿐만이 아니라, 오르페우스교의 신비주의에 입교했었고, 따라서 바울의 기독론은 기독교에 오르페우스교를 끌어들인 거라는 것이지요. 이러한 가설은 별로 받아들여지지 않았지만, 스무 살이었던 나에게는 무척 흥미롭게 보였습니다. 그래서 마키오로를 만

나러 간 것이에요.

나는 부쿠레슈티와 로마, 두 곳에서 논문을 썼습니다. 사실 작업은 로마에서 거의 다 했지만, 자료와 노트의 대부분은 부쿠레슈티에 보관했어요. 학위논문을 위해 르네상스 철학에 관한 논문을 써 가는 동안에, 이탈리아 동양학자들과 종교학자를 알게 되어 내 정신을 넓혀 갔던 것입니다. 마키오로에게서는 오르페우스교를 발견했고, 부오나이우티를 통해 자코모(Giacomo de Flore)를 알게 되었고, 파피니가 사랑으로 연결되어 있다고 한 단테(Dante)를 읽었습니다. 궁극적으로는 르네상스 철학을 공부하는 것이 종교 연구와 같은 것이었어요.

Ⓡ 파피니에게 흥미를 가지게 된 것은 단테의 독자였기 때문만이 아니라 그 사람, 또 문학적 열정 때문이라고도 상상되는군요.

Ⓔ 파피니에 대해서는 몇 편의 논문을 쓰기도 했고, 또 그에게 편지를 보낸 뒤 "미지의 친구에게"라고 시작하는 긴 답신을 받기도 했어요. 그는 내가 '인간이 고안해 낸 가장 무익한 학문'인 철학도가 된다는 것을 불쌍히 여겼었죠. 그를 찾아갔을 때, 책으로 가득 차 있는 조그만 서재에서 나를 맞아 주었어요. 사실 나는 『실패자』에서 그가 자신을 묘사했던 대로 '못생긴 괴물'을 만나게 될 줄 알았었는데, 창백한 얼굴과 '식인종 같은 이빨'에도 불구하고 당당하고 멋져 보였습니다. 그는 제일 좋아하는 작가가 누구인지 물어 보기도 하고, 들어본 적도 없는 근대 이탈리아 작가들을 소개해 주면서 연신 줄담배를 피워 댔어요. 다음에는 내 차례로 내가 물었죠. 그의 비타협적이고 편협하며 광신적이라고도 할 수 있는

로마 가톨릭교에 대해서, (그는 레옹 블로이를 열렬히 찬미했어요.) 그리고 제 1권 출판 후에 절판해 버린 『야만인의 사전』(*Dizionario dell'uomo selvatico*) 에 대해서, 그리고 앞으로의 집필 계획, 특히 몇 차례 예고한 바 있었던 『인간에 대한 설명』(*Rapporto sugli uomini*)에 대해서 물었습니다. 그날 밤에 인터뷰 기사를 써서 부쿠레슈티의 한 잡지에 실었어요. 그러고는 꼭 사반 세기 만인 1953년 5월에 그와 재회했습니다. 그는 거의 눈이 멀다시피 했고, 『악마』(*Il diavolo*)를 쓰기 위해 대작인 『보편적 판단』(*Giudizio universale*)의 집필을 중단하고 있었어요. 다시 한 번 긴 인터뷰 기사를 써서 《새 문학》(*Les Nouvelles Littéraires*)에 실었는데, 그는 프랑스에서 인기가 사그라졌다고 생각하고 있었기 때문에 그 기사에 대해 매우 기뻐했지요. 그 후 얼마 안 있어 그는 완전히 눈이 멀고, 근육이 점차 마비되어 산송장처럼 일 년 남짓 더 살았는데, 《밤의 사신》(*Corriere della sera*)에 격주로 싣는 유명한 "파편" (*Schegge*)을 계속 받아쓰게 하였지요. 그런 상황에서도 참 기적 같은 업적이었죠.

    ☒ 그러니까 파피니를 플로렌스에서 만나셨군요. 그런데 선생님의 운명이 대부분 결정된 것은 로마에서가 아니었습니까?

    🄴 예, 바로 로마였어요. 하루는 주세페 투치가 인도에 가 있는 동안에 그의 학교 도서관에서 유명한 다스굽타(Surendranath Dasgupta)[14]의 『인도 철학사』를 만나게 됐습니다. 그 서문에서 다스

---

14)   Surendranath Dasgupta(1855-1952) : 인도의 산스크리트 학자, 철학자. 산스크리트 학자의 가문에서 태어나 케임브리지에 유학, 유럽철학을 연구하고 돌아와 산스크리트 칼리지의 교장, 캘커타 대학 교수 및 에딘버러 대학의 산스크리트 교수를 역임했다. 대표적인 저서에 『인도 철학사』(전 5권)가 있다.

굽타는 후원자인 마하라자(le maharaja Manindra Chandra Nandy de Kasimbazar)
에 대한 찬사를 썼는데, "그분이 나를 5년 동안 케임브리지 대학에
서 공부하도록 도와주셨습니다. 그는 예술과 문학의 참된 후원자
이십니다. 그는 과학과 철학 연구를 보호하고 용기를 북돋워 주셨
고, 그의 관대함은 온 벵갈에 명성이 자자합니다."라고 했어요. 어
떤 영감 같은 게 떠올랐죠. 곧바로 캘커타 대학의 다스굽타 교수
와 마하라자에게 "저는 지금 학위논문을 작성하고 있는데 10월경
에 제출하려고 합니다. 앞으로 비교철학을 공부하고자 합니다. 산
스크리트어와 인도철학, 특히 요가를 배우고 싶습니다."라고 편지
를 써 보냈어요. 사실 다스굽타는 고전 요가의 대가였고 파탄잘리
(Patanjali)[15]에 대한 두 권의 저서도 있었습니다. 두세 달 후에 루마니
아로 돌아와서 두 통의 답신을 받았어요. 하나는 다스굽타 교수에
게서 온 것이었는데, "참 좋은 생각이네. 참으로 비교철학을 공부
하고자 한다면 유럽의 인도학 연구소보다는 여기 인도에서 산스크
리트어와 인도철학을 공부하는 것이 나을 걸세. 그리고 장학금이
필요하다면 마하라자 씨에게 자네를 위해 추천서를 써 주겠네."라
고 쓰여 있었고, 다른 한 통은 마하라자의 것이었습니다. "참 좋은
생각이군요. 어서 오도록 하십시오. 장학금을 주도록 하겠습니다.
그러나 2년 동안은 아닙니다. (너무 과하지 않을까 해서 난 장학금을 2년치만 신
청했거든요.) 2년 안에 산스크리트어와 인도철학을 올바로 배울 수는
없을 것입니다. 5년 동안 장학금을 주겠습니다."

그렇게 됐던 것입니다. 1928년 11월에 논문이 통과되고, 철

---

15)   고전 요가의 가장 중요한 경전인 『요가수트라』(*Yoga-Sutras*)의 저자.

학 전공으로 문학사 학위를 받자마자 부모님으로부터 약간의 돈
도 받았고, 부쿠레슈티 대학의 장학금 약속도 받았죠. 그래서 배를
타고 콘스탄차를 떠나, 포트세이드에서 일본 배로 콜롬보까지, 그
리고 거기에서 캘커타까지 기차로 갔습니다. 도중에 마드라스에서
2주 정도 머물렀는데, 그곳에서 다스굽타를 만났습니다.

    R 참 놀라운 이야기이고, 한 장이 멋지게 마무리되는군요.
그런데 그 외의 일을 알고 싶은데요. 배에 올라타 막 출항할 때 기
분이 어떠셨습니까?

    E 내가 출발하고 있구나 하는 생각이 들었습니다! 스물한
살에 인도를 그저 여행하는 게 아니라, 거기에서 살면서 공부하기
로 결심한 건 아마 루마니아에서 처음일 것입니다. 나는 모험의 길
을 떠나고 있고, 그 길이 험난할 수도 있으나 흥미로울 거라고 생
각했지요. 특히 내 자신이 아직 틀이 잡히고 완성되지 않았다는 걸
알고 있었기 때문에 더욱 그랬습니다. 부쿠레슈티와 이탈리아의
선생님들, 종교학자와 동양학자들에게서 무척 많은 걸 배웠지만,
나는 새로운 틀이 필요했어요. 그걸 느낄 수 있었습니다. 아직 진
짜 어른이 아니었던 것입니다.

    이집트에서 열흘쯤 머물렀는데, 거기는 처음이었어요…….
그러나 중요한 건 여행 자체였습니다. 돈이 얼마 없었기 때문에,
제일 싼 배였던 일본 여객선, 그것도 삼등칸을 타기 위해 기다려야
했지요. 영어로 처음 얘기해본 게 바로 그 배에서였습니다. 포트세
이드에서 콜롬보까지는 2주일 정도가 걸렸는데 그 인도양 위에서
이미 아시아와 만나고 있었어요! 난 (그때 그렇게 불리던) 실론을 발견

했고 그건 보통 경험이 아니었어요. 상륙하기 하루 전에 벌써 나무
며 꽃의 향기, 낯선 향취를 맡을 수 있었죠…….

그렇게 해서 콜롬보에 도착했습니다.

쉬는 시간

R 방금 전 도착했을 때, 이 대담의 제목이 막 떠올랐다고 말씀하셨는데요.

E 예, 그 제목은 우리의 대화보다는 그것이 기록된다는 사실에 대해 떠오른 건데요. 이렇게 기계를 계속 앞에 놓고 얘기하는데 익숙하지 않아서, 이게 나에게는 일종의 시련, '통과의례적인 시련'입니다. 그래서 제목이 "미로의 시련"(L'Epreuve du Labyrinthe)입니다. 나에게는 거의 잊고 있던 것들을 회상해 내야 한다는 것이 일종의 시련이고, 또 미로를 헤매면서 길을 찾기보다는 앞으로 갔다가 다시 돌아와서 시작해야 한다는 것이 시련이지요. 실제로 미로는 통과의례의 아주 훌륭한 이미지라고 생각합니다. 하지만 이와는 별도로, 모든 인간 실존이 연속되는 통과의례적인 시련과 시험의 연속이기도 하죠. 인간은 무의식적이거나 의식적인 일련의 통

과의례에 의해서 그 자신을 창조해 가는 것입니다. 그 제목이 이 녹음기 앞에서 일어나는 일들을 잘 표현해 준다고 생각되는군요. 게다가 그것이 모든 인간의 상황을 아주 정확하게 표현해 주고 있어서 마음에 와 닿아요.

R 저도 그 제목이 참 멋지다고 생각합니다. 저도 이 대화의 제목을 생각했었지요. 선생님 『일기』의 몇 페이지를 다시 읽어 보고 율리시스가 생각났는데요. 그가 미로 속에서 한 경험 말입니다. 미로 속의 율리시스라고나 할까요. 아마 그건 신화를 너무 과장한 것이겠죠? 초인종을 눌렀을 때, 저를 들어오라 하시면서 뭐라고 하셨더라…….

E 예, "제목이 생각났습니다."라고 했지요.

R 단순히 우연의 일치였을까요? 선생님께서 정하신 제목이 더 나은 것 같습니다. 딱 맞는 것 같아요. 그리고 녹음기의 시련이라고 하셨는데요. 선생님께서 녹음기에 대한 낯선 느낌을 극복하시는 게 아주 힘든 건 잘 압니다.

E 예, 나도 왜 그럴까 생각해 보는데요. 아마 그건 내가 말하는 것, 그러니까 그냥 저절로 나오는 것이 곧바로 기록되고 고정된다는 것 때문이 아닐까요. 아니 우리들 사이에 일종의 검열관, 생명이 없는 물체가 끼어 있다는 사실 때문이 아니겠습니까? 그럼에도 이 대화에 단순한 물건 하나가 중요한 역할을 하고 있는 거죠. 그 물체가 이 대화에 끼어들어서 나를 조금 경직시킨다는 것은 사실입니다.

Ⓡ 오히려 선생님을 괴롭히는 것은, 완전함에 대한 욕구와 지금 불완전하고 완결되지 않은 말을 하고 있는데 녹음기가 그것을 완전한 것처럼 잘못 동결시키고 있다는 꺼림칙한 감정이 아닙니까?

Ⓔ 아니에요. 내 느낌은 '기계' 앞에 있다는 바로 그게 내 표현을 불완전*하게 한다*는 것입니다. 달리 말해서, 내 표현은 내가 그것을 만들어 내는 만큼 좋아지는 것이지요. 그런데 이런 대담에서는 논문이나 책에서처럼 정확하게 자신을 표현해낼 수 없다는 것은 잘 알고 있습니다. 아니, 나를 불편하게 하는 건 기계, 비인간적이고 물질적인 것이 내 앞에 있다는 것이에요.

Ⓡ 그런 건 잊어버리도록 하죠. 하지만 이 테이프에는 독자들이 알아채지 못하는 것, 그러니까 저 창문 너머로 보이는 조그만 광장의 나뭇잎 사이에서 지저귀는 새들이나 그리스풍 지붕 위의 장식된 가면 옆에 있는 횃대를 향해 광장을 가로지르는 비둘기의 날갯짓 같은 것들도 기록되어 있습니다.

Ⓔ 예, 저 아뜰리에(l'Atelier) 극장.

Ⓡ 어떻게 해서 이 광장의 아파트에 살게 되셨죠? 일부러 선택하신 것입니까?

Ⓔ 아니요, 우연이었어요. 아주 다행스러운 우연이었죠. 방학 동안에 파리에서 지낼 방을 구하고 있었는데요. 이 광장이며 모든 이웃들이 아주 마음에 들었습니다.

Ⓡ 단지 그 분위기 때문에 이곳을 좋아하시는 것입니까? 아니면 아무래도 샤를 뒬랭(Charles Dullin)[16]…….

Ⓔ 맞아요. 그것도 있었죠. 이곳의 신화죠……. 나는 이 집을 보기 전에 그런 걸 알고 있었어요. 하지만 이 광장은 매우 아름다운 곳이고, 또 이 주변도 정말 멋진 파리의 일부라고 생각하지요. 몽마르트르 언덕의 유명한 장소들뿐만 아니라, 이 근처의 거리들도 매우 좋아합니다.

Ⓡ 그러니까 여기가 생피에르 시장(Marché Saint-Pierre)과 사크레쾨르(Sacré-Coeur) 성당 사이인가요?

Ⓔ 사크레쾨르와 아베스(Abbesses) 광장 사이예요. 아베스도 참 아름답죠.

Ⓡ 건축물로서 사크레쾨르 성당은 요즘 악평을 많이 받는데요.

Ⓔ 아, 물론 잘 알고 있지요. 그 건물이나 색조는 나도 안 좋아해요. 하지만 감탄스러울 정도로 자리를 잘 잡고 있다고 생각해요. 그 전망, 주위의 공간, 그건 하나의 산입니다. 그렇지 않습니까? 게다가 몽마르트르의 역사를 떠올리지 않을 수 없지요. 그게 당신 앞에 있는 것입니다. 그리고 다행히 이 주변의 생활이 그렇게 많이 변하지 않았어요. 최근에 줄리앙 그린(Julien Green)의 『일기』 1권

---

16) Charles Dullin(1885-1945) : 프랑스의 배우이자 연출가. 파리에서 연극 활동을 하다가 당시의 유명 연출가인 자크 코포(Jacque Copeau)의 제자가 되어 함께 극단을 만들었다. 제1차 세계대전 후에는 독립하여 아뜰리에 극단을 창설하고 많은 배우들을 지도, 배출하였다.

을 다시 읽었는데, 파리의 아름다움이 파괴되고 있다는 것을 계속 강조하고 있어서 충격을 받았습니다. 나무를 잘라 내고, 18, 19세기의 웅장한 건물을 부수고 현대적인 아파트를 건축하는데, 물론 들어가 사는 건 편하겠지만 우아한 맛은 전혀 없어요. 파리 고유의 어떤 아름다움이 사라지고 있는 것은 사실입니다. 우울하고 진부한 주제이니 그만두도록 하죠.

　　ⓡ 선생님이 1967년 6월 14일『일기』에서 언급하신 성스러운 공간의 구조와 주거의 상징, 도시와 마을, 사원과 궁전의 상징에 대한 책을 언제쯤 읽게 될까요?

　　ⓔ 그건 소책자인데요. 건축과 도시계획의 성스러운 근원에 대해 프린스턴 대학에서 강연했던 6회분의 원고입니다. 특히『종교사 개론』과 다른 저작들에서 내가 언급한 '세계의 중심'과 '성스러운 공간'에 관련된 자료들을 좀 더 자세하게 기술하고 있지요. 이제 들어갈 삽화를 결정하는 일만 남았어요. 건축가들이 많이 기대해 줘서 빨리 끝내려고 서두르고 있습니다. 몇몇이 편지를 보냈는데, 내 초기 책들이 건축가라는 직업의 의미를 깊이 통찰하게 해 주었다고 하더군요.

　　ⓡ 성스러움은 프랑스어 상스(sens)로 그 양자가 모두 표현되는, 즉 방향설정(orientation)과 의미(signification)로 특징지어진다고 어디선가 말씀하셨지요.

　　ⓔ 지리학에서는 위와 아래가 동일하게 취급됩니다. 그러나 실존적 관점에서는 사다리를 내려가는 것과 올라가는 것은 결코

같지 않다는 것을 우리는 압니다. 왼쪽은 오른쪽이 아니라는 걸 우리는 알고 있습니다. 이 책에서는 우리가 공간의 다양한 질을 경험하는 방식과 관련된 상징과 의례를 집중적으로 다루고 있습니다. 왼쪽과 오른쪽, 중심과 주변, 천장과 바닥 등…….

R 그런데 건축물은 시간과 마찬가지로 연관되어 있지 않습니까? 일시적으로?

E 시간적 상징은 건축의 상징이나 개인적 주거에서 발견되지요. 아프리카의 어떤 부족들은 매년 계절에 따라 오두막의 방향을 달리 합니다. 오두막뿐만 아니라, 그 안의 물건들, 도구나 무기의 방향도 바꾸죠. 집 전체가 계절과 함께 바뀌는 것입니다. 그것이 바로 시간 상징과 공간 상징이 서로 연관되어 있는 전형적인 경우지요. 고대 전통에 유사한 예가 많아요. 그라네(Marcel Granet)가 고대 중국에서 '방향 설정된 공간'이라고 부른 것을 상기해 보세요.

R 예, 그런데 '성스러운' 것은 집이나 사원뿐 아니라, 영토, 고국의 땅, 고향도 그렇지 않습니까?

E 모든 고향은 성스러운 지리를 구성합니다. 그곳을 떠나온 사람들에게는 유년기나 청소년기를 보낸 도시가 항상 신화적 도시가 되죠. 나에게는 부쿠레슈티가 어쩔 수 없이 신화의 중심이에요. 그 신화를 통해 그 도시의 참 역사를 알게 되는 것이지요. 나 자신의 역사도요.

2

인도의 정수

산스크리트 초보 학자 | 히말라야의 요기 | 인도의 시적인 진실

인도의 세 가지 교훈 | 영원한 인도 | 쉬는 시간

산스크리트 초보 학자

Ⓡ 1948년 11월 8일의 『일기』에 이렇게 쓰셨죠. "나는 20년 전 오늘 오후 3시 반쯤에 인도로 떠나기 위해 부쿠레슈티역(驛)에 있었다. 출발의 순간에 있는 나 자신을 되돌아본다. 자크 리비에르(Jacque Rivière)의 책을 쥐고 있는 이오넬 지아누(Ionel Jianu)와 그의 작별 선물인 담배 한 보루가 보인다. 나는 두 개의 작은 가방을 들고 있었다. 스물두 살의 그 여행이 내게 준 것은 무엇일까? 성인이 되는 문턱에서 인도의 그 경험이 없었다면 내 인생은 어떻게 되었을까? 확실한 것은 내게 무슨 일이 일어나든 여전히 히말라야에는 나를 반갑게 기다려 주는 동굴이 있다는 것이다." 그때에 자문하셨던 질문에 이제 대답해 주실 수 있습니까? 선생님의 삶과 연구에서 인도는 얼마나 중요한 것이었습니까? 선생님께 어떤 영향을 끼친 것이지요? 괜찮으시다면 그걸 오늘 대담의 기본 주제로 삼고 싶은데

요. 우선 마드라스에 도착해 보니, 다스굽타가 기다리고 있던가요?

　E 예, 그분은 문헌 수집으로 유명한 신지회(神知會, la Société théosophique)의 도서관에서 산스크리트 텍스트를 연구하고 있었습니다. 바로 거기에서 만나 뵈었는데, 우리는 곧바로 나의 캘커타 체류 계획을 세웠어요. 1928년이니까 그는 마흔다섯쯤 되었을 것입니다. 땅딸막한 체구에, '개구리 눈'이라고 부를 만큼 눈이 좀 튀어나왔고, 목소리는 대개의 벵갈 사람이 그렇듯이 아주 감미로웠지요. 저는 그분께 아주 빠져 들었고, 그분을 무척 존경했지요.

　R 다스굽타와의 관계는, 그러니까 교사와 학생, 아니면 스승 내지 그루와 제자 사이였습니까?

　E 양쪽 다였어요. 처음에 나는 학생이었고, 그는 서양 대학의 교수와 같았습니다. 캘커타 대학에서의 학습 계획을 세워 주고, 꼭 필요한 문법책이며 교과서, 사전의 목록까지 주셨어요. 영국인 거주 지역에 하숙집도 마련해 주셨지요. 제가 곧바로 인도인처럼 살기는 어려울 거라고 생각하신 것이에요.

　나는 대학에서뿐만 아니라 인도인 거주 지역인 보와니포레(Bhowanipore)에 있는 그림 같은 그의 집에서도 함께 공부를 했습니다. 1년이 지나자 그는 나에게 산스크리트어로 말하는 것에 익숙해지려면 (그가 선정한) 학승(學僧, pandit)과 함께 공부하라고 제안했어요. 아주 기초적인 수준이라도 인도인 학자나 진짜 요가 수행자, 힌두교 승려들과 대화하기 위해서는 산스크리트어로 말을 할 수 있어야 한다는 거였죠.

Ⓡ 다스굽타 교수가 말한, 인도인처럼 살려면 겪게 될 어려움이란 건 무엇입니까?

Ⓔ 처음에는 인도 음식만 먹는 것도 바람직하지 않다고 했어요. 아마 내가 입고 왔던, 아주 흔한 것이라 해도 유럽의 옷을 입고서는 인도인 거주 지역인 보와니포레에 사는 게 힘들 거라고 생각하신 것 같아요. 온 지 몇 달 만에 곧장 유럽 옷을 벗고 벵갈의 도티(dhoti)를 입을 수 없다는 걸 잘 아셨던 것이지요.

Ⓡ 그러나 선생님 자신은 벵갈 사람들의 일상적인 생활방식대로 그들의 음식을 먹고 그들의 옷을 입고자 하지 않으셨습니까?

Ⓔ 그랬죠. 하지만 처음부터 그런 건 아니었어요. 그런 삶의 방식이 전적으로 낯설었으니까요. 나는 적어도 일 주일에 두 번은 다스굽타 교수와 공부하기 위해 그의 집을 찾아갔습니다. 그리고 야자수와 정원으로 둘러싸인 테라스가 딸린 그 널찍한 집의 매력, 그 신비에 점점 사로잡혔어요.

Ⓡ 방금 《카이에르 드 레른》(*Cahiers de l'Herne*)의 표지에 실린 선생님 사진을 봤는데, 이게 캘커타에서 입으셨던 옷인가요?

Ⓔ 아니에요. 그런 차림은 히말라야의 교당(ashram)에서 하던 거였어요. 말씀하신 사진에서 입고 있는 건 스와미(swami)나 요가 수행자(yogi)가 입는 황토색의 길고 품이 큰 겉옷이지요. 캘커타에서는 도티라는 아주 긴 하얀 셔츠를 입었죠.

Ⓡ 토착민의 옷을 입는다면, 인도 같은 나라를 다르게 체험

할 수 있다고 생각하십니까?

E 물론이지요. 난 그게 매우 중요하다고 생각해요. 우선, 그런 열대 기후에서는 도티를 입고 맨발이나 샌들을 신고 다니는 게 훨씬 편해요. 또 그렇게 하면 사람들의 주목을 받지도 않죠. 나는 많이 그을려서 피부도 인도인들처럼 갈색이었어요. 그래서 거의 눈길을 끌지 않고 다녔죠. 아이들이 '흰 원숭이'라고 놀려대며 따라다니지도 않았어요. 그건 또한 내 자신이 입문하고자 했던 문화와의 연대를 표현하는 방법이기도 했습니다. 내 목표는 완전한 벵갈어를 하는 것이었는데, 술술 읽을 수는 있었지만 유창하게 말하지는 못했어요. 타고르의 몇몇 시를 번역하였고, 중세 신비주의 시인들을 읽고 번역도 해보려고 했지요. 학문적이고 철학적인 면, 요가와 산스크리트만이 아니라, 살아 있는 인도 문화 역시 내 관심의 대상이었어요.

R 그러니까 선생님의 인도 경험은 지적인 경험일 뿐 아니라, 전인적인 것이었군요.

E 예, 전인적(全人的)이지요. 그러나 내 서구적 의식, 그러니까 서구인의 세계관(Weltanschauung)을 포기한 건 아니었다는 걸 분명히 해야겠군요. 인도인의 방식대로 진지하게 산스크리트어를 배우고자 했지만, 한편으로는 서구 정신의 특징인 문헌학적 방법을 사용했습니다. 유럽과 인도의 방식, 이 양자를 따라 내 공부를 해나갔습니다. 결코 서구적인 지식의 도구를 포기한 건 아니었어요. 그리스어와 라틴어도 조금 했고, 서양 철학도 공부하면서, 서양 것을 지켰어요. 도티를 입든 히말라야에서 쿠티아르(kutiar)를 입든, 내 서

구적인 전통을 거부하지는 않았어요. 상반을 통합하고자 하는 나의 꿈은 훈련 단계에서도 있었던 것입니다.

　Ⓡ 어떤 형이상학적인 고뇌 때문에 종교 연구로 방향을 전환한 것이 아니었듯이, 이국적인 것에 대한 무조건적인 선호나, 자신의 정체성을 버리려는 욕구 때문에 금욕주의자의 누런 가사를 걸쳐 입은 것이 아니었다는 말씀이시군요. 자신의 정체성과 서구적인 형태를 그대로 지니면서, 그들을 통해 인도에 접근하고자 하신 거군요. 궁극적으로는 두 관점을 융합, 아니 유기적인 전체로 통합하기 위해서요.

　🄴 바로 그렇습니다. 나는 인도의 문화를 깊이, ‘실존적으로’ 공부했어요. 2년째 되었을 때, 다스굽타 교수는 “자, 이제 자네가 내 집으로 올 때가 되었네.”라고 말씀하셨죠. 거기에서 1년 정도 있었습니다.

　Ⓡ 인도 언어와 문화를 공부하는 것만이 아니라 요가를 수행하는 것도 선생님의 의도였는데요. 말하자면, 요가 책들에서 다루는 것이 실제 무엇인지 개인적인 체험으로, 자신의 몸으로 알고자 하신 것이지요.

　🄴 맞습니다. 이제 곧 내가 히말라야에서 쿠티아르를 입고 시작했던 요가의 실천적 체험에 대한 얘기가 나오게 될 것입니다. 그 전에 이미 다스굽타 교수님 댁에서 “교수님! 제발 이 교과서들 이상의 것을 주실 수 없으십니까?”하고 몇 번이나 말씀드렸어요. 그분은 항상 “조금 더 기다리게. 문헌적이고 철학적인 관점에서 모

든 걸 알아가는 게 본질적인 것이야.”라고 대답하시는 것이에요.
그분 자신이 케임브리지 대학에서 훈련받은 철학사가이자, 철학
자이며 시인이라는 걸 기억해야 합니다. 그러나 또한 벵갈의 학자
가문 출신이어서, 인도의 전통 문화 전반의 대가이기도 하셨어요.
“요가를 수행하는 게 우리 인도인보다 자네 같은 유럽인에게는 훨
씬 어려울 걸세.”라고 말씀하시곤 했어요. 아마 결과가 어떨지 우
려하고 계셨던 것 같아요. 캘커타는 대도시였고, 공기가 맑지 않아
서 호흡 조절인 조식(調息, pranayama)을 수련하기에는 그리 적당한 곳
이 아니었습니다. 그래서 나중에 공기가 더 나은 히말라야 산자락
의 하드워(Hardwar)를 찾게 된 것입니다.

❑ 다스굽타 교수와는 어떻게 공부하셨습니까? 어떻게 산스
크리트어를 공부하기 시작하셨죠? 처음부터 그와 함께 하고, 나중
에는 학승과 하셨습니까?

■ 산스크리트어 학습에 한해서는 이탈리아의 인도 학자인
안젤로 드 구베르나티스(Angelo de Gubernatis)가 그의 자서전인 『기질』
(Fibra)에서 밝힌 방법을 따랐습니다. 그건 문법책, 사전, 텍스트를
가지고 하루에 열두 시간씩 공부하는 것입니다. 베를린에서 그 자
신이 그렇게 공부했대요. 그의 스승이었던 베버(Weber)가 (초여름이었는
데) “구베르나티스, 내 산스크리트어 강좌는 가을 학기에 시작하네.
그 강좌는 2년차 코스인데 자네 때문에 처음부터 다시 시작할 수
는 없네. 그러니 자네는 어떻게 하든 따라와야 할 걸세.”라고 했어
요. 구베르나티스는 베를린 교외의 오두막에 산스크리트어 사전과
문법책을 가지고 틀어박혔죠. 빵과 커피, 우유도 일 주일에 두 번

씩 배달만 시킬 정도였어요. 그게 옳았죠. 나도 그의 본을 따랐고요. 게다가 나는 그렇게 지독하지는 않았지만 이전에도 그런 비슷한 경험을 했거든요. 예를 들어, 영어를 배울 때도 쉬지 않고 몇 시간씩 공부하곤 했어요. 이번엔 아예 처음부터 하루에 열두 시간씩 오직 산스크리트어만 공부했어요. 산책을 하거나 잠시 짬을 내서 영어 공부를 하는 것이 유일한 예외였죠. 영어는 잘 읽을 수는 있었지만, 말하는 데는 여전히 서툴렀거든요. 다스굽타 교수의 집에 있는 동안에는, 그분이 가끔 나에게 질문하시거나, 번역을 해보라고 한 대목씩을 주시면서 내 진도를 지켜보셨어요. 실력이 빨리 향상되었다면, 그건 산스크리트어 외에 다른 건 공부하지 않겠다는 내 결심 덕분이었을 겁니다. 그 몇 달 동안 신문이나 탐정소설, 어떤 것도 집지 않았으니까요. 단 한 가지 목적, 산스크리트어에 전적으로 집중했던 게 놀라운 결과를 낳았던 것입니다.

[R] 만날 똑같이, 그런 방법만 사용하면 구어의 미묘함이나 유연성을 놓치게 될 위험이 있지 않습니까?

[E] 물론이지요. 그러나 초보자에게는 튼튼한 기초를 닦는 일, 문법 구조와 개념들 그리고 기본 어휘를 습득하는 게 문제입니다. 그런 후에 자연스레 인도의 역사와 미학, 시와 예술을 접해 갔어요. 여하튼 처음에는 오로지 기초를 체계적으로 철저하게 습득하겠다는 목표가 중요해요.

[R] 도말(Daumal)이 산스크리트어를 철학적 훈련의 한 방법으로 여겼다는 게 생각나는데요. 마치 산스크리트어 문법이 학도들

을 형이상학에 빠져들게 하고, 자아와 존재에 대한 지각으로 이끌어가듯 한다는 것이지요. 선생님께서도 그런 걸 느끼셨습니까? 산스크리트어를 배움으로써 어떤 이득을 얻으셨나요?

　■ 도말이 정말 제대로 본 것입니다. 그런데 내 경우에는 흥미로운 게 산스크리트어 자체의 철학적 가치나 덕이 아니었어요. 적어도 처음에는 그랬습니다. 처음에 내가 원했던 것은 하나의 작업 도구로서 언어를 마스터해서 텍스트를 읽을 수 있는 거였어요. 또 위대한 철학적인 가치를 지닌 것만 읽고자 했던 것도 아닙니다. 당시에 관심이 있었던 것은 베단타(Vedanta)나 우파니샤드가 아니었고, 『요가수트라』(Yoga-Sutras)에 대한 주석서들과 탄트라 문헌들이었어요. 거기에 담긴 철학은 사실상 우파니샤드나 베단타에서 보이는 만큼 높은 수준이 아니기 때문에 서구에 잘 알려지지 않은 인도 문화의 표현들이지요. 그런데 나는 명상 기술과 신비 생리학, 즉 요가와 탄트라를 배우고 싶었기 때문에, 그런 것들에 더 관심이 있었던 것이지요.

　Ⓡ 그러니까 파피니를 읽기 위해서 이탈리아어를 배우시고, 프레이저를 읽기 위해서 영어를, 탄트라 문헌을 위해서 산스크리트어를 공부하셨군요. 그러고 보면 언제나 선생님께서 추구하신 건 관심의 대상에 직접 접근하는 것이었다고 할 수 있겠군요. 언어는 길이지 목표는 아니라는 건데요. 그렇다면 그것이 자신에게 의문을 갖게 하지는 않았습니까? 종교와 신화, 상상력의 역사가가 아니라, 산스크리트 전문가, 언어학자가 되실 수도 있었을 텐데요. 그랬다면 전혀 다른 엘리아데의 업적, 다른 엘리아데가 가능했겠

지요. 자신의 독특한 소질을 그 분야에 쏟아 부어 야콥슨(Jakobson)이
나 방브니스트(Benveniste) 같은 사람이 되실 수도 있었을 거고요. 다
른 인생은 어떠했을까 상상하고 싶네요! 그런 생각을 해보신 적은
없습니까?

　　E 언제나 내가 새 언어를 배우려고 한 것은 새로운 작업 도
구를 얻기 위해서였어요. 나에게 언어란 의사소통의 가능성입니다.
읽기, 가능하다면 말도 하면 좋겠지만, 읽기가 우선이에요. 난 인도,
캘커타에서 광범위한 비교 연구, 예를 들어 인도-유럽 문화와 전
(前) 인도 문화의 비교라든지, 오세아니아, 중앙아시아 문화와의 비
교에 대한 논문들을 읽었는데, 거기에서 산스크리트어나 팔리어뿐
아니라, 중국어, 티베트어와 일본어, 심지어는 오스트로-아시아어
(Austro-Asiatique)라고 이름 붙여진 언어들도 알고 있었던, 폴 펠리오
(Paul Pelliot), 프르질루스키(Przylusky), 실뱅 레비(Sylvain Levy) 같은 비상한
학자들을 봤어요. 그리고 난 연구해야 할 그 광대한 신세계에 눈이
번쩍 뜨였어요. 아리아인의 인도만이 아니라, 원주민의 인도, 그리
고 문화 자료의 근원으로서 동남아시아와 오세아니아 같은 세계
말이지요. 난 그쪽으로 착수하려고 했어요. 그런데 다스굽타 선생
님이 말렸지요. 그의 판단이 옳았던 것이에요. 그러나 나는 티베트
어를 기초 문법부터 공부하기 시작했는데, 곧 그것이 내가 진정 간
절히 원했던 것, 즉 산스크리트어나 영어, 후에 러시아어나 포르투
갈어를 배우고자 했을 때와 같지 않다는 걸 깨닫게 되었지요. 자연
히 별 진전이 없었어요. 내 자신에 대해 화도 나고, 그만두어 버렸
어요. 펠리오나 레비와 같은 능력은 결코 가지려 하지 않을 거라고
나 자신에게 말했지요. 언어 자체, 그 구조와 발전, 역사, 신비는 내

게 그다지 매력이 없었습니다.

　R 이미지나 상징만큼의 매력이 없다는 건가요?

　E 바로 그렇습니다. 언어는 나에게 단지 하나의 도구, 의사소통과 표현의 도구일 뿐이에요. 거기서 멈춘 걸 나중에 다행으로 여기게 되었지요. 언어학은 바다와 같아서 어떤 종착점이 없기 때문이에요. 아랍어를 배우고, 그 후에는 시암(Siam)어, 그 다음에는 인도네시아어, 또 폴리네시아어, 계속 끝이 없지요. 나에게는 신화나 그 문화에 연관된 의례들을 읽어 내고, 그 이해를 시도하는 것이 더 좋습니다.

히말라야의 요기

R 1930년 9월에 히말라야에 가기 위해 캘커타를 떠나셨는데요. 다스굽타 교수를 떠나신 것이지요…….

E 예, 언쟁이 있은 후였는데 난 무척 후회했어요. 그분도 후회하셨죠. 당시에 다스굽타 교수님 외에는 내가 거기에 머물 이유가 없다고 생각했어요. 히말라야로 떠났죠. 몇몇 마을에 잠시 머물기도 했었지만, 마지막에 자리를 잡기로 작정한 곳이 하드워(Hardwar)와 리쉬케쉬(Rishikesh)였어요. 거기야말로 진짜 은둔이 시작되는 곳이기 때문이지요. 운 좋게도 스와미 쉬바나난다(Swami Shivananda)를 만나서 그가 마한트(mahant), 즉 족장에게 말해 숲 속에 조그만 오두막을 마련해 주었어요……. 여건은 아주 소박했지요. 유럽식 옷 대신 흰 가사를 입고 엄격한 채식만 해야 했습니다. 그리고 매일 아침 우유, 벌꿀, 치즈를 '탁발'했어요. 거기 리쉬케쉬에서 봄이 올 때

까지 여섯 달인가 일곱 달을 있었습니다.

R 리쉬케쉬가 히말라야에 있다면 그곳은 티베트가 아닙니까?
E 티베트에 들어가려면 비자가 필요했어요. 1929년 시킴 (Sikkim)의 다질링(Darjeeling)이라는 곳에서 3, 4주를 보냈는데, 그곳은 티베트와 접경해 있어서 그 분위기는 오히려 티베트 같았어요. 거기에서는 티베트의 산들을 아주 잘 볼 수 있었죠.

R 그 오두막의 주변은 어땠습니까?
E 다질링이 알프스산의 고도와 맞먹는 해발 수천 피트에 있는 반면에 리쉬케쉬는 갠지스 강둑 위에 있습니다. 그 지점의 갠지스 강은 매우 작았어요. 갠지스 강은 때로는 그 너비가 50미터쯤 되다가, 갑자기 200미터로 넓어지기도 하고, 아주 좁은 곳은 20미터나 10미터쯤 되기도 했어요. 강가는 정글이었고, 내가 있을 당시에는 몇 채의 오두막과 조그만 힌두교 사원밖에 없었는데, 사람이라곤 찾아볼 수가 없었어요. 오두막들은 강가를 따라서 3, 4킬로미터 반경에 흩어져 있었는데, 약 200미터 때로는 100여 미터나 50미터 정도씩은 떨어져 있었어요. 거기에서 내 순례의 첫 단계라 할 수 있는 락쉬만줄라(Lakshmanjula)로 올라가게 됩니다. 그것은 아주 높았고, 절벽의 동굴들마다 수도사, 명상가, 금욕주의자, 요기들이 자리 잡고 있었어요. 그들 가운데 몇몇을 만나 보았지요.

R 구루는 어떻게 선택하셨습니까?
E 당시에 잘 알려진 분은 아니었지만, 나의 구루는 스와미

쉬바나난다였습니다. 그때는 저술을 내지 않았는데, 나중에 300여 권의 책을 펴내기도 한 분이지요. 수행자가 되기 전에 그는 한 가정의 가장이자 유럽 의학을 배운 의사로서, 아마 랑군에서 개업도 했었죠. 어느날 갑자기 그 모든 걸 내던졌어요. 그리고 유럽 옷을 벗어 버리고, 마드라스에서 리쉬케쉬까지 일년 가량 걸린 도보 여행을 했답니다. 난 그가 서구 교육을 받았다는 데서 흥미를 느꼈어요. 다스굽타처럼 말이지요. 그는 인도 문화를 아주 철저하게 알고 있었고, 또 그걸 서구인들에게 전해줄 수 있는 그런 사람이었습니다. 학문적인 의미에서 특별히 잘 교육받았다고는 할 수 없지만, 히말라야에서 수 년간의 경험도 갖고 있었죠. 요가 수행의 모든 것, 모든 명상 기법을 알고 있었어요. 또한 그는 의사이기도 해서 요가 수행시의 실제 문제가 무엇인지 잘 이해하고 있었죠. 호흡 조절, 명상, 정관의 실제적 측면에서 도움을 주었던 건 바로 그분이었어요. 물론 나도 이론적으로는 알고 있었어요. 관련 문헌들과 주석서들을 공부했을 뿐만 아니라, 캘커타와 다스굽타 교수의 집에서, 그리고 타고르를 만났던 산티니케탄(Santiniketan)에서 다른 사두(saddhu)와 명상가들로부터 가르침을 받기도 했으니까요. 전에도 어떤 명상법을 수련하던 사람들을 만나 볼 기회는 항상 있었죠. 그래서 책에 있는 그 이상을 알고 있기는 했지만, 내 자신이 직접 수련해 보지는 않았었습니다.

ℝ 방금 정글이라고 하셨는데요. 호랑이나 뱀이 우글거리는 그런 곳입니까?

𝐄 그 주위에 호랑이가 있다는 말은 듣지 못했지만, 뱀은 무

척 많았고, 굉장한 원숭이떼가 있었죠. 오두막에서 지낸 지 사흘째에 뱀을 흘긋 본 기억이 납니다. 조금 놀랐죠. 코브라였던 것 같아요. 돌을 던져 쫓아 버렸죠. 한 수도자가 그걸 보더니 말하더군요. (그는 영어를 아주 유창하게 했는데, 전에 판사였습니다.) "왜 그렇게 하지? 그게 코브라였다 해도 두려워할 게 없네. 이 은둔지에서는 뱀에 물린 일이 한 번도 없거든." 믿기지 않아서 물었죠. "저 아래 평지에서도요?" "맞아요. 거기서도 물론 여기서도 아닐까요?" 순전히 우연이지 않을까요? 어찌됐든 그 후에는 뱀을 봐도 그냥 지나치게 됐어요. 그렇게 되더라고요. 돌을 던져 뱀을 쫓아 내려고 하지 않았습니다.

Ⓡ 요가 초보자의 시절로부터 이제 50여 년이 지났고, 또 지금은 요가에 대해 세 권의 책을 쓰신 유명한 저자가 되셨는데요. 그 가운데 하나는 "불멸과 자유"(*Immortalité et Liberté*)라는 부제가 붙어 있고, 또 하나는 제목이 『요가의 테크닉』(*Techniques du yoga*)입니다. 요가란 뭡니까? 신비한 길입니까, 아니면 철학적 교리 혹은 삶의 기술인가요? 그 목표가 구원입니까, 아니면 건강인가요?

🅴 솔직히 말씀드리자면, 한동안 요가를 다시 이야기하는 데 별 흥미가 없었어요. 중요하다고 생각되는 주제에 대해 다 얘기했다고 생각됩니다. 1936년에 "요가: 인도 신비주의의 기원에 대한 논술"(*Yoga, essai sur les origines de la mystique indienne*)이라는 학위논문을 시작했는데, 그때 '신비'라는 말 때문에 비판을 받았어요. 그건 옳은 비판이었습니다.

Ⓡ 선생님께서는 다스굽타의 지도 아래 공부를 하셨고, 파

탄잘리(Patanjali)에 대한 그의 주석을 받아쓰기도 하지 않았습니까?

E 예, 그러나 그 이전에 인도의 영적 교육의 기술적인 측면에 관심이 있었어요. 물론 우파니샤드 이래 상카라(Sankara)[1]까지 사변적 전통, 말하자면 서양의 첫 세대 인도 학자들을 흥분시켰던 순수한 철학, 영적 지혜도 알고 있었어요. 그런 것과는 별도로 의례에 대한 책도 읽었죠. 그러나 순수 철학이나 의례 체계만도 아닌 영적인 기술, 정신생리학적인 기술이 있다는 걸 알고 있었어요. 사실 난 파탄잘리에 대한 저작들이나, 탄트리즘에 대한[아더 아발론(Arthur Avallon)이라는 필명으로 쓰인] 우드로프(John Woodroff)의 책들을 독파했지요. 나는 탄트리즘의 방법으로, 다시 말해, 오히려 상상적인 생리학을 기반으로 하는 것이기 때문에 내가 '신비 생리학'이라고 했던 정신생리학적인 수련을 통해서, 인도의 영성에서 소홀히 취급되어 온 차원을 밝힐 기회가 왔다고 생각했지요. 다스굽타 교수가 그 방법의 철학적 측면을 이미 제시했지만, 지금은 그 기술 자체를 서술하고 비교의 관점에서 요가를 밝히는 게 중요하다고 생각한 것입니다. 『요가수트라』에서 파탄잘리가 쓴 고전 요가와 나란히, 붓다가 실행한, 그리고 인도, 티베트, 일본, 중국의 불교에서 실행된 요가들뿐만 아니라 여러 '괴상한', 방외 요가들까지 다 포함해서 말이지요. 그래서 실제 방법, 이런 기술들을 개인적으로 체험해 보고자 했던 것입니다.

R 그런 바람과 청년기에 행하셨던 '잠과의 전쟁'과는 어떤

---

1)   Śankara(700?-750?) : 인도의 형이상학 철학자이자 종교지도자. 내적 자아(atman)는 존재의 본질인 브라만(Brahman) 자체와 동일하다는 불이원론(不二元論)을 주장하였다.

연관이 없습니까?

E 젊을 때는 읽어야 될 책이 너무 많아서, 24시간 가운데 7시간을 자야 한다면 정말 아무것도 얻지 못할 거라고 생각했어요. 그래서 내가 고안해 낸 방법을 시작했던 것입니다. 매일 아침마다 2분씩 일찍 시계가 울리게 맞춰 놓는 것이에요. 그래서 일 주일에 15분을 버는 것이지요. 수면 시간이 6시간 반쯤 되었을 때, 거기에 적응하기 위해 석 달 동안은 알람 시간을 그대로 두었어요. 그리고는 다시 2분씩 앞당겨 놓기 시작했습니다. 그렇게 해서 4시간 반으로 잠을 줄였어요. 하루는 현기증이 나서 그만두었죠. 그걸 십대의 과장된 말로 '잠과의 전쟁'이라고 부른 것입니다. 후에 파요트 박사의 『의지의 교육』을 읽었는데, 거기에서 "우리의 문화적 관습에 의해 먹을 수 없는 것이 된 것들, 예를 들어 나비나 벌, 지렁이, 하루살이나 비누 조각 등을 먹는 것은 간단한 의지의 조작으로 가능하지 않겠는가?"라고 했더군요. 그래서 나 자신에게 반문했지요. "왜 안 되겠는가?" 그리고 '나의 의지를 교육시키기' 시작했지요. 그 책을 약간 잘못 이해하지 않았나 싶습니다만, 여하튼 난 유럽인들에게 당연시되는 어떤 혐오감과 어떤 경향들을 극복하려고 한 것입니다.

요가는 사실상 그러한 시도와 유사합니다. 몸은 움직이기를 바라는데, 요가는 하나의 자세, 좌법(坐法, asana)으로 부동하는 것입니다. 인간의 몸처럼 행동하기를 그치고, 대신에 하나의 돌이나 식물처럼 행동하는 것이에요. 호흡은 원래 리듬이 없는데, 조식(調息)은 엄격한 리듬으로 숨쉬게 하는 것입니다. 우리의 영적 · 정신적 삶은 끊임없는 동요의 상태에 있습니다. 파탄잘리는 그걸 치타브리티(cittavrtti), 즉 '의식의 소용돌이'라고 정의했는데, '집중'은 그러한 소용돌이를 통제할 수 있게 해줍니다. 요가는 그런 점에서 본능에, 생명에 저항하는 것입니다.

하지만 내가 요가에 끌린 건 그 때문만은 아니에요. 아니죠, 내가 요가의 테크닉에 관심을 가졌다면, 그것은 위대한 인도 학자들이 쓴 세상을 하나의 환상이라고 보는 베단타 철학에 대한 책들을 읽으면서 그것만으로는, 또는 거대한 의례 체계만으로는 인도를 이해할 수 없다고 생각했기 때문이에요. 그래서는 인도가 위대한 시인들과 놀라운 예술을 낳았다는 사실을 이해할 수 없었던 것입니다. 어딘가에 참으로 중요한 제3의 길이 존재하고, 그건 요가 수행과 연관된다는 것을 알았던 것이에요. 그 후에 실제 캘커타에서 어떤 수학 교수가 연구를 할 때 항상 좌법을 취하고, 호흡 조절을 해서 큰 효과를 보았다는 걸 들었습니다. 그리고 네루가 피곤할 때면 몇 분 동안 '나무 자세'를 취하곤 했던 것을 알고 계실 것입니다. 그런 얘기들이 그냥 들으면 신문의 가십 기사처럼 들릴 수도 있겠지만, 몸과 마음을 조절하는 과학과 기술이 인도의 문화와 철학, 즉 인도의 창조성의 역사에서 아주 중요하다는 건 재론의 여지가 없습니다.

R 요가의 이론적 측면에 대해서는 더 이상 묻지 않겠습니다. 몇 마디로 거기에 대해 쓰셨던 책들을 대치할 수는 없을 테니까요. 저는 오히려 요가에 대한 선생님의 개인적인 체험과 그 후에 요가가 선생님의 인생에 끼친 영향에 대해 여쭙고 싶습니다.

E 내가 리쉬케쉬에서의 수련에 대해 별로 말하지 않았다면,

그건 아마 쉽게 짐작할 수 있는 이유에서였을 것입니다. 누구든 똑같이 말할 수 있는 것들이에요. 예를 들어 구루의 지도하에 처음으로 호흡 조절 훈련을 했는데, 내가 호흡의 리듬 조절에 성공했다고 느꼈을 때 갑자기 중지시키는 것입니다. 그 이유를 도대체 알 수 없었어요. 완전히 잘 됐다고 느꼈고, 또 조금도 피곤하지 않았거든요. 그런데 그는 "아니야, 자네는 지쳐 있어."라고 하는 것입니다. 아시겠지만 의사이면서 개인적인 체험으로 요가 수행에 익숙한 사람에게 지도 받는 게 매우 중요해요. 그리고 그 테크닉이 실제 효과가 있다는 걸 확신하게 되었지요. 어떤 문제는 보다 잘 이해하게 되었다고까지 생각했어요. 그러나 방금 말씀드린 대로, 얘기가 그쪽으로 가지 않았으면 싶네요. 우리가 그 문제를 다루게 된다면, 긴 설명이 필요한 세세한 일들에 들어가게 되니까요.

R 여하튼 요가 수행의 결과라는 기적이랄지, 경이로운 일들에 대한 어떤 검증을 얻으셨는지 물어봐도 되겠습니까? 선생님께서 쓰신 책 가운데, 요기들이 늙어서도 젊음을 유지한다는 언급이 있는데요. 하나의 상이한, 확장된 시간 척도에서 명상하는 것이 육체 자체에서도 굉장한 장수를 유도한다고 하셨는데요.

E 당시 이웃에 나가(naga)라는 나체 승려가 있었는데, 나이는 오십이 넘었지만 몸은 삼십대의 젊음을 유지하고 있었어요. 그는 하루 종일 명상밖에 하지 않고, 또 아주 조금밖에 먹지 않았어요. 난 그런 경지에까지는 도달하지 못했어요. 그러나 어떤 의사라도 건강식 다이어트를 하고, 그러한 수도원에서 규정된 삶의 방식대로 살아간다면 육체적 젊음을 연장할 수 있다고 말할 것입니다.

Ⓡ 수도자가 걸치고 있던 축축하고 얼음 같던 홑이불이 밤새 몇 번이나 말랐다는 이야기는요?

Ⓔ 몇몇 서구 관찰자들이 그런 보고를 했어요. 알렉산드라 데이비드닐(Alexandra David-Neel) 같은 사람들 말입니다. 티베트에서는 그걸 그투모(gtumo)라고 부릅니다. 몸이 굉장한 열을 내서, 말씀하신 대로 시트를 말릴 수 있는 것이지요. 이러한 '신비한 열', 혹은 '신묘한 생리학'이라고 이름 붙어진 그 열에 대해서는 믿을 만한 문헌적 증거가 있습니다. 요기가 걸치고 있던 꽁꽁 언 시트가 금방 말랐다는 경험, 그건 정말 사실입니다.

인도의 시적인 진실

[R] 선생님의 인도 경험은 논문에서뿐만 아니라, 『세람포르의 깊은 밤』(*Minuit à Serampore*), 『벵갈의 밤』(*La Nuit Bengal*)과 같은 소설에서도 나타나는데요. 그리고 산스크리트어를 집중적으로 공부하는 데서 오는 긴장을 풀기 위해서 쓰셨다는 『이사벨과 악마의 호수』(*Isabelle et les eaux du diable*) 같은 소설에서도 역시 그렇지요. 그건 아직 루마니아어로 번역되지 않았지만요.

[E] 예, 산스크리트어 문법과 인도 철학을 6, 7개월 공부한 다음에 좀 쉬었어요. 상상력이 풍부한 소재를 찾고 있었죠. 다질링으로 가서 방금 말씀하신 소설을 쓰기 시작했어요. 그건 자서전적이기도 하고, 또 어느 정도는 환상적인 건데요. 나를 사로잡은 상상적인 세계로 가는 길을 찾아내서, 그걸 알게 되기를 원했던 것입니다. 단 몇 주일 만에 그 소설을 다 썼어요. 그러고는 건강과 정신적

균형을 회복했지요.

R 그 소설은 실론을 거쳐 마드라스를 방문하고, 캘커타에 머무르면서 악마와 조우하게 되는 루마니아 청년의 이야기인데요.

E 그는 캘커타에 도착해서 내가 있었던 곳과 같은 영국식 하숙집에 살게 됩니다. 거기에는 또한 여러 가지 문제를 가진 젊은 이들이 머무르고 있습니다. 그런데 '악마'가 침입하게 되죠. 이 모든 일들은 주인공이 악마에 사로잡혀서 일어나게 되는 것입니다.

R 『세람포르의 깊은 밤』에는 『호니히베르거 박사의 비밀』(*Le Secret du docteur Honigberger*)과 같은 환상적인 요소가 있지요.

E 그 두 소설은 10년 후에 쓴 것이에요. 『이사벨』과 그 두 단편 사이에는 다소 자전적인 소설인 『벵갈의 밤』이 있지요.

R 『세람포르의 깊은 밤』에 대해 좀 더 이야기를 했으면 하는데요. 선생님께서 쓰셨던 그 사건들을 얼마나 믿고 계십니까? 그러니까 지나간 시간을 다시 사는 그 등장인물들은 순전히 환상인가요? 아니면 어느 정도는 믿으십니까? 그렇다면 그건 믿을 만한 사람에게서 기괴한 이야기를 가끔 듣기 때문인가요?

E 나는 우리들을 '시간에서 벗어나게' 하고 '공간에서 벗어나게' 하는 경험의 실재를 믿습니다. 지난 몇 년 동안, 역사의 순간에서 벗어나거나, 젤렌디(Zerlendi)의 경우처럼 다른 장소에서 자신을 발견하게 될 수 있다는 내용의 소설을 몇 편 썼어요. 『호니히베르거 박사의 비밀』에서는 젤렌디의 요가 수련을 묘사하면서, 요가

에 대한 내 전작에서 빠뜨렸던 나 자신의 생생한 체험담을 포함시켰어요. 그러나 동시에 진짜 자료를 감추기 위해 부정확한 것들을 가필했지요. 예를 들어 세람포르의 숲에 대한 언급이 있는데, 사실 거기에 숲이라고는 없습니다. 만약 누군가가 그 소설의 플롯을 구체적으로 검토해 본다면, 그 무대가 지어낸 것이기 때문에, 저자는 단순한 리포터가 아님을 알게 될 것입니다. 그 나머지도 실제 경우가 아닌, 창작된 상상적인 것이라고 결론짓게 될 테고요.

Ⓡ 『세람포르의 깊은 밤』에서 등장인물들에게 일어난 일들이 실제로 가능한 일이라고 생각하십니까?

🄴 예, 어떤 경험은 아주 '확신을 시켜 주는' 것이어서 그것을 사실로 여기지 않을 수 없다는 의미에서요.

Ⓡ 『호니히베르거 박사의 비밀』의 결말에서, 그 박사는 실존 인물이자 『파탄잘리와 요가』(*Patanjali et le Yoga*)의 첫머리에 인용되었던 학자인데요. 독자들은 수수께끼의 여러 열쇠들 가운데 어느 것이 진짜인지 망설이게 될 텐데, 선생님께서는 어떤 선택을 하시겠습니까?

🄴 어떤 독자들에게는 아주 분명할 것입니다. 그 이야기를 들려주는 등장인물이, 그가 인도에서 몇 년을 지냈고 요가에 대한 책을 썼던 미르체아 엘리아데라고 구술하고 있으니까요.

Ⓡ 화자(*narrateur*)를 말씀하시는 건가요? 하지만 그의 이름이 엘리아데라고 직접적으로 말하지는 않잖습니까?

🄴 예, 그러나 젤렌디가 그에게 이렇게 쓰죠. "인도에서 몇 년을 지냈던 당신이……." 당시에 어떤 다른 루마니아인이 인도에 갔었고 요가에 대한 책을 썼겠습니까? 화자는 엘리아데임이 틀림없지요. 통찰력 있는 젤렌디는 불행하게도 그가 감추어 놓았던 그 비법의 문서가 산스크리트어를 알고 요가에 익숙할 뿐 아니라 이 놀라운 이야기를 발설하도록 유혹 받게 될 소설가에 의해, 물론 내가 그랬던 것처럼, 막 해독되었다는 것을 알아차린 것입니다. 그래서 누군가 그 소설이 사실인지 확인해볼 수 있는 모든 위험을 없애기 위해서, 즉 그 모든 것이 문학적인 환상이라는 걸 증명해 보이기 위해 젤렌디는 그 집의 외양을 전부 바꾸어 버립니다. 집을 확인하고 도서관에서 그 문제를 찾아내는 건 쉬운일이기 때문이었죠. 도서관을 재빨리 치워 버리고, 식구들에게도 그 화자를 모른다고 말하게 합니다. 이 모든 게 내 소설에서 요약했던 그 문서를 진짜라고 여기지 않도록 하기 위해서죠.

🅁 우리의 이야기가 그 책을 읽지 않은 사람들에게도 분명하게 이해될는지 모르겠는데요. 아무튼 그런 어리둥절함으로 인해, 이게 도대체 무슨 말인지 그들 스스로 찾아 나서게 된다면 그것도 괜찮겠군요. 저 같은 경우에는 더 이상 무얼 생각해야 할지 모르겠어요. 마치 선생님의 마지막 소설에서 '노인'의 말을 듣고 있는 등장인물의 처지에 있는 것같이 느껴지는데요. 선생님은 플롯을 비비 꼬고 뒤틀어 듣는 사람들을 오리무중에 빠뜨리는 대단한 재능을 갖고 계셔서, 진짜인지 가짜인지, 왼쪽인지 오른쪽인지도 말할 수 없게 만드시는군요.

ⓔ 예, 사실 그래요. 그게 내 글쓰기의 특징이라는 생각도 드는군요.

ⓡ 상대방이 약간 어리둥절해 하는 데서 기쁨을 느끼는 개구쟁이 같은 마음이 있지 않습니까?
ⓔ 그건 일종의 교육 방법이에요. 독자에게 완전히 명백한 '이야기'(histoire)를 해주어서는 안 되죠.

ⓡ 교육 방법 그리고 미로의 즐거움인가요?
ⓔ 그건 입문의 시련이라고 할 수도 있어요.

ⓡ 예, 아무튼 일단 독자들을 세람포르의 숲과 젤렌디의 인도 도서관의 미로의 문턱에 남겨 두기로 하죠. 그런데 『벵갈의 밤』에는 환상적 요소라고는 전혀 없습니다. 그 책은 읽었던 것을 나중에 곰곰이 생각해야만 내용이 드러나기 때문에 깊이 재고할 필요가 있는 책입니다. 제가 그 책을 돌이켜 생각해 볼 때마다 가장 인상 깊은 것, 그 소설에서 가장 생생하게 파고드는 것은 그 어린 소녀의 이미지와 분위기, 욕망의 존재입니다. 줄거리가 매우 단순한데도 아잔타의 동굴 벽화나 인도의 에로틱한 시와 같이 도발적인 아름다움으로 불타고 있습니다. 돌이켜 보면 선생님 자신은 어떻게 그것을 보셨습니까?
ⓔ 글쎄요, 그건 반쯤 자전적인 소설인데, 그러니 짐작은 하시겠지요…….

Ⓡ 선생님께서 영지의 비밀과 사랑의 비밀에 똑같은 침묵의 베일을 드리우기를 좋아하신다는 걸 새삼 알겠군요. 방금 아잔타 벽화를 얘기했습니다만, 『벵갈의 밤』의 마이트레이(Maitreyi)에 대한 관능적 묘사와 아잔타 벽화 사이에 뭔가 연관이 있나요? 어떻게 생각하십니까?

Ⓔ 예, 연관이 있지요. 바슐라르(Gaston Bachelard)가 그 책을 읽고서 멋진 편지를 보냈는데, '관능적 쾌락의 신화'에 대해 썼더군요. 그가 잘 보았다고 생각합니다. 어떤 의미에서는 관능성이 변형된 것이니까요.

Ⓡ 방금 하신 말씀은 아잔타 벽화를 언급한 1947년 4월 5일의 『일기』와 딱 맞아떨어지는데요. "그러한 전설적인 이미지들의 관능성, 그 여성적인 요소의 예기치 못한 중요성! 어떻게 불교 승려는 저런 알몸의 미녀들한테 둘러싸여서도 육신의 유혹에서 벗어날 수 있었을까? 어떻게 저런 포만감과 쾌감 속에서 승리할 수 있었을까? 오직 탄트라 불교만이 여성과 관능성에 대한 저런 찬미를 포용할 수 있으리라. 언젠가는 탄트리즘의 역할이 얼마나 중요한지, 어떻게 인도인의 의식을 열어 주고 그 위에 '형식'과 '분량'의 가치를 각인시켰는지를 이해하게 될 것이다. 원래의 무형상주의(aniconism)에 대한 신인동형론(anthropomorphism)의 가장 지루한 승리."라고 쓰셨죠. 『벵갈의 밤』의 에로틱한 내용, 탄트리즘에 대한 관심, 인도 예술에 대한 통찰력, 그 하나의 일기에서 이 모든 것을 함께 볼 수 있습니다.

Ⓔ 예, 그렇습니다. 아잔타 벽화를 본 것이 내가 인도의 형상

예술을 사랑하게 된 계기였어요. 처음에는 인도의 조각이 나를 어리둥절하게 했다는 것을 인정해야겠군요. 그 세부 묘사들이 엄청나게 집적된 것의 의미를 알게 해준 것은 쿠마라스와미(Coomaraswamy)의 작품이었습니다. 인도의 조각가들은 하나의 특정한 신을 묘사하는 데 만족하지 않고, 모든 종류의 기호, 인간의 형상, 신화적인 형상들을 다 쓸어 넣은 것입니다. 여백이 조금도 없어요! 그게 별로 마음에 들지 않았어요. 그러다가 그 인도 예술가가 중심적인 이미지를 둘러싸고 창조하고 있는 그 공간, 그 우주를 *채우는* 데 전념하고 있다는 것을 이해하게 되었지요. 그 공간을 *살아 있는 것으로 만들려 한다*는 것을 깨닫게 된 것이에요. 그러고 나서 그 조각을 좋아하게 됐어요.

보다 정확히 말하자면, 내가 인도 예술을 대단히 좋아한 것은, 그것이 상징적 의미의 예술이고, 전통적 예술이기 때문이에요. 그 예술가의 의도는 어떤 '개인적인 것'을 표현하는 게 아닙니다. 그는 인도의 천재 특유의 영성적 가치로 이루어진 단일한 우주를 다른 모든 이들과 공유하고 있는 것입니다. 그건 상징적이고 전통적인 예술이기도 하지만, 자생적인 것이기도 하죠. 공통의 근원에 의존한다고 해서 결코 특징적인 형식들이 만발하는 것을 저지하지 않고, 다양성을 방해하지도 않습니다. 그건 다른 예술에 있어서도 마찬가지죠.

인도에서 유일하게 친숙해질 기회를 가졌던 것은 벵갈의 음악이었어요. 그러나 관심을 가졌던 것은 회화, 기념비, 사원 같은 조형 미술이었습니다. 단지 '예술 작품'으로만 관심을 가졌던 게 아니었어요. 예를 들어, 사원은 매우 일관된 상징을 지닌 건축물이고, 의례와 절차가 수반되는 종교적 기능을 수행하지만 전적으로 건축 자체에 통합되는 것이에요. 게다가 인도에서 '예술품'들은, 삼사십 년 전의 동유럽 마을에서처럼 벽에 걸어 놓거나 장식장 안에다 모셔 놓는 그런 게 아니에요. 예술품은 사용되는 물건, 즉 탁자나 의자, 물병, 초상 같은 것들이지요. 인도 예술이 관심을 끌었던 건 바로 그런 점이에요. 사원, 조각, 회화뿐만 아니라 민속 예술에 대해서도요. 그게 일상생활에 통합되기 때문이지요.

Ⓡ 인도 문학도 그렇습니까?

Ⓔ 예, 난 칼리다사(Kalidasa)[2]를 아주 좋아해요. 아마 내가 제일 좋아하는 작가일 것입니다. 그의 산스크리트어가 매우 어렵기는 하지만, 내가 실제 독파했던 유일한 시인이에요. 그의 시적 천재성은 견줄 사람이 없어요. 현대 작가들 중에는, 전위 예술적 작가들도 좀 읽었는데, 예를 들면, 아킨탸(Acintya)는 1930년대 벵갈의 젊은 소설가로 조이스의 영향을 많이 받았죠. 물론 타고르(Rabindranath Tagore)도 읽었고요.

Ⓡ 타고르에게 소개해 준 분이 바로 다스굽타 교수였지요?

Ⓔ 예, 산티니케탄(Santiniketan)에서 아주 운 좋게 타고르를 몇 번 방문할 수 있었어요. 대담 후에는 상당한 분량의 노트도 만들었고, 그곳에서 그에 대해 말하는 모든 것을 기록해 두었어요. 참으로 존경받는 분이었지만, 그를 비판하는 사람들도 있었죠. 그런

---

2) 굽타 왕조 초기에 활약한 시인으로, 인도의 셰익스피어라고 불린다.

모든 걸 다 적어 놨어요. 부쿠레슈티의 내 서재를 몇 번 이사했는데, 그 '타고르 노트'가 잘 있었으면 좋겠어요. 나는 타고르가 인간의 모든 자질과 덕을 그 자신의 인격 안에 통합시키려 했다는 점에서 존경합니다. 그는 훌륭한 시인일 뿐만 아니라, 뛰어난 작곡가이기도 하죠. (그는 3천여 곡을 작곡했는데, 그 중에 수백 곡은 그 당시 벵갈에서 '인기 가요'였습니다.) 위대한 음악가, 뛰어난 작가, 탁월한 대담가……. 그의 삶 자체도 특별한 성격을 갖고 있어요. 다눈치오(D'Annunzio)나 스윈번(Swinburne), 오스카 와일드(Oscar Wild)와 같은 '예술가의 삶'은 아니었습니다. 그의 삶은 풍성하고 완전한 삶, 인도 전체와 온 세계에 개방되어 있었어요. 그리고 타고르는 그런 위대한 시인이 관심을 가지리라고는 짐작할 수 없는 것들에도 관심을 기울였습니다. 공동체의 관심사에도 참여했고, 그가 산티니케탄에서 시작한 학교에도 열정적으로 관여했지요. 그는 벵갈의 민속 문화와도 결코 떨어져 있지 않았습니다. 타고르가 메터링크(Maeterlink)로부터 영감을 받은 것은 분명하지만, 그의 작품 속에서 농경 전통이 얼마나 중요한지도 알 수 있습니다. 타고르는 풍채도 좋았고, 대단한 성공을 거두었죠. 그가 호색가 돈 후안이었다는 소문이 나돌았을 정도니까요. 그의 몸, 몸짓, 음성에도 배어 있는 영성을 발산했습니다. 족장과도 같은 풍채였어요.

R 선생님께서는 벵갈의 다빈치나 톨스토이 같은 느낌을 불러일으키는 타고르의 초상화를 그리셨지요. 그런데 『벵갈의 밤』에서는 타고르를 묘사하시기를…….

E 예, 좀 비판적이었죠. 벵갈의 젊은 세대들의 태도를 표현

한 것입니다. 나에게는 대학생이나 시인, 교사 같은 친구들이 있었는데, 그들은 그의 아버지 세대에 대해 반항하고 있었기 때문에, 타고르의 작품이 잘난 척만 하는 것들이고, 다눈치오보다 나은 것이 없고, 모호하며……. 심오하지 못하다고 여겼습니다. 요즘에도 인도에서는 위대한 학자인 오로빈도(Aurobindo)[3]나 라다크리슈난(Radhakrishnan)[4] 같은 큰 인물들에 가려서 약간 무시당하고 있지요. 하지만 곧 재평가가 될 것입니다.

Ⓡ 타고르를 언급하면서 간디를 빼놓기 어려울 것 같은데요.
Ⓔ 간디를 직접 보기도 했고, 그가 말하는 걸 듣기도 했습니다. 그러나 거리가 멀어서, 제대로 알아듣지는 못했어요. 그날 확성기가 잘 작동하지 않았거나 없었는지도 몰라요. 캘커타 공원에서의 비폭력 데모 현장에서였죠. 모두가 그렇듯이 나도 그를 존경합니다. 다른 문제에 온 정신을 쏟고 있었지만, 그의 비폭력 캠페인의 성공에는 깊이 관심을 가졌지요. 말할 필요도 없이 나는 백퍼센트 반영(反英, anti-British)주의자입니다. 영국이 스와라즈(swaraj) 군인들에게 한 만행에는 격분하고 치를 떨었어요.

---

3) Aurobindo Ghosh(1872-1950) : 베단타 철학의 전통을 이어받으면서도 현대 서구라파의 진화론적인 사상에 영향을 받아, 인도의 철학적 전통을 재해석한 현대 인도 철학의 대표적 인물. 인도 남부의 퐁티셰리에서 수도장을 세우고 사색과 저술, 교육에 전념하였다. 주요 저서로는 『신성한 생활』이 있다.

4) Sarvepalli Radhakrishnan(1888-1975) : 인도 철학자이며 정치가. 1962년부터 1967년까지 인도의 대통령을 지냈다. 종교적 독단주의와 세속적 물질주의의 양극을 비판하면서, 풍부한 종교적 다원성을 허용해 온 힌두교의 포용적인 정신에 입각한 종교철학을 전개해 현대의 종교 간 대화와 이해에 많은 영향을 끼쳤다. 대표적 저작으로 『인도 철학』(2권), 『힌두교적 인생관』, 『동양의 여러 종교와 서양사상』, 『브라흐마 수트라』 등이 있다.

Ⓡ 그러니까 『벵갈의 밤』의 등장인물들과 같은 감정이라는 건가요? 식민주의자와 유럽인들에 대한 혐오감 말이지요.

Ⓔ 예, 때로는 백인으로 여겨지는 것에 정말 부끄러움을 느낍니다. 내 인종에 대한 부끄러움이에요. 나는 다행스럽게도 영국인은 아닙니다. 그리고 어떤 식민지도 가져본 적이 없으며, 수 세기 동안 사실상 식민지 취급을 받아온 나라 출신이지요. 그래서 내가 어떤 열등감도 가질 이유는 없지만, 단지 유럽인으로서 부끄러움을 느끼는 것입니다.

Ⓡ 젊으셨을 때는 '정치'에도 관심이 많으셨습니까?

Ⓔ 루마니아에서는 전혀 그렇지 않았는데, 인도에서 정치적인 의식을 갖게 되었습니다. 억압을 목격했으니까요. 그리고 "인도인이 정말 옳아!"라고 혼잣말을 했습니다. 인도는 그들의 나라이고, 그들이 구하는 건 자율권이었으며, 그들의 데모는 완전히 평화스러웠습니다. 누구도 공격하지 않았고, 단지 그들의 권리만을 요구한 것이에요. 그런데 경찰의 진압은 무자비했습니다. 그래서 정치적 불의를 의식하게 되었고, 동시에 간디의 정치적 행동의 영적인 가능성을 깨닫게 되었죠. 모두 캘커타에서였어요. 되받아 치지 않고 그 주먹을 고스란히 맞고 서 있도록 한 것이 바로 영적 훈련이에요. 그건 그리스도를 닮은 것이기도 하고, 톨스토이의 꿈이기도 하죠…….

Ⓡ 그래서 비폭력의 명분에 심정적으로 끌리셨나요?

Ⓔ 그리고 폭력에도요! 하루는 어느 급진주의자가 하는 말

을 들었는데, 나는 그가 옳다고 인정해야 했어요. 폭력적인 저항자도 있어야만 한다는 것을 완전히 이해합니다. 그러나 비폭력 캠페인에 깊은 인상을 받은 것 또한 사실이에요. 게다가 그건 단순히 아주 영악하게 재주를 부리는 게 아니라, 놀라운 대중 교육의 형식이고, 철두철미하게 대중이 자기 통제를 할 수 있도록 가르치는 방법이었습니다. 그건 실제로 정치 이상의 것이었죠. 오늘날 우리가 흔히 의미하는 정치를 능가했다고 말 할 수 있습니다.

인도의 세 가지 교훈

■ 인도에 갔을 때 난 겨우 스물둘이었어요. 아주 어린 나이였지 않습니까? 그 후의 삼 년은 내 인생에 큰 의미가 있습니다. 인도는 바로 내 교육의 장이었어요. 거기에서 배운 결정적인 교훈이 무엇이었냐고 하면, 다음의 세 가지를 들겠습니다.

첫째는 인도 철학의 존재, 무엇보다도 인도의 영적 차원의 존재를 발견한 것입니다. 그것은 인도의 고전, 말하자면 우파니샤드나 베단타 같은 일원론적 철학도 아니고, 종교적 봉헌인 박티(bhakti)도 아닙니다. 요가와 상키야(samkhya)[5]는 이원론을 표방하지요. 한편에는 물질, 다른 한편에는 정신이 있지요. 그러나 내 관심

---

5)   상키야 철학은 기원전 4세기경의 카필라(Kapila)라는 성현을 원조로 하며, 그의 제자 아수리(Asuri), 판카시카(Pancasika)에 의해 전승되었다고 한다. 세계의 모든 존재를 정신(purusa)과 물질(prakrti)이라는 두 개의 형이상학적 원리로 설명한다.

을 끌었던 건 샹키야와 요가의 이원론 자체가 아니라, 인간과 세계, 삶이 환상이 아니라는 사실이었어요. 삶도, 세계도 실재하는 것입니다. 그리고 인간은 세계를 지배할 수도 있고, 생명을 조절할 수도 있지요. 게다가 탄트리즘에서는 오랜 기간 요가를 수련하면서 준비해야 하는 어떤 의례를 행할 때, 인간의 생활도 변화될 수 있다고 해요. 그건 우리의 생리적인 활동, 예를 들어 성행위 같은 것을 변화시키는 문제입니다. 의례적인 결합에서는 사랑이 더 이상 에로틱한 행동이나 단순한 성행위가 아니라 일종의 성례전이에요. 탄트리즘의 경험에서는 음주도 단순히 술을 마시는 것이 아니라 성례전에 참여하는 것이고요. 그렇게 해서 난 동양학자들에게 잘 알려지지 않았던 다른 차원을 발견했던 것입니다. 우리 인간들이 삶을 누리고 동시에 컨트롤할 수 있게 하는 어떤 정신생리적인 테크닉에 대한 지식이 인도에 있다는 것을 발견한 것이에요. 삶이 성례적인 체험에 의해 변화될 수 있다는 것, 그게 첫 번째 발견이었습니다.

 Ⓡ '변화된 삶'(la vie transfigurée)이란, 다른 데서 '성화된 실존'(l'existence sanctifiée)이라고 말씀하셨던 것입니까?

 🄴 예, 궁극적으로는 같은 것입니다. 그 테크닉에 의해, 또 다른 수단이나 방법에 의해서도 삶을 재성화(再聖化)하고, 자연을 재성화할 수 있음을 인식하는 문제죠.

 두 번째 발견, 내가 배운 두 번째 교훈은 상징의 의미입니다. 루마니아에 있을 때는 종교에 그렇게 끌리지 않았어요. 내 눈에는 교회의 모든 성상들이 그저 혼란스럽게만 보였어요. 물론 성상이

우상이라고 생각하지는 않았지만, 여전히……. 벵갈의 한 마을에 잠시 머문 적이 있었는데, 남근의 상징인 링감(lingam), 보다 정확히 말하자면 해부학적으로 아주 똑같은 남근석을 소녀와 부인들이 만지작거리면서 장식하는 것을 봤어요. 당연히 결혼한 여자들은 그것이 무엇인지, 그 생리적인 기능을 의식하지 않을 수 없었을 것입니다. 난 링감에서 상징을 '보는 것'의 가능성을 이해하게 됐어요. 링감은 모든 우주적인 차원에 나타나는 생명, 창조, 풍요의 신비였습니다. 그리고 생명의 그 나타남은 우리가 알고 있는 해부학적인 일부 지체가 아니라, 바로 쉬바(Shiva)였어요. 이미지와 상징에 의해 종교적으로 감응될 수 있는 가능성, 그것이 내게 영적 가치의 모든 세계를 열어 주었던 것입니다. 내 자신에게 말했지요. "하나의 성상을 바라보면서 신자는 단지 아이를 안고 있는 여인상만 인지하는 게 아님이 분명하다. 그는 동정녀 마리아, 신의 어머니와 여신 소피아, 신성한 지혜를 보고 있는 것이다……." 전통 문화에서 종교적 상징의 중요성을 발견한 것, 그것이 내가 종교학자가 되는 데 얼마나 중요했는지 상상하실 수 있을 것입니다.

　　세 번째 발견은 '신석기인의 발견'이라고 할 수 있을 것입니다. 다행스럽게도 인도를 떠나기 얼마 전에……. 일종의 악어 사냥을 계기로, 중앙 인도의 산탈리(Santali) 원주민, 그러니까 아리안들 이전의 원주민들 속에서 몇 주를 지낼 수 있었어요. 인도의 뿌리가 아주 깊숙이, 아리안이나 드라비다 문화만이 아니라 아시아 문화의 심층에, 원주민 문화에 깊이 박혀 있다는 것을 깨닫고서 큰 충격을 받았어요. 그것은 농경을 기반으로, 다시 말해 농경의 발견에 수반되는 종교와 문화, 특히 생명과 죽음과 재생이 단절되지 않은 순환으로서의 자연에 대한 세계관을 기반으로 하는 신석기 문명이었습니다. 그 순환은 식물 특유의 것이긴 하지만, 인간의 삶을 지배하고 동시에 영적인 삶의 모델을 구성하는 것이지요. 그래서 루마니아와 발칸 반도의 민속 문화가 중요하다는 것을 새삼 깨닫게 된 것이에요. 그것들은 인도와 같이 농경의 신비에 근거한 민속 문화입니다. 물론 동유럽에서는 그 표현이 기독교화됐어요. 예를 들어, 밀은 그리스도가 흘린 핏방울에서 생긴 것으로 봅니다. 하지만 그런 모든 상징들은 매우 고대적인, 신석기의 기반을 갖고 있어요. 30여 년 전에만 해도 중국에서 포르투갈까지를 가로질러 거기에는 농경에 의해, 그러니까 신석기의 유산에 의해 영적인 통일성, 기층적인 통일성이 여전히 존재하고 있었습니다. 이런 문화적 통일성이 나에겐 일종의 계시였어요. 여기 유럽에서도 그 뿌리는 이제껏 우리가 가정했던 것보다도 훨씬 깊숙이, 그리스나 로마, 지중해 세계보다 더 깊이, 고대 근동의 세계보다도 더 깊이 박혀 있다는 것을 발견했습니다. 그리고 그 뿌리들은 유럽뿐만 아니라, 포르투갈에서 중국까지, 스칸디나비아에서 스리랑카에 이르기까지 뻗쳐 있는 전 영역이 근본적으로 하나라는 것을 보여 주고 있습니다.

Ⓡ 예를 들어, 『종교사상사』(*Histoire des croyances et des idée religieuses*)의 처음 몇 장을 읽으면, 그 계시, 인도인의 배경에 있는 신석기인, 즉 '원시인'과의 발견과 만남이 선생님의 사유와 저작들에 얼마나 중요했는지 잘 알 수 있지요. 그런데 그것이 선생님께 끼친 영향을 좀 더 명확히 설명해 주시겠습니까?

Ⓔ 인도에서, 내가 나중에 '우주적인 종교성'이라고 부른 것

을 발견했습니다. 그건 말하자면 사물이나, 샘, 나무, 봄철 등에 우주적 리듬을 통한 성스러움의 발현이에요. 인도에서 항상 살아 있는 그 종교는 바로 성서의 예언자들이 맞서 싸웠던 것이지요. 그건 이스라엘이 상이한 종교 계시를 담는 그릇이었기 때문입니다. 모세의 유일신교는, 다신교의 신들과는 달리 그의 힘을 자연의 리듬으로만, 우주의 행위로만 드러내는 데만 제한시키지 않고, 역사에 간섭하는 신에 대한 인격적 지식을 포함하고 있는 것입니다. 아시다시피 우리가 '다신론'이나 '이교'라고 부르는 이런 유형의 우주적 종교는 내가 젊었을 때만 해도, 신학자뿐만 아니라 종교학자들도 저급한 것으로 봤어요. 그러나 지금은 내가 이교도들, 그들이 믿는 신들의 중계를 통하여 성스러움에 참여할 수 있었던 사람들 사이에서 살아가게 된 것입니다. 그 신들은 우주의 신비, 다함 없는 창조의 근원, 생명, 성스러운 환희의 형상이자 표현이에요. 그것을 시작으로, 우주적 종교가 일반 종교사에서 얼마나 중요한지 깨닫게 되었지요. 요컨대 문제는, 우리가 '이교'라고 불렀던 것이 사실 중요하며 영적인 가치를 지니고 있음을 드러내는 것이었어요.

석기 시대 이전에서 구석기 시대까지는 200만 년 정도가 걸렸습니다. 아마 그 당시 고대인들의 종교는 원시 사냥꾼의 종교와 비슷했을 것입니다. 처음에는 사냥꾼과 그가 쫓아가서 죽여야 했던 사냥감 사이에, 그 다음에는 사냥꾼과 '야수의 지배자들', 즉 사냥감과 사냥꾼들을 똑같이 보호하는 신들 사이에 실존적이고 종교적인 관계가 형성되었습니다. 이런 이유로 원시 사냥꾼들은 뼈, 유골, 피를 종교적으로 중요하게 여겼을 것입니다. 그리고 약 1만 2천 년에서 1만 5천 년 전에 농경이 발명되었어요. 농경은 인간의

식량 자원을 증가시키고 식량 문제를 보장해 주었지요. 그 결과 모든 발전을 위한 길이 열렸지요. 달리 말하자면, 인구 증가, 마을이나 도시의 건설, 그러니까 도시 문명과 고대 근동의 모든 정치적 변혁이 가능해진 것입니다.

농경의 발명, 이게 참 중요한 결과를 낳았는데, 그것이 특정한 종교적 체험을 할 수 있게 했습니다. 예를 들어, 땅의 생산과 여자의 다산은 서로 연결됩니다. 가장 위대한 여신은 지모(地母, Terre-Mère)신이에요. 그래서 여자는 땅과의 신비한 결합으로 풍요와 생명의 보장자가 되었고, 경제적인 중요성과 더불어 종교적으로 엄청나게 중요해진 것입니다. 방금 전에 지적했던 대로 인간이 순환의 관념, 태어나 살다 죽고 재생하는 것을 깨닫고, 그것을 우주적 순환주기에 통합시킴으로써 그 자신의 존재에 가치를 부여할 수 있었던 것도 바로 농경 덕분이었어요. 처음으로 인간의 상황을 꽃이나 식물의 생명에 비교한 것이 신석기 사람이었죠. 원시 사냥꾼들은 그 자신과 잡은 동물들이 주술적으로 연결되어 있다고 느꼈는데, 이제는 인간이 식물의 생명과 신비한 연대성을 획득하게 된 것입니다. 인간의 상황은 식물의 운명을, 나서 죽고 다시 살아나는 무한한 순환을 공유하게 되었지요. 물론 우리는 지금 지모신, 달, 식물과 여자 등 생산과 죽음, 재생의 모든 상징을 통합하는 종교 체계를 얘기하고 있기 때문에 좀 더 복잡하죠. 내가 생각하기에는 그 체계가 이후의 모든 종교 안에서 발견되는 본질적 형태의 씨앗을 배태하고 있는 것입니다.

또한 농경과 함께 피의 희생제의도 생겼다는 것을 알 수 있습니다. 원시인에게 동물은 세상에 *있고, 주어진* 것이었죠. 반면에

식용 식물, 곡식은 주어진 것이 아니며, 태초부터 *존재*하지는 않았던 것입니다. 자신의 땀과 주술로 수확물을 *창조*한 것은 인간이에요. 사냥꾼과 비교하여 커다란 차이가 나는 것은, 고대인들이 피의 희생없이는 아무것도 창조될 수 없다고 믿었기 때문이에요. 여기에서 우리는 아주 고대적이고 거의 보편적인 개념을 다루고 있는데요. 모든 창조는 생명의 주술적 전이를 내포하고 있다는 믿음입니다. 피의 희생을 매개로, 창조하기를 원하는 것에 희생 제물의 에너지, '생명'을 투입하는 것이에요. 사냥꾼이 사냥감을 죽였어도 결코 살해자라고 불리지 않는다는 점을 생각하면, 이건 매우 이상하지요. 어떤 시베리아 종족은 곰의 용서를 구하며 말합니다. "너를 죽인 건 내가 아니고, 내 이웃, 퉁구스나 러시아인이야."라고 말이지요. 다른 지역에서는 또 이렇게 말하기도 해요. "그건 내가 아니야. 우리에게 허락한 건 짐승의 지배자야." 사냥꾼들은 그들 자신이 살해의 책임을 지고 있다고는 생각하지 않습니다. 반면에 구석기 농경 부족들의 식용 식물 기원 신화에는 한결같이, 그 식물을 자기 몸에서 자라나게 하기 위해 자신의 살해에 동의한 초자연적 존재가 등장합니다. 그들은 피의 희생 없이는 어떠한 창조도 상상할 수 없었던 것입니다. 게다가 피의 희생제의, 특히 인신공희는 오직 농경 사회에서만 거행되었다는 것을 보여 주는 증거들이 많이 있습니다. 수렵 사회에는 절대 그런 제의가 없어요. 간단히 말해서, 이게 내가 이해해야 할 중요한 것이었는데, 농경 발견의 결과로 영적인 우주 전체가 드러나게 되었다는 것입니다. 마찬가지로, 철기로 인하여 또 다른 영적 가치의 우주가 가능해졌어요. 나는 고대인의 종교적 세계를 이해하고 싶었습니다. 예를 들어, 구석기 시

대의 사냥꾼들에게는 인간-식물의 관계라든지, 여성의 종교적 중
요성은 전혀 나타나지 않아요. 그러나 농경이 발명되자 종교적 위
계질서에서 여자의 위치는 아주 대단해졌죠.

    Ⓡ 인간-식물의 관계와 성스러운 살해의 도입, 이 두 경우
에서 또 충격적인 것은 그 중심이 죽음에 대한 관계, 죽음과의 특
정한 관계라는 점인데요. 그 두 가지 위대한 상징적인 축이 기독
교 세계에서도 발견된다는 것은 분명합니다. 다시 살기 위해 죽어
야 하는 씨앗, 희생양을 죽임, 성스러운 희생 제물의 몸으로 여겨
지는 빵과 포도주. '신석기인'에 대한 선생님의 말씀은 생각할 거
리를 많이 주는군요. 말씀하셨다시피 그 발견은 '종교적 인간'만을
강조하는 것이 아니고, 길게 빙 돌아서, 루마니아의 농민 전통같이
자신에게 보다 가까이 있고, 친숙한 것으로 돌아갈 수 있게 해주는
군요. 인도에서의 체험이 없었다면 브란쿠시(Brancusi)에 대한 단상
을 쓰셨을까요? 저도 참 좋아하는 글인데요. 브란쿠시는 루마니아
인이자 근대의 예술가, 모더니티의 아버지라고도 할 수 있고, 또한
카르파티아산(山)의 목자였습니다. 선생님께서 인도에서 문명의 원
초적인 기원과 접해 보지 않았더라면, 그러한 방식으로 브란쿠시
를 이해하셨을까요?

    Ⓔ 아마 아닐 것입니다. 내가 생각하는 점을 아주 잘 요약해
주셨어요. 인도 토착문화와 발칸 문화, 서유럽 농경문화까지의 기
층을 형성하고 하나가 되게 하는 깊은 동일성을 깨달았을 때, 고향
에 온 느낌이었어요. 어떤 테크닉, 신화를 공부해 가는 동안 아시
아에 있으면서도 유럽으로 되돌아가 있는 기분이었습니다. 내가

'외래의' 것들을 다루고 있다는 느낌이 전혀 없었어요. 인도의 민속 전통을 관찰하면서, 동일한 구조가 유럽의 민속 전통 안에도 있다는 것을 깨닫기 시작했습니다. 그건 브란쿠시가 루마니아의 민속 예술품들을 *복제*한 것이 아니라는 것을 이해하는 데도 큰 도움이 됐어요. 오히려 그는 루마니아와 그리스 농부들이 그들의 영감을 퍼 올렸던 근원지로 되돌아가는 길을 발견했던 것입니다. 그리고 돌이 *살아 있고*, 바위가 *살아 있고*, 말하자면 모든 것들이 '성스러움이 나타나는'(hiérophanique) 방식으로 존재한다고 보는 사람들의 비일상적인 시선을 발견한 것이에요. 그는 고대인의 가치 세계를 그 내면으로부터 재발견한 것입니다. 인도는 내가 브란쿠시의 창작에서 중요성과 토착성, 동시에 그 보편성을 파악하도록 도와줬어요. 만약 누군가 아주 깊이, 신석기까지 뻗쳐 있는 뿌리를 따라 내려가 보면, 그 사람은 바로 루마니아인, 또는 프랑스인이며 동시에 보편적 인간입니다. 어떻게 하면, 전 인류는 아니더라도 적어도 과거 유럽에서 공유했던 문명의 근본적 통일성을 재발견할 수 있을까? 그것이 항상 나를 사로잡았던 문제였어요. 브란쿠시는 그것을 다시 찾아낸 것입니다. 그러고 보니, 내 삶에 끼친 인도 영향의 테마는 바로 이 발견, 이 문제로 귀결되는군요.

영원한 인도

R 서구인들은 인도와 요가에 점점 더 관심을 쏟고 있는데, 대체로 그런 것이 선생님께는 절대의 모조품처럼 보이지 않습니까?

E 물론 오용이나 과장, 지나친 대중성이 있기는 하지만, 그럼에도 그것은 참 중요한 체험이에요. 요가의 심리학적 개념은 프로이트의 무의식의 발견을 예고했던 것입니다. 사실 인도의 현자와 금욕주의자들은 마음의 어두운 영역을 탐구해 들어가지 않으면 안 되었지요. 그들은 생리적 · 사회적 · 문화적 · 종교적인 조건들이 쉽게 인식될 수 있고, 결과적으로 쉽게 조절될 수 있음을 알았던 것입니다. 반면, 금욕과 명상 생활에 정말 큰 장애물은 무의식의 활동, 즉 행(行, samskâra)과 훈습(薫習, vâsânas)의 작용, 다시 말해서, '투입'(imprégnations), '잔류'(résidues), '잠재'(latences)로부터 생겨나는 것입니다. 그것들이 바로 심층심리학에서 무의식의 '내용', '구조', '충

동'이라고 하는 것들을 구성하지요. 이 세상의 유혹과 싸우는 것은 아주 쉬운 일입니다. 가정이나 성욕, 육체적 안락, 사회생활을 포기하는 건 쉬운 일이에요. 하지만 자기 자신을 마침내 지배했다는 생각이 들 때, 갑자기 훈습이 솟구쳐 오르고, 그러면 다시 이전의 '제약된 인간'이 되고 말아요. 그게 바로 요가나 일반적인 인도의 영성에서 인간의 '조건화' 체계에 대한 지식 자체가 결코 목적이 될 수 없는 이유지요. 중요한 것은 '조건화 되는' 체계를 단순히 아는 게 아니라, 그것을 조절하는 것이에요. 수행자들은 그것들을 '불사르기' 위해서 무의식의 내용들을 탐색해 들어갔던 것입니다. 그래서 정신분석과 달리 요가에서는 무의식의 충동들을 제어하는 것이 가능하다고 봅니다.

그러나 그건 하나의 측면일 뿐이고, 또 다른 면이 있어요. 사실 요가의 테크닉을 배우는 건 유익한 일인데, 왜냐하면 요가는 신비나 주술, 건강관리나 교육이론이 아니라, 하나의 독창적이고 효과적인 완전 체계이기 때문이지요. 한순간 심장을 멈추거나, 알다시피 실제로 가능한데, 몇 분간 호흡을 중지할 수 있다는 사실이 중요한 게 아니에요. 가장 큰 유익은 우리 몸의 극한을 알 수 있는 체험을 하게 해준다는 것입니다.

그래서 난 요가에 대한 관심이 매우 중요하고, 또 분명히 좋은 반향과 결과를 가져올 거라고 생각해요. 물론 맥 빠지게 '통속화'된 작업들도 꽤 있지만…….

Ⓡ 선생님께서 개인적으로 친분도 있으신 앨런 와츠(Allan Watts) 같은 사람들을 비판하시는 말씀은 아니겠지요.

E 물론 아니에요. 그는 동양 전통에 관한 한, 천재적인 예지를 갖고 있었죠. 그리고 무엇보다 자신의 종교를 아주 철저히 알고 있었어요. 아시다시피 그는 성공회 사제였는데, 서구 기독교와 선불교에 아주 정통했어요. 상당히 박식했지요. 난 그를 대단히 존경합니다. 그는 보기 드문 재능을 가졌어요. 허세도 아니고 얄팍한 대중성도 아니면서, 쉽게 접근할 수 있는 언어로 자신을 표현했지요. 와츠가 사제직을 정말로 그만뒀는지는 잘 모르겠습니다만, 그는 이전 세대의 사람들이 '신'이라고 불렀던 것을 근대인들에게 알려줄 수 있는 다른 방법을 추구했어요. 히피 세대의 스승, 참된 구루가 되었던 것이지요. 나는 그와 절친한 사이는 아닙니다만, 그가 정직하다고 생각하며, 또 그의 예지 능력에 감탄했어요. 그는 단 몇 가지 요소로, 단 몇 권의 책으로 교리의 본질을 드러낼 수 있었죠.

R 와츠는 선생님의 책을 어떻게 생각했습니까?

E 그는 내 책을 읽었고, 인용도 했어요. 내 책들이 더 '인격(신중심)적'이지 못하다는 점에 대해서 비판하지도 않았습니다. 그는 내 목표가 오직 근대 세계, 서양과 동양, 인도뿐 아니라 도쿄나 파리에 사는 사람들이 이전에는 거의 몰랐거나 곡해했던 종교적이고 철학적인 창작물들을 이해할 수 있게 하는 것임을 아주 분명히 알고 있었죠. 나에게는 전통적인 종교적 가치를 이해하는 것이 영적인 일깨움으로 향하는 첫 걸음이에요. 와츠나 다른 사람들은 대중에게 '메시지' 같은 것을 직접 이야기해서, 대중을 일깨울 수 있다고 믿었어요. 그들이 옳을지도 모르지만, 내 자신은 근대 세계의 산물인 우리들은 문화를 통해서만 온전한 계시를 수용하도록 '선

고 받았다'고 믿어요. 우리가 자신의 근원을 재발견하는 것은 바로 문화적인 형태와 구조를 통해서입니다. 우리는 책을 통해서 영적인 삶을 배우고 깨닫도록 선고 받았어요. 근대 유럽에는 더 이상 구전 교육의 전통이나 민속적인 창조성이 없어요. 이것이 바로 내가 책이 문화적으로뿐만 아니라 종교적·영적으로도 엄청나게 중요하다고 생각하는 까닭입니다.

Ⓡ 그래서 선생님은 책을 불태워 버리거나 그렇게 하도록 영향을 주었던 스승들과 같지 않으시군요.

Ⓔ 네, 결코!

Ⓡ 그렇기는 하지만, 대학 교수이자 작가를 겸하고 계신데도, 선생님 안에는 리쉬케쉬의 은자와 명상가가 항상 깨어 있을 듯합니다. 대담을 시작할 적에 "이제껏 확실한 것은 내게 무슨 일이 일어나든 여전히 히말라야에는 나를 기다려 주는 동굴이 있다는 것이다."라고 말씀하셨는데요. 요즘에도 여전히 그 동굴을 생각하십니까?

Ⓔ 아! 물론입니다. 내 가장 큰 희망이에요.

Ⓡ 거기에서 무얼 하시겠습니까? 꿈, 읽기, 쓰기 아니면 또 다른 무엇을?

Ⓔ 그 동굴이, 리쉬케쉬가 아니더라도 락쉬만줄라나 바드리나트(Badrinath)에 여전히 있어서 내가 그곳을 찾을 수 있다면…….
히말라야의 동굴은 자유이며 고독입니다. 그걸로 충분하죠. 자유

롭되 고립되지 않는 것. 사람들은 자신이 세상을 저버릴 때에만 고립되는 것입니다. 무엇보다 내가 다시 한 번 갖고 싶은 것은 그 자유의 느낌이에요.

Ⓡ 인도에 대한 대담이 *자유*라는 단어로 마무리되고 있는데요. 1961년 1월 26일자 『일기』가 생각납니다. 처음 읽었을 때 꽤 놀랐지요. "힌두교 철학과 고행에 대한 나의 관심은 다음과 같이 설명할 수 있다고 생각한다. 인도는 자유, 절대적인 자율에 사로잡혀 있다. 단순하거나 피상적인 방식이 아니라, 수많은 인간의 조건들을 아주 철저히 고려하여 그것들을 객관적이고 (요가처럼) 실험적으로 연구하면서, 그 조건들을 제거하거나 초월하게 해주는 도구를 발견하려고 애쓰는 것이다. 심지어 기독교보다도 더, 힌두교의 영성은 이 우주에 자유를 불어넣는 장점을 가지고 있다. 생해탈(生解脫, jivanmukta)의 존재 양식은 이 우주 안에 주어진 것이 아니다. 반면에 법칙에 의해 지배되는 세계(Univers) 안에서는, 절대적 자유란 생각조차 할 수 없다. 인도는 이 세계에 새로운 차원, 자유로운 존재의 차원을 추가했다는 공적이 있다."

Ｅ 예, 그 말을 오늘 다시 하고 싶습니다.

쉬는 시간

　　E 지금 생각해 보면 나한테 아주 중요한 꿈들이 있었어요. 바로 '입문'의 꿈들이지요. 나중에서야 그 의미를 이해하고, 그 꿈에서 많은 걸 배웠고 어떤 확신을 얻었어요. 난 단지 끌리는 게 아니라, 도움을 받고 있다고 느꼈습니다. 무의식의 자아에게 도움을 받는 자아.

　　R 그 시기에 꿈들을 규칙적으로 기록하셨습니까?

　　E 예, 아스코나(Ascona)에 있었던 여름 동안은요. 아시다시피 아스코나에서는 '에라노스'(Eranos)라고 알려진 유명한 모임이 있었는데, 융 심리학의 열렬한 신봉자였던 올가 프뢰베캅틴(Olga Froebe-Kapteyn)이 조직한 것이지요. 나에게 실험을 권한 것도 바로 그녀였어요. 한 달 동안 아침마다 메모를 했는데, 내 꿈이 정말 어떤 연속

성을 갖고 있다는 것을 깨달았어요. 날짜별로 꿈을 모두 기록해 둔 노트를 가지고 있다가, 기회가 있으면 심리학자들에게 얘기도 하고, 때로 그들의 해석을 적기도 했습니다.

Ⓡ 자기 자신을 이해하고 향상시키고자 한다면, 때때로 꿈을 기록해 두어야 한다고 생각하십니까?

Ⓔ 글쎄요. 하지만 꿈을 기록하는 건 언제나 쓸모가 있다고 생각합니다. 일기를 다시 읽어 보다가, 10년 전에 기록해 둔 어떤 꿈이 그 후에 일어났던 일을 아주 정확히 예시했었다는 것을 알게 된 적도 있어요. 그래서 꿈을 기록하는 게 단지 어떤 것들을 확인하기 위해서만이 아니라, 자신의 자아에 대한 인식을 증진시키기 위해서도 쓸모가 있다고 생각합니다.

Ⓡ 선생님의 경우에는, 그것이 '전조'의 문제가 아니라, 보다 심오한 인식의 문제입니까?

Ⓔ 가끔 아주 선명하게 떠올릴 수 있는 그런 꿈들에서는 자신의 운명에 대한 자기 계시를 받는다고 믿습니다. 성취해야 할 뚜렷한 목표와 사업과 일을 향하고 있는 존재라는 의미에서, 계시된 것은 바로 자신의 운명이에요. 그건 심층적 운명의 문제이고, 그러므로 우연히 만나게 될 장애의 문제지요. 돌이킬 수 없는 중대한 결단의 문제이기도 하고요.

Ⓡ 선생님의 『일기』에서 발췌된 두 개의 꿈은 그 중심 주제가 기억이지요. 하나는, 선생님께서 어떤 귀중한 것을 치워 두었는

데, 그게 어디인지 잊어버렸다는 꿈입니다. 기억을 잃자 큰일이다 싶어, 선생님을 구해줄 수 있는 유일한 사람인 부인 앞에 무릎을 꿇습니다. 또 다른 꿈에 대한 선생님의 말씀을 인용해 보죠. "두 노인이 각기 외로이 죽어가고 있다. 그들의 죽음은 (나는 알고 있지만) 감탄할 만한 인생 이야기가 목격자나 흔적 없이 영원히 사라짐을 뜻하는 것이다. 처연한 슬픔. 절망. 난 옆방에 들어가서 기도했다. '신이 존재하지 않으면, 모든 게 끝장이고, 다 어처구니없는 거야.'라고 혼잣말을 했다."

E 다른 꿈도 기록해 두었어요. 최소한 그 꿈과 관련된 일화라도 써 두었지요. 예를 들어, 별들이 떨어져서 둥그런 빵으로 변하는 것을 봤던 꿈이었는데, 내가 그 빵을 사람들한테 들고 가서 "따끈할 때 드세요!"라고 말하는 것입니다. 하지만 내가 그 두 꿈을 특히 선택해서 『일기』에 실었다면, 분명히 나에게 중요해 보였기 때문이지요. 사실, 기억의 상실은 실제로 나를 사로잡고 있는 문제입니다. 예전에는 비범한 기억력을 가졌었는데, 그게 더 이상 아니라는 걸 느껴요. 난 기억의 상실 때문에 나만 알고 있는 과거, 역사의 소멸을 경험하는 것이 아닌가 하는 문제에 항상 사로잡혀 있습니다.

두 노인에 대한 꿈은……. 만약 신이 존재하지 않는다면, 모든 것은 먼지나 재와 같죠. 우리의 존재에 의미와 가치를 부여하는 어떤 절대적인 것이 없다면, 존재 자체가 무의미하다는 뜻이에요. 그 사실을 정확하게 생각해 낸 철학자들이 있다는 걸 알지만, 나한테는 그게 순전히 절망일 뿐 아니라, 일종의 배신감 같은 것이지요. 그게 사실이 아니니까, 그리고 사실이 아닌 걸 나는 알아요. 만약 그게 사실이라고 생각하게 된다면, 그것은 너무 깊어서 개인적인 절망을 넘어서는 하나의 위기입니다. 가브리엘 마르셀(Gabriel Marcel)이 말했듯이, 바로 세계 자체가 '부서져 버리게' 되죠.

아마도 이 꿈들에서, 사라져가는 유산에 대한 나의 불안과 공포를 볼 수 있을 것입니다. 그 두 노인에게 일어났던 일이 수천 년의 정신적 유산을 지닌 유럽에도 일어날 수 있어요. 유럽의 뿌리가 고대 근동 문화에까지 거슬러 올라가 닿아 있으니까요. 그 유산이 자취를 감출 수도 있어요. 그건 유럽뿐만 아니라, 전 세계의 상실일 수도 있습니다. 그래서 아무것도 물려 주지 못한 채 홀로 죽어가는 그 두 노인의 절망에 내가 공포를 느낀 것입니다. 다른 문화들이 우리 유산을 받아들여 풍부하게 하기는커녕, 멸시하고 무시하며 파괴할 수도 있어요. 원자폭탄이 도서관과 박물관, 아니 도시 전체를 아주 실제적으로 파괴할 수 있다는 건 말할 필요도 없지요. 하지만 하나의 특정 이데올로기나 몇 가지 이데올로기들이 그런 것들을 똑같이 멸절시킬 수도 있어요. 아마도 그건 정신에 대한 가장 큰 범죄일 것입니다. 나는 문화, 심지어 속된 문화로 치부되는 것조차도 정신의 창조라고 줄곧 믿어왔기 때문이지요.

Ⓡ 그래서 잃어버리고 멸시당하는 유럽의 유산을 말씀하실 때마다, 유럽이 약탈하고 망쳐놓은 그런 문화들 중 하나처럼 되고 있는 우리 자신의 문화를 상상해 보라고 하시는군요. 그리고 선생님께서는 그 기억을 보존하려 하시는 거고요. 『일기』를 보면 이 주제에 관련해서 우리를 매우 불안하게 하는 구절이 있어요. "우리 문화, 우리의 책들이 도대체 무엇인지 모르는 사람들로 가득 찬 우리나라를 상상해 보라."는 말이요.

E 예, 그건 정신적이고 문화적인 비극이에요. 우리는 다른 문화들을 약탈하기도 했습니다. 그러나 다행스럽게도 그 언어들을 해독하고, 신화들을 보존하며, 예술 작품들을 구해 낸 서양인들이 있었어요. 몇 안 되지만 외국의, 유럽 밖의 정신적인 전통들의 의미를 지켜내고자 했던 동양학자들, 철학자들, 시인들이 항상 있었습니다. 하지만 아직도 끔찍한 가능성을 그려볼 수 있습니다. 그런 가치들에 대한 전적인 경멸과 무관심 말이지요. 파괴되고 잊혀지고 사라진 유럽에 대해 아무도 조금의 관심조차 없는 사회를 상상해볼 수 있습니다. 그건 악몽이지만, 가능한 일이지요.

유럽

부쿠레슈티로 돌아옴

ℝ 루마니아로 돌아와서 파리에 가시기까지 거의 15년의 기간이 있는데요. 오늘 이야기를 나누고자 하는 것은 갖가지 사건으로 점철되었던 그 기간입니다. 그런데 그보다 먼저, 왜 겨우 3년 만에 인도를 떠나셨습니까?

🄴 내가 인도에서 발견한 것에 대하여 우쭐한 투로 쓴 편지 몇 통을 캘커타에서 집으로 보냈어요. 그리고 교당(ashram)에서 여섯 달을 홀로 살았죠. 아버지는 내가 인도에 3, 4년 더 있으려 한다는 걸 눈치채시고는 내가 영영 돌아오지 않거나, 독신 수도자로 살아가는 건 아닌지, 인도 처녀하고 결혼이라도 하는 건 아닌지 걱정하셨어요. 지금 생각해 보면 아버지의 예감이 옳았던 것 같아요. 그래서 내 병역 면제를 갱신해야 하는 일이 생겼을 때, 그러니까 1931년 1월에 아버지는 아무 조치를 취하지 않으셨어요. 그해 가

을에 아버지는 내가 집으로 돌아와야만 한다는 편지를 보내셨죠. 장교이셨던 아버지는 "만일 내 아들이 병역 기피자가 된다면 나 개인적으로도 망신이고, 온 가족의 큰 수치가 될 것이다."라고 덧붙이셨어요. 그래서 집으로 돌아갔습니다. 후에 인도에 다시 와서 연구를 마저 해야겠다는 생각이었죠. 그러는 사이에 요가에 대한 학위논문을 제출했고, 대학의 담당 위원회에서는 저에게 프랑스어 출판을 준비하라고 했습니다.

Ⓡ 선생님께선 원래 대공 포대에 배속되었다가, 근시 때문에 영어 번역 행정병으로 병역을 마치셨지요. 학위논문은 1936년 파리에서 『요가』(*Le Yoga: Essai sur les origines de la mystique indienne*)라는 제목으로 출판되었고, 곧 뛰어난 젊은 대학 선생이자 유명한 작가가 되셨습니다.

명성의 시절

Ⓡ 어디서부터 얘기를 시작할까요? 명성부터요?

Ⓔ 예, '명성부터'. 명성이 많은 걸 가르쳐 줬기 때문이지요. 『벵갈의 밤』(*Maitreyi*)으로 미(未)출판 소설 부문 경선에서 1등에 당선 됐습니다. 그 소설은 러브 스토리이면서 이국적인 정서의 소설이 에요. 그 책이 대단한 성공을 거두자 출판업자나 나도 깜짝 놀랐 죠. 연이어 재판을 찍어 냈어요. 스물여섯에 '유명 인사'가 된 것입 니다. 신문에도 실리고, 거리에서도 날 알아보는 사람이 많았어요. 그건 매우 중요한 체험이었는데요. '유명한 것', '숭배자들'을 갖게 된다는 것이 무엇을 의미하는지를 젊은 나이에 깨달았기 때문입 니다. 기분 좋은 일이긴 하지만, 그렇게 굉장한 일은 아니죠. 그래 서 그 이후 여생에서는 더 이상 그런 유혹에 넘어가지 않았습니다. 사실 그건 모든 예술가나 작가들에게 자연스러운 유혹일 것입니다.

모든 작가들이 언젠가는 큰 성공을 거두고, 인정을 받고, 일반 독자들에게 찬사를 받기를 기대하죠. 난 아주 초기에 그런 성공을 누린 셈이고, 그게 기쁘기도 했어요. 또한 그 덕분에 성공에 연연하지 않은 다른 소설을 쓸 수 있었지요.

1934년에는 『낙원에서 돌아오다』(*Le Retour du Paradise*)를 출간했는데, 그건 『훌리건』(*Les Houligans*)과 『신생』(*Vita nova*)으로 된 3부작의 제1권이에요. 난 내가 속한 세대의 초상을 그려 보려고 했습니다. 첫 권은 어느 정도 성공을 거두었어요. 난 젊은이들, 그러니까 나와 동시대인들이 말 그대로 '훌리건'이며, '정치적인' 혁명이 아니라 정말 실제적 · 구체적이며 정신적이고 문화적인 혁명을 위한 기반을 준비하는 사람들이라고 생각했지요. 그래서 등장인물이 모두 젊어요. 작가, 교사, 배우들이지요. 그리고 말을 많이 하는 사람들이에요. 간단히 말하자면 진짜 지성인과 가짜 지성인들의 집단적 초상화 같은 건데요. 헉슬리(A. Huxley)의 『대위법』(*Point Counter Point*)이 연상되기도 하죠. 꽤 난해한 책인데, 비평가들은 좋은 평을 해 주었지만, 『벵갈의 밤』과 같은 성공을 거두지는 못했습니다. 같은 해에 『꺼져버린 불빛』(*La lumière qui s'éteint*)이라는 조이스(Joyce) 식의 소설을 내기도 했습니다.

Ⓡ 키플링(Kipling)[1]의 소설과 똑같은 제목인데요. 그건 의도적이었습니까?

---

1) Rudyard Kipling(1865-1936)의 작품 중에 『꺼져버린 불빛』(*The Light That Failed*, 1890)이라는 소설이 있다. 이 소설의 주인공 딕 헬다(Dick Heldar)는 화가인데, 눈이 멀게 되자 사랑하는 여인으로부터 버림 받는다.

🄴 예, 두 중심인물 사이에 어떤 유사성이 있기 때문이지요. 난 그 책을 몇 번이나 다시 읽으려고 했지만 불가능했어요. 단 한 마디도 이해할 수 없었죠! 난 『피네간의 경야』(*Finnegans Wake*)에 나오는 '안나 리비아 플루라벨레'(Anna Livia Plurabelle) 부분에 깊이 감명 받았고, 아마도 내 생각엔 루마니아에서 처음으로 『율리시스』(*Ulysses*)의 '의식의 흐름' 기법을 차용했다고 생각했어요. 완전히 실패였지요. 비평가들조차도 그걸 어떻게 읽어야 할지 몰랐으니, 전혀 읽힐 수가 없었죠.

🄰 조이스의 영향을 받고, 그 소설이 상정한 단어 자체를 좋아하셨다니, 좀 의외군요. 여태까지 선생님은 언어를 하나의 수단으로 여기신 것처럼 보였거든요. 시(詩)도 그때 쓰셨습니까?

🄴 어떤 의미에서는, 그렇죠……. 그러나 내가 무엇보다도 관심을 가졌던 것은, 몇 달 동안 시력을 잃은 사람의 정신적 과정을 '의식의 흐름' 기법으로 전달하는 일이었다고 말씀드려야겠군요. 그가 어둠 속에서 보고, 생각하고, 상상한 것을 포함하는 바로 그 '독백' 안에서 나는 자유롭게 언어를 구사하고자 정말 노력했어요. 그래서 그 책을 거의 이해할 수 없지요. 하지만 이야기는 매우 단순하고 참 감동적이지요.

한 사서가 밤 늦도록 시립 도서관에서 교정본을 검토하고 있는데, 아마 천문학에 대한 그리스어 텍스트로, 아무튼 상당히 신비한 텍스트입니다. 갑자기 그는 매캐한 연기 냄새를 맡게 되고, 불안해 합니다. 쥐들이 이리저리 뛰어다니고, 방안으로 연기가 새어 들어옵니다. 그는 창문을 열고 문도 열었는데, 독서실의 큰 책상 위에 벌거벗은 채 누워 있는 젊은 여인을 보았습니다. 그 여자 곁에는 악마의 화신, 마술사라고 소문난 슬라브어 교수가 서 있습니다. 치솟는 불길 위로 교수는 사라지고, 그 사서는 실신한 여인을 안아 들어서 구해내죠. 그런데 그녀를 대리석 계단 아래에 내려 놓는 순간, 천장의 한 부분이 떨어져 그의 머리를 내리치고, 그는 6개월 동안 시력을 잃게 됩니다. 병원에서 그는 도대체 무슨 일이 일어났는지 기를 쓰고 이해하려고 합니다. 그에게는 전부 어처구니가 없겠죠. 한밤중에 대학가 도서관에서 정장 차림의 교수와 벌거벗은 여인이라니. 게다가 그녀는 그가 잘 아는 여자로, 그 교수의 조교였지요. 나중에 그 사서는 교수가 탄트라 의례를 행하는 중이었고, 그 의례가 화재의 원인이었다는 소문을 들었습니다. 그러면서 시력을 회복하고, 다시 볼 수 있게 된 기쁨으로 (보는 것이에요. 읽는 게 아니라) 여행을 떠나지요. 내가 책 전체를 다시 읽어보지 못해서, 결말이 정확히 기억나지 않는군요. 그 사서가 어느 순간부터 자기처럼 읽지도 못하고 말을 알아듣지도 못하는 사람들에게 라틴어로 말하기 시작했다는 것 하나는 기억나요. 아마도 스티븐 데달루스(Stephen Dedalus)가 떠오르겠죠? 모든 게 신비스럽고, 수수께끼가 되어 갑니다……. 어쨌든 그건 읽을 수 없는 책이었고, 완전히 실패작이었어요. 그 세 번째 책 이후로 난 자유로워졌습니다. 사람들은 내 이름을 잊지 않고 『벵갈의 밤』의 저자로 알고 있었죠. 나는 사람들을 만족시켜야 한다는 압박에서 벗어난 것이에요.

Ⓡ 1963년 4월 21일자 『일기』만 읽어 봐도 그것이 어느 정도 사적인 이야기라는 걸 알겠더군요. 거기에 대해서는 더 이상 여

쯉지 않겠습니다. 그게 무슨 의미인지 찾아서 알아보는 것은 독자의 호기심에 달린 문제일 테니까요. 저로서는 그러한 매력적인 이미지들이 겉에 드러난 것을 보았다는 게 기쁩니다. 아마도 선생님께서 글 쓰시는 중에 그런 이미지들이 떠올라 하나의 환상적인 이야기를 낳을 수 있었겠죠. … 그럼, 그 명성의 시절로 되돌아가 보죠. 후세 사람들에게 기억되는 것에 대해서도 관심이 없으십니까? 어떤 작품이 길이 남든지 아니든지 개의치 않으십니까?

E 가끔 난 내 자신에게 이렇게 말하곤 합니다. 아마 루마니아 동포들은 내 작품을 계속 읽어 줄 것이라고요. 내가 작가로서 뛰어나기 때문이 아니라, 무엇보다도 시카고 대학의 교수였고, 파리에서 책도 냈으니까요. 그런 행운을 잡은 루마니아인은 많지 않거든요. 물론 길이 남을 훌륭한 이오네스코(Ionesco)와 시오랑(Cioran)이 있기는 하지만요.

R 아무튼 유명 인사이셨는데요. 많은 독자들이 선생님을 만나고자 할 때는 어떻게 하셨나요? 선생님께서 누리시던 그 명성 혹은 악평에 어떻게 대처하셨습니까?

E 다행히도 난 그런 것들을 무시할 수 있었어요. 1년에 여덟 달은 시카고에서, 몇 달은 파리에서 살았으니까요. 각종 파티는 물론이고 회합이나 학술회의 초청도 대개 거절했습니다. 그렇게 해서 명성이나 악평이 내게 줄 수 있는 부담을 잊고 지냈지요. 그러한 명성의 결과인 텔레비전, 인터뷰, 기자들을 잘 대처해 나가는 강인한 사람들을 보면 경탄을 금치 못하겠어요. 나한테는 그게 무척 힘들었거든요. 그게 대단한 시간 낭비는 아니지만, 한 시간 넘

게 기자와 대담을 하거나, 미술 전람회의 개막식에 참석하거나 하는 것이 힘들었어요. 그게 끔찍한 일은 아니라 하더라도, 나중엔 거기에 질질 끌려 다니고 옴짝달싹 못하는 악순환이 닥쳐옵니다. 무엇보다 라디오나 텔레비전에서는 계속 무엇인가를 이야기하도록 강요하는데 난 같은 얘기를 되풀이하고 싶지 않거든요. 나에겐 그런 소명이 없지만, 그 전선에서 잘 싸워 나가는 분들을 존경합니다.

대학교, 크리테리옹, 《잘목시스》

[R] 선생님께서는 촉망받는 신예 작가인 동시에 동양학자가 되셨고, 『벵갈의 밤』을 읽고 온 학생들로 대학 첫 강의시간이 꽉 찼었다고 들었습니다. 하지만 수업이 엄격해서 그저 호기심으로 왔던 학생들은 기가 죽었다고 하더군요. 이오네스코 교수의 조교이셨죠?

[E] 예, 그는 논리학과 형이상학, 형이상학사 교수였어요. 또한 신문 편집도 맡고 있었습니다. 루마니아에서 상당한 영향력을 행사하는 분이셨죠. 그분이 형이상학사 강좌와 논리학사 세미나를 나한테 넘기시면서, 내 형이상학사 강의를 종교사 과정으로 시작해 보라고 제안하셨어요. 그래서 난 동양종교 안에서의 악과 구원의 문제에 대해서, 그리고 인도의 존재 개념, 오르페우스교와 힌두교, 불교에 대해서 강의를 했습니다. 논리학 세미나는 '중세 불교

논리학에서 인과율 개념의 해체에 대하여'라는 거창한 주제로 시작했어요! 쉬운 세미나는 아니었고, 소수의 사람들이 참여했지요. 그 후에는 쿠사의 니콜라스가 쓴 『무지의 지』와 아리스토텔레스의 『형이상학』 제11권을 택했습니다.

Ⓡ 강의를 하시면서, 정기 간행물인 《잘목시스》(*Zalmoxis*)를 시작하셨죠.

🄴 예, 난 학문 연구와 문화 활동이 서로 충돌하지 않는다고 생각했고 지금도 그렇습니다. 1936년에 《잘목시스》의 기초 작업을 시작했는데, 거의 300여 쪽에 달하는 첫 권이 1938년에야 나왔어요. 난 루마니아에서 학문적인 종교학 연구가 진작되기를 원했습니다. 종교학이 학계에서 당시에 여전히 독자적인 학문 분야로 자리 잡지 못했거든요. 방금 말씀드린 대로 종교사를 형이상학사 강좌에서 가르쳤던 게 그 예죠. 내 동료는 신화와 전설을 민족학과 민속학 강좌에서 가르치기도 했어요. 그래서 종교학이 독자적인 중요한 학문이며 그 분야에서 의미 있는 공헌을 할 수 있다는 것, 예컨대 당시 루마니아에도 그리스 종교에 관심을 가진 상당수의 학자가 있다는 사실 같은 것을 학계에 확신시키기 위해서, 《잘목시스》를 간행하기로 한 것입니다. 그래서 안면이 있는 외국의 모든 학자들 꽤 여럿에게 편지를 보냈어요. 그렇게 해서 국제 학술지가 영어, 프랑스어, 독일어로 출판되었지요. 몇몇 루마니아 학자들의 기고문과 함께. 셋째 권까지 펴냈는데, 아마 그건 루마니아가 유럽의 차원에서 종교학 분야에 기여한 첫 번째 공헌이 될 것입니다.

Ⓡ 나중에 『잘목시스, 사라지는 신』(*De Zalmoxis à Gengis Khan*)이라는 제목으로 출판된 원고들이 처음에는 그 잡지에 실렸던 건가요?

🄴 아니에요. "루마니아의 만드라고라 제의"라는 논문만 빼고, 나머지는 다른 책들로 출판했습니다. 예를 들어 물의 상징에 관한 부분은 『이미지와 상징』(*Images et Symbols*)에 실었지요.

Ⓡ 『일기』에서 '크리테리옹'(Criterion)을 말씀하시는데요. 그게 정확히 무엇입니까?

🄴 크리테리옹은 우리가 조직한 모임인데요. 이오네스코 교수님도 그 모임에 참석하시기는 했지만, 시오랑을 빼고는 외국에 알려지지 않은 사람들로 구성된 모임입니다. 그 모임은 다섯 명의 강사가 분담하는 심포지엄이었어요. 우리들은 당시에, 그러니까 1933, 34, 35년에 루마니아에서 아주 중요했던 문제들, 간디와 지드(Gide), 채플린뿐만 아니라 레닌과 프로이트도 다루었습니다. 상상이 가시겠지만 그 중 몇 가지는 아주 논란이 많은 주제들이었죠. 그뿐 아니라 근대 예술, 현대 음악, 재즈에 이르기까지 광범위한 주제로 토론을 벌였어요.

우리는 그 모든 운동의 대표자들을 초청했습니다. '레닌' 강좌에는 보통 다섯 명의 강사가 있었어요. 사회자는 저명한 대학 교수였고, 강사진에는 당시 공산당 총서기였던 파트라스카누(Lucretiu Patrascanu), 공산주의 이론가인 실베르(Belu Silber), 철강 노조인 폴리프로니아데(Poliproniade)의 대표자, 정치적 자유주의 진영의 대표자로서 저명한 경제학자이자 철학자·신학자인 불바네스쿠(Mircea Vulvanescu)도 있었습니다.

그 모임은 토론으로 이어졌는데, 난 그 대화의 유형이 아주 중요하다고 생각합니다. 제가 『낙원에서 돌아오다』를 썼을 때, 난 그게 우리가 실제로 잃어가고 있는 낙원이었다는 걸 절감했어요. 왜냐하면 1933년과 34년만 하더라도 터놓고 얘기하는 것이 가능했거든요. 그런데 그 후로는 엄격한 검열을 받지는 않았지만, 주제를 문화적인 것에만 한정시켜야 했어요. 크리테리옹은 부쿠레슈티에서 엄청난 반향을 불러일으켰습니다. 실존주의, 키에르케고르, 하이데거가 처음 논의되었던 게, 1933년의 우리 모임에서였습니다. 우리는 마치 낡은 화석에 대항하는 십자군에 참여하는 듯한 기분이었죠. 피카소나 프로이트가 있다는 걸 독자들에게 일깨워 주고 싶었습니다. 프로이트에 대해 들어본 사람들은 있었지만, 충분히 논의되지 않았고, 그건 피카소도 마찬가지였습니다. 하이데거와 야스퍼스도 토론할 필요가 있었죠. 쇤베르크(Schönberg)도요…….

우리는 문화가 도시 생활의 여러 부분을 통합시키는 것이 되어야 한다고 생각했습니다. 우리 모두는 대학 안에서 말하는 것만으로 충분치 않으며, 진짜 경기장에 내려가서 싸워야 한다고 확신했어요. 우나무노(Unamuno)와 오르테가(Ortega) 덕분에 스페인에서 그랬던 것처럼, 우리는 신문이 용인할 만한 지적인 무기가 된다고 믿었습니다. 우리는 더 이상 우리를 가르쳤던 스승의 세대를 괴롭혔던 열등감에 시달리지 않았어요. 그분들은 학술지가 아닌 일간신문에는 글을 내보지도 못했거든요. 우리는 가능한 한 광범위한 대중에게 이야기하길 원했고, 우리가 하지 못한다면, 서서히 지역주의에 빠져드는 위험에 처했던 루마니아 문화에 생명력을 불어넣기를 바랐습니다. 나만 그런 생각을 한 건 아니었고, 또 내가 모임의 리더도 아니었어요. 모두가 그런 노력의 필요성을 절감하고 있었고, 또 우리들만이 그것을 할 수 있는 위치에 있다는 사실을 자각하고 있었습니다. 우리는 젊었고, (예를 들면, 대학의 '경력' 같은) 불리한 결과를 두려워하지 않았으니까요.

런던, 리스본

R 1940년에 루마니아를 떠나, 런던에 문화 공보원으로 가셨지요.

E 카롤(Carol) 왕의 마지막 정부는 루마니아가 어려움을 겪게 될 것을 예견하고 있었어요. 상당수의 젊은 대학교수들을 문화 공보원이나 자문위원으로 외국에 내보기로 결정했지요. 나는 런던으로 발령이 났는데, 런던 공습기간에 거기에 있었습니다. 그때의 기억을 가지고 『금지된 숲』을 썼지요. 첫눈에 보니, 런던은 거대한 풍선으로 가득한 도시였어요. 독일군의 공습을 막기 위해 풍선기구들을 띄워 놓았거든요. 등화관제로 밤이 되면 온통 컴컴했어요. 9월 9일의 끔찍한 공습 후에는 공사관 사무실 일부가 옥스퍼드로 옮겨 갔습니다. 그날 밤에 난 어떤 이름 모를 성스러운 건물에서 불길이 솟구치는 것을 봤어요. 도시는 불타고 하늘은 화염으로 뒤

덮였습니다. 난 영국인들의 용기와 저항 정신, 그리고 거의 아무것도 없는 데서 군사력을 일구어낸 엄청난 노력이 정말 대단하다고 생각했어요. 그래서 난 런던이나 리스본에 있을 때, 연합군이 승리할 거라고 항상 확신했습니다.

1941년 독일군의 침공으로 영국이 루마니아와 외교 관계를 단절했기 때문에, 난 리스본으로 옮기게 됐어요. 거기에서 4년 있었지요. 근무를 하면서 포르투갈어를 공부했는데, 꽤 유창하게 할 정도가 되었지요. 그리고 루마니아어로 『종교사 개론』(*Traité d'histoire des religions*)과 『영원 회귀의 신화』(*Le Mythe de l'Eternel Retour*)의 일부를 쓰기 시작했습니다. 카몽이스(Camoens)에 대한 책도 쓰려고 했어요. 내가 아주 좋아하는 시인이었을 뿐만 아니라, 그가 인도에 살았고, 『우스 루지아다스』(*Os Lusiadas*)에서 스리랑카와 아프리카, 대서양을 묘사했기 때문이었습니다.

리스본은 무척 마음에 드는 도시였습니다. 탁 트인 타구스 강어귀의 널찍한 광장, 그 멋진 공간을 결코 잊을 수 없을 것입니다. 그리고 도시의 파스텔 색조, 어디에 가든 푸른색과 흰색이었어요. 땅거미가 질 무렵에는 누구나 다 노래를 부르고 거리에는 온통 음악이 넘치죠. 그곳은 현대 역사의 한 단면인 전쟁의 지옥 바깥에 있는 도시였어요. 중립 도시였기 때문에 양쪽 진영의 선전이 치열했는데, 내가 맡은 일은 중립적인 간행물들을 모니터 하는 것이었습니다. 그 외에 문화 교류도 담당했어요. 강사, 음악가, 수학자, 작가와 극단들. 대사는 그런 것이 중요하다고 여기기는 했지만, 그 자신은 문화에 별로 취미가 없는 사람이었습니다. 난 우리 대사관의 주변부에서 산 셈이에요. 다행히도. '외교관'의 생활이란 상당히 지루하고 답답하고 짜증나요. 항상 '가족' 안에 갇혀서, 항상 똑같은 외교관들을 대해야 하죠. 난 오래 참고 머물 수가 없었습니다.

정신의 힘

ℝ 선생님께서 루마니아를 떠나 유럽에, 런던, 리스본, 마지막으로 파리에 머무셨던 그 시기는 유럽과 루마니아, 그리고 이 세계의 대부분이 비극적인 시기였습니다. 파시스트 정권이 극성이었고, 전쟁으로 어두운 날들이었고, 나치즘이 붕괴했고, 루마니아에서 공산주의 정권이 성립했지요. 선생님께서는 실제로 혹은 사상적으로 이러한 사건들의 증인이신데요. 그런 일들에 어떻게 대처하셨습니까?

℮ 내겐 연합군이 승리하리라는 것이 분명했어요. 또 러시아가 전쟁에 개입했을 때, 승리는 러시아의 차지가 되리라는 것도 알고 있었어요. 그리고 그것이 동유럽인들에게 무엇을 의미하는지도 예견했습니다. 나는 1940년에 루마니아를 떠났기 때문에 거기에서 벌어지는 일에 대해서는 간접적인 정보만 얻었어요. 난 일시

적이라 해도 소련군의 점령을 두려워했습니다. 사람들은 항상 이웃의 거인을 두려워하게 되어 있어요. 거인은 오직 멀리서만 존경받을 수 있는 것입니다. 어떤 선택이든 해야 했습니다. 절망할 것인가 아니면 희망을 가질 것인가. 난 항상 정치적이고 역사적인 절망에 맞서 왔어요. 그래서 희망을 선택했지요. 이건 우리가 거쳐야 할 또 하나의 시련일 뿐이라고 내 자신에게 말했어요. 우리 루마니아인, 유고슬라비아인, 불가리아인들은 모두 강대국의 틈바구니에서 살아왔기 때문에 그런 역사의 시련에는 아주 익숙합니다. 여기서 이 일반적인 역사를 개괄할 필요는 없지요. 누구나 알고 있으니까요. 우리는 유대인들과 같은 상황에 처해 있었습니다. 그들은 아시리아와 이집트, 페르시아와 로마라는 강대한 군사제국의 틈바구니 속에서 살아야 했고, 언제나 짓밟혀 있었죠. 그래서 난 개인적으로 성서의 예언자들을 모델로 선택했어요. 정치적으로는, 그것도 단기간에는 어떤 해결책도 없었어요. 한참 후라면 몰라도요. 나를 포함한 모든 루마니아 망명자들에게 중요했던 일은, 어떻게 하면 우리의 문화적 유산을 지켜낼까, 어떻게 이 역사적 위기 속에서 창조적 작업을 계속할 수 있을까 하는 것이었습니다. 루마니아 국민들은 물론 살아남을 테지만, 루마니아의 생존을 도우려면 외국에서 무엇을 할 수 있을까? 난 문화가 생존의 수단을 제공할 수 있다고 늘 확신했어요. 문화는 마르크스주의자들이 말하는 식의 '상부구조'(superstructure)가 아니에요. 그것은 인간의 명확한 조건입니다. 문화적인 존재가 되지 않고는 인간일 수 없어요. 나는 내 자신에게 말했어요. "계속해야 한다. 조국에서 사라질 위험에 처한 루마니아의 가치를 보존해야 한다. 특히 연구의 자유, 예를 들면 문화에 대한 과학적 연구를." 내가 1945년에 파리로 간 것은, 연구를 계속하고 몇몇 책들, 특히 『종교사 개론』과 『영원 회귀의 신화』를 마무리 짓기 위해서였습니다.

그런 비극적 시기에 내가 어떻게 살아왔는지 물으셨는데요. 우리가 큰 위기를 겪고 있기는 하지만, 루마니아인들은 과거에도 그러한 일들, 한 세기마다 서너 번의 위기를 겪으며 살아왔습니다. 조국에 있는 사람들은 운명이 그들에게 하도록 허락한 일을 할 것입니다. 그러나 여기 외국에서는, 미국의 참전이 임박했다는 기대 따위로, 정치적인 향수나 후회에 젖어 시간을 낭비해서는 안 됐어요. 1946, 47, 48년에, 난 무엇인가를 실제로 *행하지* 않는다면 그 저항은 껍데기일 뿐이라는 것을 절감했습니다. 그리고 유일하게 할 수 있는 그 무엇이 문화였어요. 나 자신과 시오랑, 그리고 다른 이들도 각자의 소명에 따라 작업을 해 나가기로 결심한 것입니다. 우리들이 조국을 모른 체했다는 말이 아니라, 오히려 우리가 택할 수 있는 다른 길이 없었던 것입니다. 물론 성명서에 서명을 하고, 신문을 통해 저항할 수도 있었죠. 그러나 실제 필요한 것은 그게 아니었어요. 여기 파리에서 우리는 문학 및 문화 서클을 조직하여 '샛별'(Luceafarul)이라고 했는데, 그 이름은 에미네스쿠(Eminescu)의 유명한 시의 제목이자, 루마니아 학술 센터의 명칭에서 따온 것입니다. 우리는 자유 루마니아의 문화를 보존하고, 또 루마니아에서도 출간되지 않았던 텍스트들을, 문학 작품뿐 아니라, 역사와 철학 책들도 출판하는 일에 힘을 쏟았습니다.

Ⓡ 1947년 8월 25일자 『일기』에 "사람들은 나에게 역사적

간과 결속해야 한다고 말한다. 오늘날 우리는 사회적인 문제, 보다 정확히 말하자면 마르크스주의자들이 제기한 사회적인 문제에 지배당하고 있다. 그러므로 자기가 살아가는 역사적 순간에 대하여 자신의 작품을 통해 어떻게든 대응*해야 한다*. 그렇다, 난 붓다와 소크라테스처럼 대응할 것이다. 역사적 순간을 초월하고, 다른 것들을 창조하거나, 그것들을 준비하면서." 이렇게 쓰셨는데요.

　E 예, 붓다와 소크라테스를 '도피하는' 자들로 보면 안 됩니다. 그들은 자신의 역사적 순간에서 출발하였고, 그 역사적 순간에 대응한 것입니다. 그들은 다만 다른 차원에서, 다른 언어로 했을 뿐이지요. 한쪽은 인도에서, 다른 쪽은 그리스에서 영적인 혁명을 일으킨 사람들입니다.

　R 『일기』를 보면, 정치적인 운동에 힘을 쏟으라고 지성인에게 요구하는 것을 좋지 않게 받아들이신 듯합니다.

　E 예, 난 그런 운동들이 어떠한 결과도 낼 수 없다는 걸 진작 알고 있었어요. "너는 거리에서 매일 데모해야 하고, 석 달마다 논설을 써내고, 모든 성명서에 서명해야 돼. 그걸로 루마니아가 해방되지는 않겠지만, 적어도 루마니아의 작가들이 시나 소설을 자유로이 낼 수는 있을 거야." 이런 말을 듣는다면 난 모든 것을 할 것입니다. 그러나 그러한 행동들이 당분간 어떤 직접적인 결과를 얻어낼 수 없으리라는 것을 알고 있었어요. 그래서 자신의 에너지를 적어도 어떤 반향을 불러일으킬 희망이 있는 곳에 쏟아부어 일해야 한다는 것입니다. 그것이 바로 몇몇 루마니아 망명자들이 그해 봄에 한 일이에요. 폴 고마(Paul Goma)가 루마니아에서 시작한 운

동과 관련해서요. 그들은 긍정적인 결과들을 얻어낸 언론 캠페인을 조직했습니다.

R 전 선생님이 정치적인 문제에 다소 무관심하다고 생각했어요. 하지만 이제는 잘 알겠습니다. 문제는 통찰력이며, 환상과 미혹을 거부한다는 것을요. 무관심이 전혀 아니고요.

E 그렇죠. 그건 무관심의 문제가 아니에요. 또 난 어떤 역사적 시기에는 문화 활동 자체, 특히 문학과 예술이 정치적 무기가 된다고 믿습니다. 푸시킨 시의 영향을 생각해 보면……. 도스토예프스키까지 들먹이지 않더라도 말이지요! 톨스토이의 소설도 그렇죠. 어떤 시기에는 우리가 예술, 과학, 철학의 영역에서 행하는 것들이 정치적인 효과를 갖는다고 믿습니다. 인간의 의식을 뒤바꾸고, 인간에게 희망을 불어넣는 것 말이지요. 그래서 난 연구와 창작을 계속 하는 것이 역사적 순간으로부터 도피하는 것이라고는 생각하지 않습니다.

R 이 순간에 솔제니친(Solzhenitsyn)을 떠올리지 않을 수 없군요.

E 난 그를 대단히 존경합니다. 작가로서도 존경하지만, 무엇보다 그의 증인으로서의 용기, 그가 순교자와 같은 증인의 역할을 진지하게 떠맡았다는 사실에 감탄했어요. (라틴어로 순교자 'martyr'는 루마니아어로 증인을 뜻하는 'martor'의 어원이에요.) 다행히도 그는 능력을 갖고 있었죠. 어느 정도 무게 있는 자신의 이름과, 노벨상 수상뿐만 아니라 대중적으로 큰 성공을 거둔 소설, 그리고 폭넓은 경험…….

Ⓡ 1949년 2월 16일자 『일기』에서, 지성인이 정치와 어떤 연관을 갖고 있는가를 쓰셨는데요. "내 호텔 방에서 열다섯 명 정도의 루마니아 지성인과 학생들과 만남. 나는 다음 문제를 토론하기 위해 그들을 초대했다. 우리는 *현재*에, 그리고 무엇보다 *미래*에 '지성인'이 개념들에 접근했다는 이유로 점차 적으로 간주되는 것에, 그리고 역사가 지성인에게 (과거에 여러 번 그랬던 것처럼) *정치적 임무*를 맡기는 것에 동의하는가? 우리가 말려들어간 이 종교 전쟁에서 적은 오직 '엘리트'만을 신경 쓰는데, 엘리트들은 잘 조직된 경찰력에 의해서 아주 쉽게 억압될 수 있다는 약점이 있다. 따라서 오늘날 '문화 만들기'는 망명자들에게 열려 있는 유일한 정치적 효과이다. 전통적인 입장들이 뒤집어진다. 역사의 실질적 중심에 서 있는 자들은 더 이상 정치인이 아니라, 학자, '지적 엘리트'이다(하루 날 잡아서 요약해야 할 긴 토론)."

Ⓔ 예, 그 구절이 내가 말하려는 바를 완벽하게 요약해 주는군요. 나는 말 그대로 지성인들, 위대한 시인, 소설가, 철학가의 존재가 시국에 미치는 영향에 대해서 생각했는데, 그들의 존재 자체가 좌·우익을 막론하고 경찰정권이나 독재정권을 매우 성가시게 한다고 생각했습니다. 난 그 주제에 대해 읽을 수 있는 모든 것을 읽었기 때문에, 토마스 만(Thomas Mann)이 게슈타포에게, 독일 경찰에게 했던 말을 이해할 수 있었어요. 솔제니친 같은 작가나 루마니아 시인이 무엇을 표현했는지 알고 있었죠. 그들의 육체적 현존 자체가 독재자들을 괴롭히는 것입니다. 그것이 내가 문화 창조로 나아가야 한다고 말하는 이유입니다. 언젠가 어떤 수학자가 다음과 같은 말을 한 적이 있습니다. 만약 이 세상에서 가장 위대한 수학

자 다섯 명이 학회에 가기 위해 같은 비행기를 탔는데, 그게 추락한다면 당장 다음 날 아인슈타인의 이론을 이해할 수 있는 사람이 아무도 없게 된다는 것이에요. 조금 과장된 말이긴 합니다만, 그 '다섯' 또는 '여섯'이 엄청나게 중요한 것입니다.

만남들

Ⓡ 그 시기에 유명 인사들을 많이 만나셨는데요. 오르테가 이 가세트(Ortega y Gasset)나 에우헤니오 도르스(Eugenio d'Ors)[2]같은 분들 말입니다.

🄴 리스본에서 오르테가를 만났어요. 사실 그분은 자신을 더 이상 추방자로 여기지 않았는데도, 여전히 마드리드로 돌아가기를 원하지 않았어요. 우리와는 자주 저녁식사를 같이 했고, 많은 이야기를 나누었습니다. 대단히 존경스러운 분이지요. 개인적으로

---

2)　Eugenio d'Ors y Rovira(1882-1954) : 스페인의 수필가, 미술평론가, 철학자. 바르셀로나 출생으로 프랑스에서 유학하였다. 오르테가, 마라뇽(G. Marañon)과 함께 이른바 "노베첸티스모"(Novecentismo)를 대표하며, 고전주의적이고 귀족주의적 경향을 나타냈다. 1906~1914년에 제니우스(Xenius)라는 필명을 사용하여 카탈로니아어로 쓴 시평 『어록』(*Glossari*)이 대표작이며, 그 외에도 『프라도 미술관의 3시간』(*Tres horas en el Museo del Prado*, 1923), 『바로크론』(*Lo Barroco*, 1936) 등의 미술평론과 『철학의 비밀』(*El secreto de la filosofia*, 1947)과 같은 저서를 남겼다.

나 정치적으로 많은 문제를 겪고 있었음에도 연구를 계속해 나가는 그분의 능력에 아주 감탄했어요. 당시에는 라이프니츠에 대해 저술하고 있었습니다. 아주 신랄한 풍자를 하는 분이라, 그분의 말을 듣고 있으면 약간 걱정이 될 정도였지요. 귀족적이에요. 프랑스어가 아주 유창했는데, 독일인과도 프랑스어로 이야기하길 좋아했어요. 프랑스어를 아주 잘 하는 독일 기자와도 그랬는데, 그 사람은 큰 신문사의 특파원으로 파리에서 10년을 살았죠. 그 독일인은 나치가 아니었다는 걸 말씀드려야겠군요. 그는 히틀러에 대항하는 음모에 가담했다가 가족들이 처형당한 사람이었습니다.

오르테가는 자신이 프랑스보다 오히려 독일에서 더 유명하다는 사실에 곤혹스러워 했어요. 독일에서는 그의 저서 대부분이 번역되었는데, 프랑스에서는 『대중의 반란』(*La Révolte des masses*)이 포함된, 스톡(Stock) 출판사의 『에스파냐 에세이』(*Essais espagnols*)가 아마 유일한 번역일 것입니다. 그건 지금도 다시 읽어 볼 만한 글이에요. 오늘날에는 대중이 여느 때보다 이데올로기의 영향을 많이 받기 때문에 아주 시사적인 책입니다. 무엇보다 그의 역사관이 아주 흥미롭고, 그가 '주변' 문화들에 대해 쓴 것에도 관심이 갑니다. 예를 들어, 스페인 문화는 유럽 문화에 어느 정도 통합되었지만, 그건 오르테가 자신이 기대했던 모습은 아니었죠.

스페인 정신인 동시에 '유럽 정신'인 어떤 형태로 스페인의 의식을 일깨우려 했던 그의 노력은 아주 중요했다고 생각합니다. 그는 또한 기계로 인한 문제를 일찍이 직시했던 분으로, 우리가 기계와 대화를 해야 한다고 보았습니다. 예, 난 그를 대단히 존경합니다. 그는 아시다시피 철학교수이자, 뛰어난 수필가, 훌륭한 작가였을 뿐만 아니라, 위대한 언론인이기도 했습니다. 그는 내 지도교수였던 이오네스코처럼, 오늘날에는 신문이 실제적인 사상의 장이며, 학술지나 책은 더 이상 사상의 장이 아니라고 생각했어요. 바로 신문을 통해서 대중과 접촉하고, 영향력을 행사하고, 대중을 '교화'할 수 있다는 것입니다. 스페인에서 오르테가는 항상 읽히고, 다시 출판되고, 언급되고 있습니다. 그런데 왜 프랑스에서는 그가 잘 알려지지도 않고, 번역도 거의 안 되는지 모르겠어요.

Ⓡ 도르스는요?

Ⓔ 난 책을 사러 마드리드에 자주 가곤 했는데, 거기에서 두세 번 에우헤니오 도르스와 긴 만남을 가졌어요. 그분은 오르테가보다 쉽게 다가갈 수 있었어요. 얼굴에 항상 미소가 가득했거든요. 내 생각에 그분은 프랑스에서도 유명해지려는 야망을 품고 있었어요. 난 천재적 언론인이자, 천재적 예술 애호가인 그분을 존경해요. 고상한 문체와 깊은 학식도 존경하고요. 그런 점에선 오르테가와 비견되는 분이지요. 두 분은 여러 가지로 우나무노(Unamuno)와 다르기는 하지만, 그의 후예라고 볼 수 있습니다. 난 도르스의 일기인 『새로운 어록』(Nuevo Glossario)이 참 좋아요. 날마다 자신의 지적인 발견을 기록한 것이지요. 그분은 매일 한 페이지씩, 그날 혹은 전날 발견하거나 생각한 것을 정확하게 써 내려갔고, 그것을 그대로 출판했습니다. 같은 말은 결코 반복하지 않겠다고 다짐하더군요. 깨어 있으려는 노력과, 살아 있는 동안 매일 새로운 질문을 던지고 거기 답하도록 애쓰겠다는 결심, 그런 게 참 존경스러워요. 재미있는 책인데, 전혀 알려지지 않았네요. 『새로운 어록』 중에 대여섯

권은 스페인에서 절판되었고, 번역된 적도 없어요. 이외에도 그는 건축양식에 조예가 깊었는데, 그가 바로크에 대해 쓴 책은 유명합니다. 동일한 생각으로, 그는 『둥근 지붕과 군주제』(*Coupole et Monarchie*)라는, 일종의 건축양식에 대한 철학을 기술했어요. 형태들의 철학, 전통에 의해 다듬어진 문화의 철학이지요. 프랑스어 번역도 있어요. 서점에서 그 책을 보면 꼭 읽어 보세요, 아주 흥미진진해요.

R 미르체아 엘리아데를 칭찬한 사람이 바로 에우헤니오 도르스라는 사실은 말씀하지 않으시네요.

E 정말이군요. 그는 『잘목시스』를 알고 있었고, 『영원 회귀의 신화』를 무척 좋아했습니다. 편지를 주고 받고, 또 몇 번의 긴 대화를 나눈 끝에 받은 칭찬이었습니다.

R 1949년 10월 3일에, "에우헤니오 도르스가 『영원 회귀의 신화』에 대한 기사를 보내 주었다. 기사 제목은 '아주 중요한 책에 대한 고찰'이었는데, 내가 읽어본 다른 모든 비평들 이상이라고 생각되었다. 에우헤니오 도르스는 내가 고대적이고 전통적(민속적)인 존재론의 플라톤적 구조를 조명한 방식에 열광하였다."라고 쓰셨죠. 그리고 이렇게 덧붙이셨어요. "그러나 나는 내 해석의 다른 측면을 이해해 줄 사람을 여전히 기다리고 있다. 시간의 의례적 소멸과, 그 결과로서 '반복'의 필요성을 아는 사람을. 이 주제에 대해 지금까지 나눈 대화는 실망스러웠다." 나중에 도르스는 『종교사 개론』에도 찬사를 보냈지요.

E 예, 그건 그분이 읽을 수 있었던 내 마지막 작품이었어요.

그 다음 해인가 돌아가셨거든요.

　Ⓡ 오르테가와 에우헤니오 도르스와 관련해서, 우나무노[3]를 언급하셨는데요.

　🅴 그분을 뵙지는 못했습니다. 그분은 1936년에 돌아가셨는데, 나는 1941년에 처음으로 스페인에 갔거든요. 하지만 그분은 내가 가장 존경하는 분이었습니다. 그분의 작품은 매우 중요하며, 언젠가는 그 책이 도처에서 읽힐 것입니다. 나는 그분의 '실존주의'가 아주 마음에 들어요. 그리고 그분을 위대한 시인으로서도 좋아합니다. 사실 시인의 면모는 사후 20년에 유작 시들이 출판되고서야 비로소 알려졌죠. 참 놀라운 분이에요. 그분의 저작은 문화의 '본능적' 근원을 잘 드러냈다는 점에서 정말로 중요하지요. 가브리엘 마르셀(Gabriel Marcel)과 마찬가지로 우나무노는 몸의 중요성을 주장했습니다. 가브리엘 마르셀은 철학자들이 몸을 무시하고, 인간이 살로 만들어진 존재라는 사실을 외면한다고 말하곤 했지요. 우나무노 역시 살과 몸과 피의 영적인 중요성, 그가 '정신에 대한 본능적 체험'이라고 부른 것을 강조했어요. 아주 독창적이고 신선했지요. 또한 그분은 저술가, 시인, 산문작가, 수필가로서도 굉장한 재

---

3)　Miguel de Unamuno(1864-1936) : 스페인의 사상가, 작가. 마드리드 대학을 졸업한 후 한동안 고향 빌바오에서 교편을 잡았고, 1891년 살라망카 대학의 그리스어 교수가 됐다. 1920년에 '국왕 모독죄'로 16년형을 선고받고, 파리에서 반독재 투쟁에 매진하다가 스페인으로 돌아와 살라망카 대학 총장에 취임하였으나, 1934년 정년퇴임 이후 가택에 연금되었다. 『전쟁 속의 평화』(*Paz en la guerra*, 1895), 『사랑과 교육』(*Amor y pedagogía*, 1902), 『안개』(*Niebla*, 1914) 등의 소설과 『돈키호테와 산초의 생애』(*Vida de Don Quijote y Sancho*, 1905), 『생의 비극적 감정』(*Del sentimiento trágico de la vida*, 1912) 등의 저술을 통하여, 실존적인 테마를 다루는 한편 스페인의 부흥을 주장했다.

능을 가지고 있었어요.

　🅁 우리의 이 '대담'은, 사람들이 별로 읽지 않는 작가들, 그 중에서도 오르테가, 도르스, 우나무노라는 세 명의 위대한 저자들을 다시 읽도록 하는 자극제가 될 것 같지요?

　🄴 네, 특히 우나무노를요.

　🅁 한때는 꽤 유명했지만, 거의 잊혔다가, 지금 다시 책이 출판되는 루마니아 동포를 런던에서 만나셨죠? 마틸라 기카(Matila Ghyka)······.

　🄴 예, 마틸라 기카는 루마니아 대사관의 문화 담당 자문위원이었습니다. 그분을 만나기 전에 물론 『황금 숫자』(*Le Nombre d'or*)는 읽었지만, 훌륭한 소설인 『별비』(*La Pluie d'étoiles*)는 몰랐어요. 난 그분을 참 존경합니다. 나이 차이에도 불구하고 우리는 친구가 되었지요. 그분은 과학뿐만 아니라 문학과 역사에 대해서도 엄청난 교양이 있었어요. 아시다시피 그분은 해군장교였고, 나중에는 상트페테르부르크와 런던에서 해군으로 지내기도 했어요. 2차 대전 후에는 로스앤젤레스의 대학교에서 미학 교수를 역임했지요. 개인적인 연구 외에도, 그분은 하루에 적어도 한 권의 책을 읽었어요. 그게 다섯 개나 되는 독서 클럽에 가입한 이유랍니다. 가끔씩 엉뚱한 견해를 내놓기도 했는데, 예를 들어, 그분은 막 발발한 세계 대전이 템플러와 튜튼 기사단, 이 두 기사단의 최후 대치라고 믿었어요. 하루는, 어느 대가족이 별장의 커다란 계단 위에 모여서 찍은 사진을 나한테 보여줬는데, 그 별장 2층 창문에서 약간 흐릿한 할머

니 비슷한 얼굴이 보였어요. 그때 마틸라 기카는 차분하고 깊은 목
소리로, 그 할머니가 이 사진을 찍기 몇 달 전에 죽었다고 말했지
요……. 난 1950년 파리에서 그분을 다시 만났는데, 그분이 가명
으로 출판하려는 탐정소설을 막 끝냈을 때였어요. 그분의 말년은
아주 고달팠습니다. 여든 살이 넘어서까지, 파요트(Payot) 출판사가
청하면 어느 책이라도 번역했고, 닥치는 대로 일을 했으니까요.

4

파리, 1945

파리 | 루마니아인 되기 | 조국, 세계 | 쉬는 시간

파리

　　Ⓡ 1945년에 루마니아로 돌아가지 않고 파리에 살기로 결심하셨는데요. 왜 그런 선택을 하셨습니까?

　　🄴 1945년, 루마니아는 결론이 뻔히 보이는 역사적 변혁의 문턱에 있었습니다. 사회적·정치적 제도들이 외부의 압력에 의해 잔인하게 변했어요. 한편으론 리스본에서 4년을 있다 보니 아주 좋은 도서관을 갖춘 도시에 살고 싶었어요. 런던에서는 대영 박물관 덕분에 『종교사 개론』을 시작할 수 있었고, 옥스퍼드에선 훌륭한 대학 도서관 덕분에 그 작업을 계속해 나갈 수 있었거든요. 그런데 리스본에선 도대체 연구를 할 수 없었습니다. 그래서 그 책을 마무리 짓기 위해 잠시, 아마 몇 년 정도, 파리에 거주했어요. 가자마자 운 좋게도 조르주 뒤메질(Georges Dumézil) 교수의 초청을 받아 고등연구원(Ecole des hautes études)에서 내가 선택한 과목을 가르칠 수

있었죠. 그리고 뒤메질은 갈리마르(Gallimard) 출판사에 나를 소개해 주고, 『종교사 개론』의 서문도 써 주었어요.

Ⓡ 뒤메질 교수가 따뜻하게 맞아 주었군요. 그런데 당시의 『일기』를 보면, 파리에 와서 몇 년은 아주 곤궁하고 미래에 대한 불안으로 가득한 시기였는데요. 그러면서도 학문적인 연구와 문학 활동에 열중하셨던 때였습니다. 선생님의 '가난한 학생'으로서의 생활, 그리고 근로자이자, 지식인이자, 소설가로서의 삶에 대해 말씀해 주실 수 있습니까?

Ｅ 내가 '가난'하다고 한 것은, 호텔 방에 살면서, 가스 불에 점심을 직접 해 먹었기 때문이었어요. 결혼하고서는 크리스티넬(Christinel)과 같이 근처의 조그만 식당에서 먹곤 했습니다. 사실 가난하다고 한 건 그런 의미예요. 무엇보다 큰 문제는 내 작업이었고, 그것도 이제는 프랑스어로 써야 한다는 사실이었습니다. 내가 이오네스코나 시오랑처럼 완벽한 프랑스어를 하진 못할 것이고, 내 프랑스어는 중세 라틴어나 코이네(koïné)와 비슷하리라는 것을 잘 알고 있었어요. 코이네는 헬레니즘 시대에 이집트와 이탈리아, 소아시아에서 아일랜드까지 쓰였던 그리스어 방언이지요. 나는 시오랑과 달리 스타일의 문제를 겁내지는 않았어요. 시오랑은 프랑스어 자체를 떠받들었고, 프랑스어 자체가 하나의 예술 작품이며, 자신이 그토록 훌륭한 언어를 욕보이거나 상처 내서는 안 된다고 여겼죠. 다행히 나에겐 그런 주저함이 없었어요. 난 단지 프랑스어를 분명하고 정확하게 쓰기만 하면 된다고 생각했어요. 그렇게 작업을 해 나갔고, 프랑스어로 쓴 책을 여러 권 냈어요. 물론 몇몇 친구

들이, 특히 장 구이야르(Jean Gouillard)가 감수를 해주었죠.

R 그 시기에 어떤 책들을 쓰셨습니까?

E 『종교사 개론』을 거의 끝냈습니다. 『영원 회귀의 신화』도 썼고, 후에 『이미지와 상징』에 수록될 몇 편의 논문도 썼습니다. 또한 《종교사 평론》(*La Revue d'histoire des religions*)에 샤머니즘에 대한 긴 논문을 냈고, 《출판》(*Paru*)과 《프랑스 새 평론》(*Nouvelle Revue française*)에 다른 몇 편의 글을 실었고, 조르주 바타유(Georges Bataille)의 권유로 《비평》(*Critique*)에도 글을 썼습니다.

R 선생님께서 그런 여의치 않은 상황에서도 놀라운 학문적 성취를 이루신 것에 대해서 뒤메질이 찬사를 보낸 것으로 알고 있는데요.

E 예, 『종교사 개론』과 같은 작품의 초고를, 대략적인 것이긴 해도, 어떻게 호텔 방에서 완성할 수 있냐고 그가 놀라더군요. 네, 그건 그랬어요! 물론 여러 도서관을 돌아다니긴 했지만, 대부분의 시간을 내 책상에서 보냈고, 주변 소음 때문에 작업은 주로 밤에 했지요.

R 선생님의 학문적인 연구 전체에는 열정, 읽기와 쓰기의 열정이 흐르고 있습니다. 특히 발자크(Balzac) 읽기요.

E 예, 발자크를 즐겨 읽긴 했었는데, 파리에 있으면서 그에게 완전히 빠졌어요. 루마니아어로 발자크의 생애를 쓰기 시작했는데, 그의 서거 100주년 기념으로 루마니아에서 출판할 생각이었

죠. 그 모험에 많은 시간을 쏟아부었지만 후회하지는 않아요. 보시
다시피 발자크는 여전히 내 서가에 있거든요.

　Ⓡ『금지된 숲』도 쓰기 시작하셨죠?
　🅴 그건 조금 후인 1949년이에요. 그 이전에도 몇 편의 소설
을 썼죠. 때때로 나는 내 뿌리를, 내 고국을 재발견할 필요가 있었
어요. 유배된 것 같은 삶 속에서, 고향 가는 길은 언어였고 꿈을 통
해서였습니다. 그래서 난 소설을 쓴 것이에요.

　Ⓡ 오늘 말씀에서는 당시의 박탈감으로 인한 번민을 볼 수
없습니다. 무엇보다 어려운 상황을 사셨고, 또한 과거로부터 단절
되는 경험도 하셨지요. 하지만『일기』를 보면, 그 상실과 단절은 선
생님께 큰 의미가 있었던 듯합니다. 선생님께는 그것이 일종의 통
과의례적인 죽음과 재생의 경험이 아니었을까요?
　🅴 예, 전에도 말했다시피 인간의 정황에 대하여 가장 좋은
표현과 가장 정확한 정의는 일련의 통과의례적인 시련, 말하자면
죽음과 부활의 연속이라고 생각해요. 한편으로는 맞아요. 그건 단
절이었죠. 나는 당분간 루마니아어만으로 책을 내거나 글을 쓸 수
없다는 것을 잘 알고 있었습니다. 그러나 동시에, 난 유배를 경험
했지만 나한테는 그 유배가 내 과거 그리고 루마니아 문화와 전적
인 단절은 아니었어요. 나는 알렉산드리아의 유대인들이 디아스포
라 동안에 겪은 것과 똑같은 유배를 체험한 것입니다. 알레산드리
아와 로마의 디아스포라는 조국인 팔레스타인과 일종의 변증법적
인 관계에 있었습니다. 나에게 그 유배는 루마니아의 운명의 일부

였어요.

    ⓇⓈ 전 선생님의 유배뿐만 아니라 상실도 염두에 두었는데요. 예를 들면, 잃어버린 작품을 기억으로 재구성하려고 했을 때 그 원고 같은 것 말이지요.

    Ⓔ 상실. 네, 그런 걸 느꼈어요. 후에 난 편지나 원고를 대부분 잃어버렸다는 걸 알았어요. 그리고 그걸 받아들였죠. 잃어버린 것은 체념했고, 다시 시작해서 계속 했습니다.

    Ⓡ 1945년 파리에선 실존주의자들을 만나신 게 아니라, 바타유, 브르통(Breton)[1], 베라 도말(Véra Daumal), 테야르 드 샤르댕(Teilhard de Chardin), 그리고 프랑스의 저명한 동양학자들과 인도 학자들을 만나셨는데요. 『일기』에서는 사르트르(Sartre)나 카뮈(Camus), 시몬느 드 보부아르(Simone de Beauvoir), 메를로퐁티(Merleau-Ponty)를 전혀 언급하지 않으셨어요.

    Ⓔ 그들의 저작을 읽기도 했고, 또 많이 참고하기도 했어요. 그런데 원래 원고에서 세 번째, 가끔은 다섯 번째로 인용할 때는, 예를 들어, 사르트르의 유명한 강연인 '실존주의는 휴머니즘이다'에 대해서 내가 말한 문장들은 넣지 않았어요. 내가 그 강연에 참

---

1)   André Breton(1896-1966) : 프랑스의 시인, 초현실주의 운동의 주창자. 1913년부터 시를 발표하기 시작하였고, 발레리(P. Valéry)로부터 상징파를 잇는 시인이라는 평가를 받았다. 1920년부터 다다이즘에 참가하여 지도자의 한 사람이 되었으나, 차라(T. Tzara)와 대립하여 다다이즘에서 이탈하였다. 1924년 『쉬르레알리슴 선언』(*Manifeste du sureéalisme*)을 간행하여 초현실주의 운동을 정식으로 발족시켰고, 상상력의 부활, 꿈과 광기와 초일상적 현상의 재검토, 언어 해방에 입각한 예술, 인생관의 쇄신을 주장하였다.

석하기도 했지만, 그런 것은 이미 너무 잘 알려져 있고, 우리 문화적 분위기의 일부였기 때문이지요. 난 다른 구절들을 더 좋아했어요. 그리고 난 실존주의 철학자들보다는, 바타유와 에메 파트리(Aimé Patri), 아마도 브르통과, 그리고 몇몇 동양학자들, 필리오자(Filliozat), 폴 뮈(Paul Mus), 르노(Renou) 등과 더 친했어요. 내가 요가에 대해 쓴 책이 1936년에 나왔는데, 바타유는 그 책을 아주 좋아해서 나를 만나고 싶어했지요. 난 그가 종교사에 깊은 관심을 가진 사람이라는 걸 알았어요. 그는 정신의 역사를 구성하고자 노력했고, 종교사는 그 엄청난 작업의 한 부분이었습니다. 그는 에로틱한 현상에 매혹되어 있었는데, 그 이유를 알아내는 일이 나에게는 매우 중요했어요. 우리는 탄트리즘에 대해서 오래 토론했습니다. 그는 나한테, 에디시옹즈 드 미뉘(Editions de Minuit)에서 내는 그의 연속 기획물로 탄트리즘에 대한 책을 출판해 달라고 부탁했는데, 난 그걸 쓸 만한 시간이 없었어요.

🅉 바타유의 저작에 대해서는 어떻게 생각하십니까?

✏ 내가 다 읽어 보지 못해서, 뭐라 말하기가 힘들군요. 하지만 그의 사유는 항상 나를 자극했고, 한편으로는 여러 번 나를 짜증나게 했습니다. 내가 거부한 것들도 있었고. 내가 그것들을 받아들이지 못하는 것은 내가 그를 완전히 이해하지 못한 탓이라는 것을 알았어요. 어쨌든 그는 현대 프랑스 문화에서 아주 독특하고 중요한 인물이에요.

Ⓡ 바타유와 더불어, 카이와(Caillois)[2]나 레리스(Leiris)도 만나셨나요?

🄴 레리스는 아닙니다. 하지만 카이와는 아주 잘 알았죠. 그의 책과 논문들을 많이 이용했고 인용도 했어요. 날 매료시킨 것은 그의 보편적이고 백과사전적인 사고였어요. 그는 독일 낭만주의에서 아마존 신화까지, 탐정소설에서 시 예술까지 관심을 가졌던 르네상스적인 인간이었어요.

Ⓡ 브르통도 그렇습니까?

🄴 난 그를 시인으로, 한 인간으로, 그리고 풍채까지도 존경합니다. 우리는 닥터 훈발트(Hunwald)의 집과 에메 파트리의 집에서 자주 만났어요. 내가 브르통을 뚫어지게 쳐다보곤 했는데, 난 그의 큰 사자머리에 매력을 느꼈죠. 참 신기한 존재라고 느껴지는 사람이에요. 나는 그가 요가 테크닉에 대한 내 소책자를 읽었다는 사실을 알고는 깜짝 놀랐어요. 그는 요가에서 실현되는 상반의 합일에 놀랐고요. 이건 "위와 아래에 있는 한 점은……. 더 이상 모순으로 인식되지 않는다."는 그의 유명한 문구에 묘사된 역설적 상황과 딱 들어맞았어요. 브르통은 요가 유형의 상반의 합일을 발견하고

---

2) Roger Caillois(1913-1978) : 대학에서 문학을 전공하고 1932~1935년에 브르통과 함께 초현실주의에 가담했으나 그들의 활동을 단순한 '사회적 유희'라고 간주하여 그 집단을 떠났다. 1938년에 바타유, 레리스와 함께 사회학회(Collège de sociologie)를 조직하여 실천적이고 예리한 비평 활동을 폈다. 고전주의와 휴머니즘을 기본 입장으로 하여 문학의 사회와 도덕에 대한 책임을 물었으며, 환상문학의 발굴자로도 높이 평가된다. 저서로 『신화와 인간』(*Le Mythe et l'Homme*, 1938), 『인간과 성스러움』(*L'Homme et le Sacré*, 1939), 『소설의 힘』(*Puissance du roman*, 1942), 『놀이와 인간』(*Les Jeux et les Hommes*, 1958), 『상상에 접근하기』(*Approches de l'imaginaire*, 1979) 등이 있다.

는 놀라면서도 기뻐했어요. 그는 우리가 많은 토론을 벌였던 연금술에 관심을 가졌던 것처럼, 요가와 탄트리즘에도 흥미를 가졌어요. 연금술 문헌들에 나타나는 상상의 세계에 호기심을 보였지요.

　R 『일기』에서는, 테야르 드 샤르댕을 만난 일도 언급하셨는데요.

　E 예수회 신부들의 사택에 있는 그의 방에서 두세 번 만났어요. 당시에 그는 철학자로서 전혀 알려져 있지 않았습니다. 그의 책들은 아시다시피 출판될 수도 없었고, 과학 논문들만 나와 있었죠. 우리는 긴 대화를 나누었고, 난 그의 진화론과 오메가 포인트 이론에 매혹됐는데, 나한테는 그것이 마치 가톨릭 신학에 반박하는 이론처럼 보였어요. 그리스도를 저 은하수 바깥으로 끌고 나간 셈이고, 기독교보다는 대승불교에 더 가까운 셈이었지요. 그는 나를 사로잡았고, 내가 상당히 관심 가졌던 사람입니다. 나중에는 그의 책을 즐겨 읽었어요. 실제로 난 그의 사상이 어느 정도로 기독교적이었으며, 또 얼마나 독창적이고 용감했는지 이해하게 되었습니다. 테야르 드 샤르댕는 서방 기독교에 파고든 마니교의 어떤 경향에 맞서 대응한 것입니다. 물질과 생명의 종교적 가치를 보여 주었죠. 이로 인해서 나는 동유럽 농민들의 '우주적 기독교'를 떠올리게 되었는데, 그들에게 이 세계가 '거룩한'(saint) 것은, 예수 그리스도의 성육신, 죽음, 그리고 부활에 의해서 이 세계가 성화되었기 때문입니다.

루마니아인 되기

Ⓡ 당연히 파리에 사는 루마니아인들을 자주 보셨을 테고, 『일기』에도 '루마니아인의 디아스포라'에 대해 쓰셨지요. 그러나 제가 생각하기에 선생님의 유배 의식에는 어떤 모순이 있어 보입니다. 유배 상태를 원하기도, 원하지 않기도 하셨어요. '가난한 학생의 삶을 사는 것, 그렇다고 반드시 망명자의 삶은 아닌 것'이라고 하셨죠. 프랑스어로 글쓰기로 결심도 하셨고요. '오비드(Ovid)가 아니라 단테를 본받기'라고 하시면서요. 선생님은 망명 그 자체에서 특별히 루마니아적인 무엇을 발견하셨는데, 그것은 '루마니아 목자들의 유목의 연장'이라고 하셨습니다. 또한 이 "루마니아 디아스포라의 신화는 유배당한 나의 존재에 의미를 준다."고 하셨고, 방금 전에는 "나한테 그 유배는 루마니아 운명의 일부였다."고 하셨는데요. 당시의 심경을 밝혀주실 수 있습니까?

■ 루마니아의 민간 전통에는 두 갈래가 있는데, 그 둘은 보완적인 영적 표현입니다. 하나는 목가적인 흐름으로, 목자들의 서정적이고 철학적인 표현이에요. 다른 하나는 정착민들, 농경민들의 표현이지요. 루마니아에선 1920년까지 전 인구의 80퍼센트가 농경민들이었지만, 소수나마 아주 중요한 목자들도 있었습니다. 이 목자들이 가축을 몰고 체코슬로바키아에서 아조프(Azov)해(海)까지 오가면서, 루마니아 사람들에게 자기 마을보다 훨씬 더 넓은 세계를 열어준 것입니다. 목자들과 그 목가적인 시풍은 루마니아 대중시에 지대한 공헌을 했어요. 가장 아름다운 루마니아 발라드, 그 중에도 백미인 "미오리차, 눈부신 어린 양"(Mioritsa, L'Agnelle voyante)이 바로 목동들 사이에서 생긴 노래예요. 그 나머지는 농부들, 정착민들의 문화에서 생겼죠. 그들도 종교적인 민속과 대중시 분야에서 큰 공헌을 했어요…….

실제로는 훨씬 복잡한 것들을 일부러 단순하게 말씀드렸습니다만, 루마니아 문화는 정착과 이동 간의, 혹은 지역주의 및 지방주의와 보편주의 간의 긴장의 산물이라고 할 수 있습니다. 우리의 문자 문화에서도 그런 긴장을 발견할 수 있어요. 위대한 루마니아 작가들 중에는 전통주의자들, 마을과 정착민의 정신을 대표하거나 그것을 연장하는 사람들이 있지요. 또 다른 한편에는, 세계주의라고 비난 받을 만큼 세상에 개방적인 '보편주의자들'도 있고요. 전자는 종교와 신비에 관심을 쏟는 반면, 후자는 과학에 이끌리는 비판적 정신의 소유자들이라고 할 수 있어요. 중요한 건 그 두 경향 사이의 창조적인 긴장입니다. 루마니아의 가장 위대한 시인이자, 19세기의 가장 중요한 작가인 에미네스쿠(Eminescu)[3]는 두 흐름을 기가 막히게 융합한 사람이지요.

　질문에 답변을 드리자면, 내가 태어난 땅으로부터 단절되었던 것은 사실입니다. 하지만 그러한 상실감은 루마니아의 과거에 이미 있었던 것입니다. 하나의 전형적인 역사를 형성하여 기독교 세계의 모델 가운데 하나로 간주되는 유대 민족의 역사에도 있었고요. 파리의 루마니아인들, 서방에 남아 있기로 결정한 사람들은 망명자들이 아니라 유배된 것이라고 말하고 싶습니다. 난 유배된 작가라면 오비드가 아닌, 단테를 본받아야 한다고 생각했어요. 왜냐하면 오비드는 추방당해서 상실한 것들에 대한 향수로 가득 찬 비탄과 후회의 작품을 남긴 반면에, 단테는 그 상실을 인정했을 뿐 아니라 그 전형적인 경험 덕분에 『신곡』(*La Divina Comedia*)을 완성할 수 있었던 것입니다. 단테에게는 유배가 하나의 자극 이상이었어요. 자기 영감의 원천이었죠. 그래서 난, 향수에 젖어 글을 쓰면 안 되고, 오히려 단테가 라벤나에서 그랬던 것처럼, 그 심오한 위기와 단절을 이용해야 한다고 말했습니다.

　ℝ 니체의 말을 빌리자면, 선생님께선 분노의 인간이 절대로 아니었다는 건가요?

---

3)　Mihai Eminescu(1850-1889) : 루마니아의 국민시인. 청년 시절에 빈과 베를린에서 유학하고, 귀국 후에 여러 직업을 전전하며 빈궁한 생활을 하였다. 그는 '샛별'(Luceafărul), '욕망'(Dorinţa), '언덕의 황혼'(Sara pe deal), '편지들'(Scrisori), '황제와 프롤레타리아'(Împărat şi proletar) 등의 시를 발표하였다. 그의 시에는 민요의 영향, 고향 몰다비아의 아름다운 자연에 대한 찬가, 동양적인 허무감, 날카로운 사회비판 등 복합적 요소가 뒤섞여 있다. 하지만 루마니아어의 아름다움을 최고로 구사한 완벽한 시 형식 덕분에 고전으로서 생명을 유지하고 있다.

🄔 예, 결코. 난 유배의 체험이 입문식의 가치가 있다고 느꼈어요. 나에게 재앙으로 보였던 것은 바로 그 분노였습니다. 분노는 창조성을 마비시키고, 삶의 모든 향기를 소진시켜 버리죠. 내가 보기에 분노하는 인간은 불행한 사람이며, 삶에서 어떤 결실도 거둘 수 없는 사람입니다. 그런 삶은 거의 유치합니다. 그게 내가 말하려고 했던 것이에요. 난 우리 모임에서 몇 번 강연도 하고, 파리나 서유럽의 루마니아 신문에도 많은 논설을 실었는데, 거기서 우리가 그 단절을 받아들여야만 하며, 우선은 창조를 해야 한다고 말했습니다. 우리가 운명에, '역사의 공포'에 대해 할 수 있는 응답은 창조입니다.

🄡 『일기』를 읽다 보면, 선생님의 삶에서 가장 심오한 두 이미지들은 미로와 율리시스의 이중적인 형상인 것 같습니다. 율리시스에서, 방황과 고향은 분리될 수 없어요. 또한 미로는, 물론 절대적이고 영원한 혼돈은 아니더라도, 우리가 길을 잃어야만 의미가 있지요. 요즘에는 율리시스에 대해서 어떻게 생각하십니까?

🄔 나에겐 율리시스가 근대인뿐만 아니라 미래 인간의 원형인데요. 그가 찾아다니는 여행자의 전형이기 때문이에요. 그의 여행은 중심을, 이타카를, 즉 자기 자신을 찾는 여행이었어요. 그는 뛰어난 항해사였지만, 운명은, 달리 말하면 그가 거쳐 지나가야 하는 통과의례의 시련은 그의 귀향을 계속해서 늦춥니다. 율리시스 신화는 우리 모두에게 아주 중요하다고 생각해요. 우리들은 모두 여행의 종착지에 도달하리라는 희망을 안고 자기 자신을 찾아가는 율리시스와 같은 존재입니다. 그리고 다시 고향에 돌아왔을 때

는 분명히 우리 자신을 발견하게 될 것입니다. 그런데 미로 안에서는, 이동할 때마다 우리 자신을 잃어버릴 위험이 있어요. 그 미로에서 빠져 나와 집으로 돌아가는 길을 찾을 수 있다면, 그 사람은 다른 존재가 되는 것입니다.

R 율리시스를 근대인에 비유하셨는데요. 율리시스에게서 선생님 자신도 발견하시나요?

E 네, 나는 나 자신과 만납니다. 그 신화는 이 세계 안에 존재하는 특정한 양식의 전형적 모델이라고 생각합니다.

R 그것이 선생님의 개인적인 표상의 전형일 수 있을까요?

E 예.

R 루마니아 친구들을 자주 만나셨지요. 이오네스코나 시오랑, 그리고 보롱카(Voronca)와 루파스코(Stéphane Lupasco) 같은 분들이요.

E 시오랑은 아주 잘 알지요. 우리는 이미 1933년에서 1938년까지 루마니아에서부터 친구였습니다. 그를 파리에서 다시 만나게 되니 무척 기뻤어요. 난 그가 1932년, 겨우 스물한 살에 첫 논문을 출간한 이후로 늘 존경해 왔습니다. 철학과 문학에 대한 그의 식견은 그 나이에 범상치 않은 것이었어요. 그는 벌써 헤겔과 니체, 독일 신화와 아스바고샤(Asvagosha)를 읽었죠. 뿐만 아니라, 아주 어린 나이임에도 놀라운 문학적 실력을 갖추고 있었어요. 철학 논문뿐 아니라 상당히 영향력 있는 논설문도 썼습니다. 당대의 작가들, 저명한 정치적 논객들과 어깨를 나란히 했어요. 그의 첫 번째 루마

니아어 저작인『절망의 고도 위에서』(*Pe culmile disperării*)는 소설로서 감동적이었고, 동시에 우울함과 무서움, 침울함과 우쭐함이 뒤섞여 있는 책이었습니다. 시오랑은 모국어를 너무 유려하게 썼기 때문에, 어느 날 그가 프랑스어로도 똑같이 문학적 완벽함을 보여 주었다는 사실을 상상할 수 없을 것입니다. 아주 독특한 경우죠. 그는 언제나 문체, 완벽한 문체를 중요하게 여겼습니다. 그는 아주 심각하게, 플로베르(Flaubert)가 가정법 문장을 피하기 위해 밤새 고심한 건 정말 당연하다고 이야기하곤 했어요.

에우제네 이오네스코(Eugène Ionesco)[4]와는 파리에서 친해졌습니다. 그 전에 부쿠레슈티에서도 만나기는 했지요. 그가 몇 번 농담 삼아 지적한 대로 우린 두 살 터울이었어요. 내가 스물여섯 살에 인도에서 돌아와 '유명'해져서 대학교수가 됐을 때, 스물네 살의 이오네스코는 처녀작을 쓰고 있었죠. 그 '2년'이 큰 차이를 만들었어요! 우리 사이엔 거리가 있었던 것입니다. 그런데 파리에서 처음으로 다시 만났을 때, 그게 사라졌어요. 이오네스코는 루마니아에서 시인이자, 문학평론가로도 이름이 알려졌지만, 그보다도 문학비평이 자율적인 분야가 아님을 보여 주는, 『아니!』(*Nu*)라는 아주 논쟁적인 책을 써서 루마니아에서 큰 소란을 일으킨 탓에, '반(反)비평가'(anti-critique)로서 더 유명했어요. 파리에서 그가 어떤 길을 택

---

4)   Eugène Ionesco(1912-1994) : 프랑스의 전위 극작가로, 루마니아 슬라티나 태생이다. 프랑스인 어머니와 함께 프랑스에서 어린 시절을 보냈고, 청년기에 루마니아로 돌아가 부쿠레슈티 대학을 졸업하고 프랑스어 교사가 되어 문예평론을 쓰기 시작했다. 1938년 파리에 정주하였고, 희곡『대머리 여가수』(*La Cantatrice chauve*, 1950)의 상연으로 이른바 반(反)연극의 선구자가 되었으며, 1970년 아카데미 회원으로 선출되었다. 작품에는『수업』(*La Leçon*, 1951),『의자』(*Les Chaises*, 1952),『코뿔소』(*Rhinocéros*, 1959) 등의 희곡과『대령의 사진』(*La Photo du colonel*, 1962),『은둔자』(*Le Solitaire*, 1973) 등의 소설이 있다.

할지 궁금했지요. 철학 연구? 아니면 산문 문학? 개인적 일기? 어쨌든 난 그가 『대머리 여가수』(*La Cantatrice chauve*) 같은 희곡을 쓰리라곤 생각도 못했어요. 공연 첫날밤, 난 이미 그의 연극의 열렬한 숭배자가 되었고, 그의 프랑스어 문학 행로를 더 이상 의심하지 않았습니다. 내가 이오네스코의 희곡에서 가장 좋아한 것은 시적인 풍부함과 상상력의 상징적 힘이에요. 그의 모든 희곡이 몽환적 구조와 신화의 상징에 동시에 참여하는 상상의 우주를 드러내고 있습니다. 난 무엇보다 그의 희곡을 구성하는 꿈의 시에 끌렸어요. 그걸 단순히 '몽상'이라고 얘기할 수는 없어요. 가끔 내가 살아 있는 물질, 대지의 어머니, 미래 영웅들의 유년기와 좌절에 대한 '위대한 꿈들'을 바라보는 관객처럼 느껴질 때가 있는데, 그 위대한 꿈들 가운데 몇몇이 신화로 나아가는 것입니다.

내가 한 인간으로, 사상가로 존경하는 스테판 루파스코를 만난 곳도 파리였어요. 보롱카는 불행히도 두세 번밖에 못 만났습니다. 그는 내가 파리에 온 지 얼마 안 돼서 자살했어요. 1946년 그를 만났을 때, 내가 "어떻게 프랑스어로 시를 쓰게 됐습니까?"라고 묻자, 그가 '진정한 고통' 때문이라고 답하더군요.

R 루파스코 이야기를 하니 바슐라르가 생각나는군요. 방금 전에 말하던 분은 아니지만, 선생님께선 바슐라르도 만나셨죠.

E 그를 몇 번 만났는데, 루파스코의 집에서 첫 대면을 했습니다. 그는 내 책을 두 권 읽었더군요. 『요가의 테크닉』에 매우 흥미를 느꼈다는데, 특히 탄트리즘의 시각적 명상에서 자신이 본 상상의 세계에 큰 관심을 보였습니다. 또 『종교사 개론』을 읽고 거기에

매료되었다고 하더군요. 그 책이 땅, 물, 해, 지모신의 상징을 분석하는 데 유용한 이미지들을 많이 담고 있어서 자기 강의에서 자주 언급한다고 했어요. 불행히도 우리는 1948년에서 1950년까지만 서로 만날 수 있었고, 그 후로는 보지 못했어요. 그러나 난 그를 대단히 존경했고, 그가 살아가는 방식을 좋아했어요. 그는 브란쿠시와 똑같이 살았어요. 바슐라르는 위대한 철학가이자 과학역사가이면서도 농사를 지으며 살았죠. 스튜디오의 브란쿠시처럼 말이에요.

Ⓡ 선생님은 브란쿠시를 언급하셨고, 방금 전에는 루마니아 문화의 모순적 통일성을 말씀하셨습니다. 거기에서 좀 더 나아가 볼까요? 궁극적으로, 루마니아인이라는 건 무엇입니까? 그것이 선생님 자신에게는 무엇을 의미하죠?

Ⓔ 난 내가 아주 매력적인 문화의 후예이자 계승자라고 생각합니다. 왜냐하면 그 문화가 두 세계, 즉 서양과 동양 사이에 위치했기 때문입니다. 나는 바로 그 두 세계에 속해 있어요. 난 서양인이에요. 루마니아 언어와 풍속은 라틴, 로마의 유산이거든요. 하지만 난 동양의 영향을 받고 신석기 시대에 뿌리를 박은 문화에도 관여하고 있지요. 그건 어느 루마니아인에게나 사실이고, 불가리아나 세르비아-크로아티아인들, 발칸 반도인들, 남동 유럽인들, 그리고 일부 러시아인들에게도 마찬가지라고 확신합니다. 이 동양 대 서양의 긴장, 전통주의 대 근대주의, 신비·종교·명상 대 비판정신·합리주의·구체적 창조의 욕구, 이러한 양극성은 모든 문화에서 발견됩니다. 예를 들어, 단테와 페트라르카(Petrarca) 사이, 혹은 파피니가 말했듯이 돌의 시와 꿀의 시 사이, 또 파스칼과 몽테

뉴 사이, 괴테와 니체 사이에서요. 그러나 이러한 창조적 긴장이 아마도 우리나라에서는 좀 더 복잡할 텐데요. 왜냐하면, 어떤 프랑스 작가가 썼듯이, 우리는 사멸한 제국들의 경계에 있기 때문입니다. 나에게 루마니아인이라는 것은 이 세계에서 그러한 존재의 양식을 살아내고, 표현하고, 평가하는 것입니다. 이 유산, 그걸 이용해야죠!……. 이탈리아어를 배우는 건 우리한테 아무것도 아니에요. 내가 러시아어를 배우기 시작했을 때, 루마니아 어휘의 슬라브 요소들이 큰 도움을 주었어요. 나는, 단지 내가 거기에서 태어났다는 사실만으로 나에게 주어진 이 모든 것들을 이용했지요. 대단히 풍부한 이 유산의 가치는 결코 학문적인 문화나 문학에 들어 있지 않습니다. 그 가치는 민속의 창조 안에 있습니다.

　　Ⓡ 이제 『잘목시스, 사라지는 신』에 대해 말할 차례인 것 같군요.

　　🄴 그건 방법상의 실험이었으며, 극히 개인적인 책입니다. 문제는 그것이에요. 우리 루마니아인들은 민속 전통과 역시 중요한 역사 전통을 다 갖고 있지만, 그 증거와 자료가 막연하고 산재되어 있는데, 이로부터 어떻게 다키아인들의 믿음을 재구성할 수 있을까?……. 동시에, 나를 매혹시켰던 다른 문제들도 있었어요. 마놀(Manole)의 전설에서는 인신공희를 다루고 있어요. 수도원을 완성하기 위해 마놀은 그의 아내를 가두어야만 했습니다. 그건 발칸반도 전역에서 볼 수 있는 전설이에요. 언어학자들, 발칸학자들, 그리고 로마사학자들 모두 루마니아 버전이 원형이라는 점에 동의합니다. 그런데 왜 특별히 이 민요가 루마니아 민속 전통의 대표작

일까? 왜 목가적 향수와 유랑하는 목자의 세계관이 미오리차(Mioritza) 안에 나타날까? 이런 문제들에 부딪혔을 때, 종교학자는 순수 민속학자들이 놓치는 것들을 볼 기회를 갖는 것입니다.

R 브란쿠시를 '루마니아인 되기'의 모범적 인물로 보십니까?

E 예, 파리에서 브란쿠시는 예술적인 아방가르드 분위기에서 살았지만, 결코 카르파티아 농부의 생활양식을 버리지 않았다는 의미에서 그렇습니다. 카르파티아산(山)에서 찾아낸 모델들로 자신의 예술적인 사유를 표현했는데, 그렇다고 단순히 그 모델들을 싸구려 민속형식으로 되풀이한 것은 아니었어요. 그는 모델들을 재창조했고, 온 세상을 감탄시킨 원형적 형태들을 창안하는 데 성공했어요. 그건 브란쿠시가 신석기 전통에까지 깊숙이 파고 들어가, 거기에서 뿌리들, 원천을 발견해 냈기 때문이지요. 근대 루마니아 대중 예술에서 영감을 얻은 것이 아니라, 그 대중 예술의 기원으로 거슬러 올라간 것입니다.

R 그가 형식이 아닌, 그 형식을 길러 내는 힘을 재발견했다고 말할 수 있을까요?

E 바로 그래요. 그가 그런 힘들을 재발견하는 데 성공한 것은, 카르파티아에 사는 그의 아버지나 친척들과 같은 방식으로 살아가기를 고집했기 때문이에요.

R 『일기』에는 선생님의 수줍음 때문에 브란쿠시를 만나보지 못했다고 후회하는 대목이 있지요. 저희도 그게 아쉽네요. 그럼

에도 감히 말씀드리자면, 브란쿠시와 미르체아 엘리아데 사이의 문학적인 만남을 이야기할 수 있겠는데요. 훌륭하지만 거의 알려지지 않은 텍스트 안에서, 방금 말씀하신 것처럼 선생님은 브란쿠시의 영감의 깊은 뿌리를 알아내셨고, 게다가 완전히 독창적인 해석을 하셨고, 원시적 신화들을 서서히 해독하면서 배운 것을 키워 나가셨지요. 선생님께서는 브란쿠시의 중심 이미지들, 즉 오름, 나무, 새를 읽어 내시고 이렇게 결론을 내리셨어요. "브란쿠시는 연금술사처럼 재료를 날게 했고, 이는 그가 상반되는 것들을 결합함으로써 해낸 일이다. 가장 얇고 가벼운 이미지와 표시를 나타내는 것, 그것은 분명히 다른 한편으로는 불투명과 추락과 무거움, 돌의 표시이기 때문이다……." 선생님의 작품 가운데서도 이 글은 정말 탁월합니다.

조국, 세계

Ⓡ 제가 혼잣말을 했어요. 어떻게 미르체아 엘리아데 같은 사람은 그 다양한 언어, 문화, 단체, 집, 나라를 살아갈 수 있을까? 이제야 그 답을 어렴풋이 알겠습니다만, 그래도 선생님의 내면에서 조국과 세계가 어떻게 대화하는지 여쭙고 싶습니다.

🄴 모든 망명자에게 조국은, 그가 계속해서 말하는 모국어입니다. 난 다행히 아내가 루마니아인이라, 말하자면 조국의 역할을 해줘요. 우리는 서로 루마니아어로 말하거든요. 그러므로 나에게 조국은 내가 아내와 친구들, 특히 아내와 함께 이야기하는 언어이고, 내가 꿈을 꾸고 일기를 쓰는 언어입니다. 그래서 조국이 오로지 내면적이고 몽환적인 것만은 아니지요. 그러나 세계와 조국, 그 사이에 어떤 충돌이나 긴장은 없습니다. 어디든지, *세계의 중심*이 있지요. 일단 그 중심 안에서, 사람들은 자기 집에 있는 것이고, 실

제로는 진짜 *자신* 안에, 그리고 우주의 중심에 있는 것입니다. 유배는, 일단 세계 안에 중심을 잡으면 이 세계가 결코 낯설지 않다는 걸 이해하도록 도와줍니다. 난 '중심의 상징'을 이해만 한 것이 아니라, 그것을 살았습니다.

Ⓡ 선생님께서는 여행을 많이 하셨지만 천성적으로 여행가는 아니시라는 생각이 드는데요.

🄴 아마 나한테 제일 중요한 여행은 열두 살에서 열아홉 살까지 여름마다 걸어서 다닌 여행일 것입니다. 난 부쿠레슈티 평원을 떠나 카르파티아 산맥과 다뉴브강, 델타 지역의 어촌들과 흑해를 답사하고 싶은 열망에 휩싸여서, 여러 마을과 수도원들에서 몇 주씩 지내곤 했습니다……. 난 우리나라를 아주 잘 알지요.

Ⓡ『일기』의 마지막 페이지는 여행 이야기들로 채워졌는데요. "여행의 매력은 장소, 모양과 색깔 등 자신이 가 보거나 지나치는 공간들에서 나올 뿐만 아니라, 자신이 현실화하는 수많은 개인적 '시간들'에서도 나온다. 여행을 하면 할수록, 여행이 시간과 공간 안에서 동시에 이루어진다는 인상을 받는다."라고 쓰셨습니다.

🄴 네, 예를 들어, 베니스에 방문하면, 난 베니스를 처음 여행하던 시간을 되살려 내죠……. 거리, 교회, 나무 등, 공간 안에서 과거 전체를 다시 찾아내요. 그러면 갑자기 시간을 되찾는 것입니다. 이게 바로 여행이 우리의 자아를, 우리의 고유한 경험을 그토록 풍부하게 해주는 이유 중 하나지요. 우리는 자신을 다시 발견하고, 15년 혹은 20년 전의 그 사람과도 대화를 합니다. 20년 전의 그

사람, 자기 자신, 그때, 그 역사적인 순간을 만나게 되는 것이지요.

　Ⓡ 선생님은 향수에 젖었지만, 즐거운 향수에 젖은 분이라고 할 수 있을까요?

　🅴 아, 그럼요! 아주 멋진 표현이네요, 정말 옳아요. 난 그러한 향수를 통해서 소중한 것들을 재발견하죠. 그래서 난 내가 아무것도 잃어버리지 않고, 잃어버리는 게 아무것도 없다고 생각해요.

　Ⓡ 여기에서 선생님께 아주 중요한 것을 건드린 것 같은데요. 잃어버리는 게 아무것도 없어서 선생님께는 분노의 고통이 전혀 없다는 점이요.

　🅴 예, 사실입니다.

쉬는 시간

R 선생님께선 연극에 대해서는 별로 안 쓰셨지요. 브란쿠시에 관한 희곡 『끝없는 기둥』(*La Colonne sans fin*)과 현대식 『이피게니』(*Iphigénie*) 뿐인데요……. 그런데 『금지된 숲』의 몇 구절과 『일기』에서 아르토(Artaud)를 언급한 부분을 놓고 판단해 보면, 연극에서의 시간 재현에 아주 각별한 관심을 갖고 계셨습니다. 공연이 실제로 지속되는 동안의 상상적 · 신화적 시간의 재현 말입니다.

E 네, 의례적 시간이 속된 시간, 즉 연대기적 시간이나 시간표의 시간과 다른 것처럼, 연극의 시간은 일상적 시간으로부터 '벗어남'이에요. 음악 역시, 적어도 몇 곡은, 내 생각엔 특히 바흐(요아힘 바흐, J. S. Bach)의 음악이 때때로 우리를 일상의 시간 밖으로 벗어나게 하죠. 누구나 하는 이런 경험이 가장 '속된' 사람도 거룩한 시간, 의례적 시간을 이해할 수 있도록 도와줍니다. 난 이런 특성을

지닌 연극의 시간뿐만 아니라, 배우의 상황에도 매혹됐어요. 배우는 일종의 '환생'을 경험합니다. 그 많은 배역을 체현하는 것은 그만큼 환생하는 것과 같지 않습니까? 생을 마감할 때, 배우는 우리들과 질적으로 다른 어떤 인간적 체험을 했다고 확신합니다. 난 사람이 뭔가 특정한 고행 없이는, 그 수많은 체현의 연기에 몰두할 수 없다고 생각해요.

R 배우는 일종의 샤먼인가요?

E 어쨌든, 샤먼은 배우예요. 샤먼의 몇몇 행위들이 연극적이라는 점을 고려하면요. 일반적으로 샤머니즘은 철학과 공연예술의 공통 뿌리라고 할 수 있습니다. 샤먼의 천상이나 지옥 여행담은 일부 서사시나 민담의 기원이기도 하고요. 샤먼은 공동체의 영적 안내자가 되기 위해서, 공동체를 교화하고 안심시키기 위해서, 안 보이는 것들을 표현하기도 해야 하고, 속임수를 써서라도 자신의 능력을 보여 줘야 합니다. 샤먼이 그런 목적을 갖고 하는 공연과 그런 경우에 쓰는 마스크, 즉 가면, 이 모두가 연극의 근원 중 하나를 구성하지요. 샤먼의 모델은 『신곡』에서도 찾아볼 수 있어요. 샤먼의 여행처럼, 단테의 엑스터시적인 여행은 모범이 되고 믿을 만한 것을 모든 독자에게 일깨워줍니다.

5

시카고

시카고 생활

R 선생님께서는 거의 20년 동안 시카고 대학에서 가르치고 계신데요……. 왜 시카고입니까?

E 루돌프 오토(Rudolf Otto)와 마시뇽(Massignon)도 강연을 했던 유명한 '하스켈 강좌'(Haskell Lectures)에 초청을 받았어요. 여섯 번에 걸친 내 강의가 『입문식의 의례와 상징』(*Rites and Symbols of Initiation*)이라는 제목의 책으로 출판되었지요. 나를 그 강좌에 초청했던 요아힘 바흐(Joachim Wach)가 사망하자, 학장이 나에게 교수직을 수락하고 종교학과의 학과장을 맡아 주기를 강권했어요. 오래 망설인 끝에 4년만 맡기로 했지요. 그러고 나서 거기 머물게 되었는데, 그건 내가 했던 일이 나에게, 종교학 분야에, 그리고 미국 문화 전반에도 중요했기 때문이었어요. 1957년에는 미국을 통틀어 종교학 교수 자리가 3개뿐이었는데, 지금은 거의 30개나 되고, 그 절반은 우리

학과 출신들이 차지하고 있습니다. 하지만 나를 붙잡았던 것은 일 자체의 매력만이 아니라, 그 대학의 분위기, 굉장한 자유와 관용이 었어요. 나 혼자만 그렇게 훌륭한, 거의 낙원 같은 분위기를 느낀 게 아니에요! 나중에 초청을 받은 조르주 뒤메질이나 지금은 나의 동료가 된 폴 리쾨르(Paul Ricoeur)도 같은 느낌을 받았다고 그래요. 무 척 자유로운 교육방식과 의사 표시의 자유, 세미나에서 혹은 학생 들 집이나 우리 집에서 아주 여유 있게 학생들과 만나고 대화하는 것…… . 정말 보람 있는 시간을 보낸다고 느끼죠.

Ⓡ 선생님께서는 미국 전역에 뻗어 있는 종교학의 한 '학파', 그 해석과 연구 경향의 원조라는 생각을 하십니까?

Ⓔ 시카고 대학이 종교학 성공의 기초를 다져 놓았다는 것은 의심할 여지가 없습니다. 그러나 그 성공은 역사적 시기를 잘 탄 덕분이기도 했어요. 일부 미국인들이 아프리카나 인도네시아 사 람들과 의미 있는 대화를 나누기 위해서는 정치 · 경제나 사회학 을 아는 것만으로는 충분치 않다는 것을 깨닫게 된 것이에요. 그들 의 문화를 알 필요가 있는 것입니다. 이국의 문화나 고대의 문화는 그 근원을 파악하지 못하고서는 이해할 수가 없습니다. 그런데 그 근원은 항상 종교적인 것이지요. 한편, 아시다시피 미국 헌법은 주 립 대학의 종교 교육을 금지하고 있어요. 19세기에는 '종교' 강좌 가 단순히 기독교 신학 또는 교회사 강좌가 되어 버릴까 봐 염려했 거든요. 그래요, 다른 대학들도 처음 10여 개의 강좌가 성공을 거 둔 후에야, 종교학이 일반 종교사, 즉 힌두교 · 이슬람 · 원시종교 를 공부하는 것임을 알게 되었고, 자기 대학교 강단에서 종교학을

가르치는 것을 수용한 것입니다. 처음에는, 예를 들어, '아시아 종교' 또는 '인도 연구' 등의 제목으로 과목을 위장했지만, 지금은 '종교사와 현상학' 같은 수업이 있지요.

　🅁 하지만 사람들이 종교학자는 눈앞의 관심사를 초연할 수 있다고 생각한다 해도, 얼마 안 가서 물리학자나 지리학자들과 같은 상황에 처하지 않겠습니까? 잘 아시겠지만 미국의 대학들은 모두 양심의 위기를 겪어 왔는데요. 그러니까 자신들의 학문이 핵무기나 베트남 폭격에 이용될 수 있지 않을까 하는 문제 말입니다. '심리전'에서 '메시아 폭탄'의 제조가 위협적인 힘을 발휘하는 것은 분명하니까요. 광고 회사가 심리학 연구를 적용하는 것을 생각해 봐도 그렇지 않습니까? 같은 방식으로 전쟁에서 종교 신화에 대한 지식이 사용될 수 있지 않을까요?

　🄴 예……. 난 콩고의 독립 이전에 메시아니즘에 대한 논문을 썼는데, 반투(Bantous)족의 메시아 신화를 잘 알고 있었기 때문에 독립 후에 일어날 일들을 예언했습니다. 그들은 신화적 조상이 재림할 때가 가까워졌기 때문에 자신들의 오두막을 부쉈던 것입니다. 고대 민족들의 메시아니즘 관련 서적을 읽은 사람들은 어떤 범죄나 무절제한 일이 일어날지 예언할 수 있지요. 그러나 장군들이 무기를 찾기 위해 종교학을 공부하리라고 생각하진 않아요. 오히려 난 지금 점차 발전하면서 인기를 얻는 종교학이 '사회적 기능'을 갖고 있다고 봅니다. 종교학은 기독교 내에서뿐만 아니라 종교적 화합의 길을 닦아 왔고, 다양한 종교 지도자들의 만남을 장려해 왔어요.

Ⓡ 시카고에서는 어떻게 사셨습니까?

Ⓔ 대학은 미시간 호수에 접해 있는 커다란 공원 안에 세워져 있는데, 도심에서 한 10킬로미터쯤 떨어져 있습니다. 모든 것이 거기에 모여 있어요. 엄청난 도서관, 훌륭한 문서 보관소가 있는 동양학 연구소, 작지만 좋은 박물관, 그리고 뛰어난 동양학 전문가들. 사실……. 다 있어요! 그런 것은 필요한 정보에 접근하거나 검색하는 데 큰 도움이 됩니다. 히타이트나 아시리아 전문가들, 또는 인도의 마을을 현지 조사하고 막 돌아온 학자들에게 언제나 물어볼 수 있지요. 연구자에게는 건물과 교수들이 흩어져 있는 유럽 대학들보다 훨씬 나아요. 미국 대학들이 옥스퍼드나 케임브리지 대학을 모델로 하곤 하는데, 난 시카고 대학의 캠퍼스를 무척 좋아합니다.

Ⓡ 도시는 어떤가요?

Ⓔ 건축으로 말하자면, 시카고는 세계 일류라고 할 만해요. 110층짜리 빌딩도 있잖아요.[1] 난, 사실 시카고를 좋아하지 않아요. 검기 때문이지요. 당시에는 모든 건물을 검은 색으로 짓는 것이 유행이었거든요. 물론 밖에서는 들여다볼 수 없고 안에서만 내다볼 수 있는 검은색 유리는 마음에 들어요. 하지만 주변 풍경과 어우러진 색채가 더 좋습니다.

---

1) 시어스 타워(Sears Tower)를 말한다. 1973년에 완공된 시카고의 시어스 타워는 총 110층으로, 꼭대기 안테나를 뺀 높이만 443미터에 달한다. 건물 바깥은 검은 알루미늄과 엷은 청동색이 나는 유리로 덮여 있다.

Ⓡ 선생님 댁은 어땠습니까?

Ⓔ 우리는 정원이 있고, 목조 발코니가 딸린 자그만 2층집에 살았어요. 집 앞에는 가로수가 아름다운 널찍한 거리가 있었죠. 집에서 스무 걸음 정도 떨어진 곳에 내 사무실이 있었는데, 거기 내 책들 일부를 놔두고, 보통 낮에 연구를 하면서 학생들을 만났습니다. 도서관은 거기에서 한 400미터, 강의실도 1킬로미터가 채 안 되는 데 있었어요. 모든 사람들이 그 조그만 지역에 모여 살았는데, 난 그게 좋았습니다. 참 아름다운 곳이고, 우린 참 즐거웠어요. 거기엔 항상 열매를 따러 오는 다람쥐들이 있었거든요. 겨울에는 홍관조가 날아왔는데, 아쉽게도 유럽에는 살지 않는 새죠. 나는 신학자들이 신의 섭리를 설명하기 위한 예시로 홍관조를 강조하지 않았다는 데 놀랐어요. 신의 섭리가 아니라면, 그토록 현란한 빨간 새가 어떻게 살아남을 수 있었을까요? 자신을 감출 수 있는 수단도 전혀 없고, 나무에라도 올라앉으면 금방 눈에 확 띄는데 말이지요……. 이건 농담이었지만, 정말 늘 신기해요.

Ⓡ 선생님께는 사는 장소가 중요합니까?

Ⓔ 네, 난 내가 싫어하는 집이나 심지어 그런 방에서는 정말 못 살겠어요. 런던과 옥스퍼드에서는 그것 때문에 괴로웠죠. 난 아무데서나 살 수가 없어요. 그 장소에 나를 기쁘게 하고, 집처럼 편하게 하는 끌리는 뭔가가 있어야만 합니다. 난 내가 살 수 있겠다 싶은 집을 찾았지요.

난 '미국의 공간' 그 자체는 별로 안 좋아하는데, 이 캠퍼스와 시카고의 다른 것들, 그 중심부의 거대한 힘은 좋아해요. 샌프란시스코나 보스턴, 뉴욕, 워싱턴과 같은 도시들도 아주 좋아하고요. 산타바바라, 샌프란시스코 만(灣) 같은 곳들도 참 좋죠. 하지만 미국은, 이탈리아나 프랑스처럼 아주 아름다운 정경이 있고 긴 역사와 다양성이 있는 나라는 아니에요. 시카고는 천 킬로미터나 되는 평지에 자리 잡고 있어요. 띄엄띄엄 마을도 있고, 교외에는 '인공 낙원'이라 부르는 굉장한 지역도 있는데, 아름다운 저택과 별장은 많지만, 정말이지 너무 인공적이에요. 미국의 가장 아름다운 도시들에서조차, 어떤 지역들은 심하게 꼴사나워요……. 내가 좋아하지 않는다고 해서 미국의 공간, 또는 미국인의 생활에 대하여 부정적으로 생각하는 건 아니에요. 미국의 어떤 점들은 재미있어 보이지만, 난 여전히 유럽인이에요. 미국에서 마음에 드는 것은, 예를 들자면, 사회적 관점에서뿐만 아니라, 문화적·영적으로도, 아내를 중시한다는 것입니다. 사람들은 언제나 부부 동반으로 초대를 하죠. 내가 미국에 머물러 주기를 바랄 때에도, 내 아내가 좋아하겠냐고 제일 먼저 묻더군요. 아내와 가족에게 쏟는 관심, 그런 게 아주 좋았어요. 미국인들이 비난받아 마땅한 것들도 많지만, 훌륭한 점들도 많은데, 장점은 거의 언급되지 않고 있어요. 예컨대 종교적이고 영적인 문제에 아주 관대한 태도 같은 것 말이지요.

교수 혹은 구루?

　　Ⓡ 기본적으로, 미국은 일하시는 곳인데요. 선생님이 어떤 교수이신지 궁금합니다.

　　🄴 난 '체계적인' 교수는 결코 아닙니다. 부쿠레슈티에서 이미, 난 학생들이 붓다의 생애라든지, 우파니샤드나 악의 문제에 관한 책들을 몇 권씩은 읽었다고 가정했어요. 난 강의식 수업을 시작하지 않았고, 더구나 강의를 따로 준비하지도 쓰지도 않았어요. 노트 필기는 약간만 하고, 난 학생들의 반응을 지켜봅니다. 오늘도 마찬가지죠. 계획을 세우고, 수업 전에 몇 시간 동안 조용히 앉아서 생각을 하고, 인용할 것들을 챙기기는 하지만, 아무것도 써 놓지 않습니다. 별로 위험하진 않아요. 내가 같은 말을 되풀이한다 해도, 그건 별 일 아니에요. 또 뭔가를 잊어버리면, 그 다음 날이나 수업이 끝날 즈음에 말을 해주죠. 미국의 학제는 아주 훌륭한데,

50분 수업 후에 항상 10분의 토론과 질문 시간이 있지요. 내 학생 시절과는 전혀 달라요. 그때는 교수가 나타나서 말하고 사라지면, 다음 주에나 다시 볼 수 있었죠. 아마 이제는 다 변했을 것입니다. 어쨌든 때로 내가 중요한 세부 사항을 빼먹었다는 것을 깨닫게 해 주는 것이 그 10분의 토론 시간이에요. 폴 리쾨르도 시카고의 교수와 학생 사이의 관계에 놀라더군요. 낭테르(Nanterre)에서 그는 때로 수천 명의 학생들을 놓고 강의를 해야 했으니, 그들을 알 수도 없고 얼굴 없는 군중들에게 철학을 가르친 것이지요.

시카고에서 사제 관계는 인간적입니다. 첫 강의 시간에 학생들에게 이렇게 말하죠. "이름을 종이에 써서 나한테 가져와 봐요." 매년 초에는 학생들을 모두 만나기 위해 일 주일에 이틀씩 오후 전부를 할애합니다. 한 명당 30분 정도씩 걸리는데, 기억을 되살리기 위해 전년도 수강생들까지 만나요. 방학 동안에는 무엇을 했으며, 지금은 무얼 하고 싶은지를 묻습니다. 그리고 학기가 한 달쯤 지난 후, 학생들을 다시 한 시간 정도씩 만나요. 솔직히 말씀드리자면, 100여 명의 학생들에게 강의하는 일이 점점 내키지 않아요. 예전에, 특히 루마니아에서는, 내가 거의 알려지지 않은 것들을 이야기할 때 교육의 열정을 느꼈어요. 내 본래의 언어를 썼고, 젊은이들에게 말하는 내 자신도 젊었죠. 난 이야기할 것이 많았고, 깨달은 것도 꽤 있었는데, 그것들은 지금 대부분 출판되었어요. 그렇게 한 40년쯤 하니까 자연히 강의 형태로는 할 말이 적어졌다고 생각해요.

하지만 내가 언제나 아주 좋아하는 건, 학생들과 함께 연구해 나가는 세미나예요. 예컨대 1976년에, 내 직전 세미나에선 르네상스 시기의 연금술과 그 비법을 다루었어요. 아주 흥미로웠죠. 그게 내가 좋아하는 것이에요. 잘 준비된 소수의 학생들과 특정 주제의 세세한 부분까지 다루면서 나에게 와 닿는 문제들을 파고드는 것이지요. 이게 학생들이 연구하는 것을 배우고, 그 방법을 이해하는 일이에요. 학생이 논문을 써서 발표하고, 우리는 그걸 듣는데, 때로는 논평을 위해 다른 친구들을 초청하기도 하죠. 나도 발언을 하는데, 가끔은 토론이 몇 시간씩 길어지기도 합니다. 하지만 내 시간을 낭비한다고 생각하지는 않아요. 내가 거기서 주는 것은 학생들이 책에서는 결코 발견할 수 없는 것들이니까요. 학기 초에 학생들과 함께 하는 세미나는 언제나 이와 같은 방식으로 시작합니다.

R 선생님 개인의 삶, 작가이자 연구자로서의 삶을 꾸려 가시기는 괜찮았나요?

E 예, 제도상으로 학기 중에 학생들을 위한 '독서 기간'이 있고, 겨울 학기에 나는 세미나 한 강좌만 맡습니다. 그래서 내 개인의 연구를 할 수 있어요. 그러나 물론 내가 누군가를 도울 수 있다면, 난 기꺼이 내 연구를 멈출 것입니다. 밤이나 아침에 조금 더 하면 되니까요. 난 노력을 많이 했습니다. 그게 중요하다고 생각했거든요. 내 강의를 듣지만 수업에 별 관심이 없는 학생이 있으면, 난 내 책이든 다른 사람 책이든 그 학생이 읽을 만한 책들을 권했습니다.

R 마지막으로, 선생님은 교수입니까, 아니면 구루입니까?

E 미국에서, 특히 서부에서는, 어떤 곳들은 좀 덜하지만, 구루로 간주되는 데는 항상 위험이 있습니다. 난 1년 동안 산타바바라에서 인도 종교를, 리그베다(Rig-Veda)부터 바가바드기타(Bhagavad-Gita)까지 가르쳤어요. 수업이 끝나면 학생들은 마치 내가 그들의 내면적인 문제를 해결할 수 있는 구루인 양 나를 찾아오곤 했어요. 그들에게 말했지요. "혼동하지 말게. 난 교수지, 구루가 아니야. 내가 여러분들을 도와줄 수는 있지만, 그건 교수로서야. 여기서, 나는 내가 그렇다고 생각하는 것들을 제시하고 싶다네."

미국의 젊은이들

Ⓡ 선생님께서 직접 아시는 미국의 젊은이들, 그들에게는 종교가 단순히 연구의 대상이 아닌데요. 선생님은 젊은이들을 어떻게 보십니까? 그들은 어디까지 와 있습니까?

🅴 시카고나 산타바바라에서 내가 본 것은 활기였습니다. 지금 미국에서 종교학은, 마리탱(Maritain)이 말했듯이 '종교적인 관점에서 문맹'인 학생들 사이에서뿐만 아니라, 다른 사람들의 종교, 그러니까 힌두교·불교·고대와 원시 종교들에 호기심을 가진 사람들 사이에서도 인기 있는 학문입니다. 샤머니즘은 아주 크게 유행하고 있지요. 화가들이나 극장 연출가, 많은 젊은이들의 관심을 사로잡고 있어요. 그들은 약물 복용이 샤먼의 체험을 이해하는 데 도움을 준다고 생각하기도 합니다. 이런 학생들 가운데 몇몇은 메

허 바바(Meher Baba)[2], 하레 크리슈나(Haré Krishna)[3], 지저스 프릭스(Jesus Freaks)[4], 또는 선불교의 어떤 종파들처럼, 얼마 못 가는 종파들에서 절대성을 발견하고 있어요.

난 그들을 부추기지도 않지만, 그들의 선택을 비판하지도 않습니다. 나에게 이렇게들 말하니까요. "이전에 난 약물에 찌든 얼간이였고, 아무것도 안 믿었죠. 두 번이나 자살을 시도했는데, 하루는 약물중독으로 거의 죽을 뻔했어요. 그런데 지금, 난 *절대*를 찾았어요!" 나는 그들에게 이 '절대'가 최상의 것이 아니라고 말해 주지 않습니다. 이제껏 혼돈과 허무주의에 빠져 살아왔고, 사회를 향하여 위험한 공격을 가했던 이 젊은이들, 네, 그들이 뭔가를 발견한 것이에요. 그리고 가끔 유사-절대이긴 하지만, 바로 이 '절대'에서 출발하여 젊은이들은 자기 자신을 발견하고, 나중에 우파니샤드나 마이스터 엑카르트(Meister Eckart)나 카발라를 읽고, 개인의 진리를 추구하게 되는 것입니다. 난 종교적 공허나 정신병에 가까운 불안정 상태에서부터 잘 다듬어진 종교적 입장으로 곧장 넘어가는 학생을 거의 못 봤어요. 기독교든, 유대교든, 불교든, 무슬림이든

---

2) 본명은 Merwan S. Irani(1894-1969) : 인도 푸나 지방에서 태어났으며, 힌두교적인 종교 배경에 이슬람교의 신비주의 전통인 수피즘(sufism)의 영향을 받았다. 봄베이에서 최초의 교당을 열고 추종자들을 확장시켰다. 그의 가르침은 다양한 영적인 주제들을 다룬 『담화』(*Discourses*, 1938~1943), 베단타 용어와 수피 사상이 깃든 책 『신의 말씀』(*God Speaks*, 1955)에 잘 나타나 있다.

3) 하레 크리슈나는 박티베단타 스와미 프라부파다(1896-1977)가 1960년대에 시작한 힌두교 계통의 대표적인 동양 신종교 교단이다. 힌두교 신의 화신(avatar) 가운데 크리슈나에 대한 신애(信愛, bhakti)만이 모든 나쁜 업을 소멸하고 궁극적인 해탈을 가져올 수 있다고 가르쳤다.

4) 1960년대 말의 예수 운동(Jesus movement)에서 파생된 용어로, 특히 젊은 기독교인들 중심으로 예수에 대한 열렬한 사랑을 강조하면서 대안적 예배 형식을 추구한 극단적 자유주의 기독교 사상을 가리킨다.

말이지요. 아니, 그들은 항상 유사-변형을 거쳐서, 다시 말해 쉽고 편하고 가짜 같고 남들에게는 하찮은 뭔가를 거쳐서 갑니다. 젊은 이들 자신에게는 그것이 절대이고 구원이지요. 그리고 두 번째 단계는 젊은이들을 더 균형 잡히고, 더 의미 있는 형태로 인도합니다.

R 언젠가 유일신교의 거부와 그 이면의 무신론이 젊은이들 사이에서 두 가지 방식으로 나타난다고 말씀하셨는데, 하나는 '자연 종교'나 '우주 종교', 다른 하나는 '동양 종교'였죠.

E 네……. 우선, 그건 '국교'에 맞서는, 그래서 부모에게 맞서는 거의 본능적인 반응입니다. 그들의 부모는 회당이나 성당이나 침례교회에 자주 출석하죠. 그래서 젊은이들은 이 종교를, 이 종교적 전통을 완전히 거부하는 것이에요. 거기에 관심이 없습니다. 그들에게 다가가서 경전의 한 구절을 읽어 주는 것도 불가능해요. 하루는 유대인 학생이 나를 찾아와서, "유대교는 무의미합니다. 그건 화석이에요."라고 말하더군요. 그런데 반대로, 그 학생은 이 도시에 겨우 몇 주 머문 요기, 구루에게서 계시를 발견했다는 것이에요. 내가 물었죠. "자네는 유대교에 대해 무엇을 알고 있나?" 그는 아무것도 몰랐어요. 단 하나의 시편도, 어느 예언서도 읽어본 적이 없었지요. 카발라는 물어보지도 않았어요. 그래서 난 그를 설득했지요. "자네 자신의 종교 전통의 문헌들을 읽어 보게. 그 다음에야 그걸 믿든 무시해 버리든 할 수 있는 거야." 하지만 그 학생은 그렇게 하려고 하지 않았어요. 쓸데없는 일이었죠. 이게 바로 체제, 부모들의 가치관과 태도, 종교적 전통 등 모든 것을 뭉텅이로 거부하는 젊은 세대의 태도입니다. 참, 일부 반체제적인 젊은이들에게는

동아시아의 영지주의, 특히 '요가'나 '선'이 아주 매혹적인 힘을 갖고 있어요. 이것이 그들에게 좋을 거라고 난 확신합니다. 라마크리슈나 선교회(Mission Ramakrishna)가 오면, 언제나 젊은이들의 책 읽기를 도와주는 스와미(swami)가 있어요. 때로 그들은 미국 샤머니즘에 대한 책들을 읽는 데 만족하지 않고, 어떤 부족들 속에서 휴가를 보내기도 합니다.

　　미국 젊은이들이 어디까지 와 있냐고요? 거기에 대해서는 답변을 드릴 수가 없군요. 대학에서는 모두들 마약은 매력을 많이 잃었다고 말합니다. 이제는 '명상', 모든 종류의 명상이 유행하고 있어요. 가장 크게 성공한 것은 '초월 명상'이고요. 이러한 테크닉은 시작 단계에서 젊은이들을 도와줄 수 있는 도구라고 생각합니다. 그 다음에는 그들이 스승과, 보다 구체적인 실현 수단을 찾아야죠. 비록 그들이 '캘리포니아적인' 체험을 내던지고 공무원, 택시 운전사, 교사가 된다 해도, 그들은 이 체험 덕분에 풍요롭게 될 것이 분명해요.

신들의 미래

R 언론은 오직 교파들과 이단들을 보도하는 데만 열중합니다. 어제는 맨슨(Manson)[5]과 달(Moon), 오늘은 프랑스에서, 전통주의자들의 불화. 선생님께서는 이러한 '종교적인 현실'과, 직접 알고 계신 히피 운동에 대해서 어떻게 생각하시는지요?

E 가톨릭교회로 말하자면, 문제는 권위의 위기일 뿐만 아니라 대단히 오래된 의례적이고 신학적인 구조의 위기임을 잘 알 수 있지요. 난 그것이 교회 전체의 종말이라고 생각하진 않아요. 아마 기독교 특정 교파의 종말 문제일 것입니다. 이 위기는 창조

---

5) Charles Manson(1934-현재) : 한때는 음악을 하기도 했으나, 차량절도와 사기 등으로 감옥에 드나들면서 그의 추종자들을 모아 '맨슨 패밀리'(Manson Family)라는 신종교 집단을 만들었다. 그들은 1969년 로스앤젤레스의 테이트(Tate)-라비앙카(LaBianca) 살인사건을 비롯하여 수 차례의 잔인한 살인을 저질렀다. 맨슨은 1971년 사형을 선고 받았으나 이듬해 종신형으로 감형되어, 아직 캘리포니아 형무소에서 복역 중이다.

적일 것이고, 시련과 논쟁들 이후에, 더 흥미 있고 더 활기 있고 더 의미 있는 어떤 것들이 나오리라고 봐요. 그러나 미래를 예측할 수는 없지요.

교파는, 항상 그렇듯이, 그 운동들이 어떤 새롭고 긍정적인 것을 드러내는 좋은 기회가 됩니다. 하지만 히피 현상이 제일 중요해 보이는데, 왜냐하면 이로써, 젊은 세대, 개신교이건 가톨릭이건 간에 10대째 기독교인 집안의 후손들이 우주적 생명, 알몸과 성(性)의 종교적 차원을 재발견했다는 사실이 증명되었기 때문이지요. 난 이런 점에서 히피들의 성과 난교(亂交)를 전 세계적인 성 개방 운동의 한 부분으로 치부하는 사람들에게 반대합니다. 그들의 경우에는 무엇보다 '낙원의 알몸'이라 부를 만한 것, 의례와도 같은 성적인 결합이 관건이에요. 히피들은 삶의 종교적인 심오한 의미를 재발견했어요. 이런 체험 이후에, 온갖 종교적·철학적·사회적 미신들로부터 그들 자신을 해방시켰죠. 히피들은 자유로워요. 그들은 우주적 성스러움의 차원, 오래 전 구약성서 시대부터 폐기되었던 경험을 재발견한 것이에요.

성서의 예언자들이 바알(Baal)과 벨릿(Bélit) 숭배에 대해서 얼마나 분노하고 괴로워하면서 반대했는지 기억하시죠. 사실 그것은 거대한 규모의 우주적 구조를 나타내는 종교였어요. 여신, 성혼(聖婚), 난교를 통해서 이 세계의 성스러움을 드러낸 것이었죠. 그러한 종교적 체험들이 모세의 유일신교에 의해서, 특히 예언자들에 의해서 폄하되어 버렸어요. 모세와 예언자들 이후에는, 우주적 유형의 종교성으로 회귀하는 것이 아무런 의미가 없어졌지요. 그런데 우리는 집단적 측면에서 완전히 쇠퇴했다고 생각한 종교적 경험을 미국에서 보는 것이에요. 물론 히피들이 절대로 그 경험을 '종교적'이라고 말하지 않더라도 말이지요. 그들은 절망의 에너지를 가지고 삶 전체의 성스러움을 재발견하려고 하는 것입니다. 그건 도시 생활의 무의미함과, 미국 도시를 강타하고 있는 세계의 탈신성화에 맞서는 반동이에요. 자기들의 '국교', 조직화된 교회의 종교적 가치를 이해할 수는 없었지만, 히피들은 뭔가를 발견했고, 구원받았어요. 생명의 성스러운 원천을, 삶의 종교적 중요성을 재발견한 것입니다.

R 종교적 문제에 있어서 그 미래는 어떻다고 보십니까? "21세기는 종교적일까, 아닐까?"라고 했던 말로(Malraux)와 비슷한 생각이십니까?

E 사람은 아무것도 예언할 수 없습니다. 정신의 자유는 사람이 예측할 수 없는 그런 것이에요. 방금 히피 운동을 말했는데, 그것 역시 우리의 무한하고 예상불가한 창조성의 한 예이기 때문입니다. 아마 그 운동도 사라질 테지요. 이미 사라지지 않았다면요. 아마 전적으로 정치화 하거나, 반대로, 시답지 않게 끝나 버릴 수도 있지요. 그러나 확실한 것은 뜻밖의 경험들이 때때로 나타난다는 것이에요.

이 영역에서 무엇인가 예언하기를 더욱 어렵게 만드는 것은 몇몇 '종교적인' 형태들은 쉽게 알아볼 수 없다는 것입니다. 어떤 창작은 너무나 새로워서 초기에는, 아니 수 세기가 지나도록 종교적인 창작으로 보이지 않을 수도 있습니다. 예를 들어 표면적으로는 분명히 정치적인 어떤 운동들이 심원한 자유의 갈망을 예비하거나 이미 실험했을 수도 있지요. 이러한 운동들은 초(超)정치적일 수 있지만, 그렇게 인식되지 않는 것은 그들의 언어가 완전히 새롭기 때문입니다. 기독교를 생각해 보세요. 로마에서 기독교도들은 무신론자로 고발됐어요. 성전에 들어가서 희생 제물로서 신들에게 경배하기를 거부했기 때문이지요. 그들은 '국교'를 따르지 않은 것입니다! 로마인들은 어떤 신을 섬기는 종교라도 받아들였는데, 사라피스(Sarapis)나 야훼(Yahweh)나 아티스(Attis)도 주피터(Jupiter)와 마찬가지였어요. 하지만 신들에게는 경배를 해야만 했지요. 그런데 기독교인들은 경배하기를 거부했고, 그래서 무신론자라는 딱지가 붙은 것이에요. 그게 기독교 무신론입니다! 기독교인들의 행위가 지닌 *종교적* 가치를 아무도 알아보지 못했기 때문이지요.

아무것도 예언할 수는 없지만, 어떤 시원적인 계시들은 사라지지 않으리라고 믿습니다. 아무리 기술 문명의 시대라고 해도 바뀔 수 없는 것이 있잖아요. 낮과 밤, 여름과 겨울이 있기 때문이지요. 숲이 없는 도시에도 별이 반짝이는 하늘이 있고, 여전히 달과 별을 올려다 볼 수 있지요. 밤과 낮, 겨울과 여름이 있는 한, 난 사람이 바뀌리라곤 생각하지 않습니다. 우리는, 원하지 않더라도, 우주적 리듬에 동화되어 있어요. 가치들을 바꿀 수는 있지요. 여름, 밤, 씨앗 등과 같은 농경사회의 종교적 가치들은 더 이상 우리것은 아닙니다. 그러나 그 리듬은 여전히 남아 있지요. 빛과 어둠, 밤과 낮처럼. 가장 비종교적인 사람조차도 그 우주적 리듬 안에 존재하고, 그 자신의 고유한 존재 안에서 그걸 찾아내요. 낮 동안의 생활과 잘 동안의 꿈에서요. 그는 항상 꿈을 꾸지요. 물론 우리는 경제적이고 사회적인 구조에 의해 조건 지어지고, 종교적 체험의 표현도 항상 우리의 언어와 사회, 관심사에 의해 조건 지어집니다. 그러나 우리는 바로 여기, 정해진 리듬과 주기가 우리에게 주어진 이 우주 안에서, 인간적 조건을 받아들입니다. 우리의 인간적 정황을 이 근본적인 조건에 근거하여 받아들이는 것이에요. 겉모습은 어떻든지, 이 '근본적 인간'은 삶의 의미를 논하고 있기 때문에, 우리는 그를 '종교적'이라고 부를 수 있습니다. 그래서 내가 확신하는 것은, 종교적 체험의 미래 형태는 우리에게 친숙한 기독교나 유대교나 이슬람과 매우 다르다는 것입니다. 이 종교들의 표현은 화석화되었고, 시대에 뒤떨어졌고, 의미가 고갈되었어요. 반드시 새로운 표현들이 등장할 것입니다. 어떤 것들이냐고요? 그건 저도 모르겠어요. 가장 경이로운 것은 정신의 자유, 그 창조성입니다.

역사와 해석학

현기증 나게 높은 지식 | 역사의 공포 | 해석학 | 비신비화의 비신비화

현기증 나게 높은 지식

Ⓡ "…… 나는 이제껏 30년 이상을 이국적이고 야만적이며 완강한 신과 여신들 사이에서 지내왔다. 난 신화를 품고, 상징에 사로잡혀, 가라앉은 세계에서 나한테까지 거슬러 온 많은 이미지들에 현혹되고 매료되어 살았다. 그 30년이 지금 나에게는 긴 입문식의 여러 단계들로 보인다. 신들의 모습, 신화, 상징들 각각은 내가 직면하고 극복한 위험을 나타낸다. 내 자신을 '잃을' 뻔한 적이 얼마나 많았는가! 예를 들어, 그 끔찍한 모신(母神)들 중 하나에 의해서, 내가 살해당하고 생식력을 뺏기고 '거세될' 위험에 처했던 그 미로에서 길을 잃을 뻔한 적 말이다. 끝없이 계속되는 지적인 모험, 난 이 '모험'이란 단어를 실존적인 위험이라는 본래 의미로 이해한다. 이것은 한가할 때 천천히 책에서 얻은 단순한 '지식거리'가 아니라, 그만큼 많은 만남과 대면과 유혹에서 나온 것이었다. 그 긴 '탐색'

동안에 내가 스쳐 지나갔던 그 모든 위험들을 이제는 완전히 깨닫고 있다. 무엇보다 내게 목표가 있었다는 것, 내가 어떤 것을 향해 발걸음을 옮겼다는 것, 내가 '중심'에 도달하려 했다는 것을 망각할지 모르는 그런 위험이 있었다."

1959년 11월 10일자 『일기』에서 이렇게 쓰셨는데요. 약간은 베일에 가린 듯한 예언적인 글인 것 같아요……. 이제 좀 분명히 말씀해 주실 수 있으십니까?

E 이 세계의 인간에 대한 실존적 표현인 신화적 혹은 종교적 창조물의 심오한 의미를 파악하고자 할 때, 인간은 위험해집니다. 인간에 대한, 원시 사냥꾼, 동아시아의 농부, 태평양의 어부들에 대한 표현 말이지요. 이 인간의 정황을 안으로부터 이해하고자 하는 종교사가와 현상학자의 해석학적 노력에는 모험이 도사리고 있어요. 그 자신을 조각내 버릴 모험뿐만 아니라, 샤먼의 주술, 요가 수행자의 능력, 난장판 집단의 일원이 갖는 미친 듯한 즐거움에 홀릴지 모르는 모험이 있지요. 이게 실제로 요가 수행자나, 샤먼, 전사(戰士), 또는 광신도가 되고 싶어진다는 말은 아니에요. 그러나 서양인에게 낯설고 위험한 실존적인 상황에 빠져 있다고 느끼는 것이지요. 자신을 사로잡고 유혹할 수 있는 이국적인 형태들과 직면하는 것은 정신적 질서에 위험한 일이에요. 그래서 이 탐색은 미로를 헤매는 긴 여행에 비유될 수 있지요. 그건 일종의 입문식과 같은 시련이에요. 가령 식인풍습을 이해하는 데도 노력이 필요해요. 사람이 식인종이 되는 것은 본능에 의해서가 아니라, 신학과 신화에 따른 결과라는 것이지요. 인간의 수없이 많은 입장들을 전부 이해하고자 한다면, 종교학자는 그 모두를 되살아야만 합니다.

인간이 세계 내의 존재 양식과 그것에 연관된 책임을 의식하게 되었을 때, 결단을, 비극적 결단을 내리게 됩니다. 난 여기에서 농경의 발견, 근동의 곡식 재배가 아니라, 열대 지방의 돼지감자 재배를 염두에 두고 있는데요. 이 사람들의 생각은, 바로 그 식용 작물이 태초의 살해 결과였다는 것입니다. 신적인 존재가 살해되고, 절단되고, 그 몸에서 잘려 나간 지체들이 이전에는 없었던 식물(食物), 특히 그 이후로 인간의 주요 양식이 된 돼지감자를 낳았다는 것이지요. 그러나 계속적인 수확을 보장하기 위해서는, 그 최초의 살해를 의례적으로 반복해야만 합니다. 인신공희, 식인, 그밖에도 종종 끔찍한 의례들이지요. 인간은 살려면 죽여야 한다는 정황을 알고 있었을 뿐 아니라, 식물계와 그의 영속성도 책임졌으며, 결국에 인신공희와 식인을 행했어요. 생명이 살해에 의해 보장된다는 이 비극적 개념은 수천 년간 인류의 대부분이 지녔던 것인데, 이것을 인류학적으로 단순히 기술하는 것이 아니라 실존적으로 이해하고자 할 때, 사람들은 마찬가지로 비극적인 어떤 경험을 스스로 해보게 됩니다. 종교사가와 종교현상학자들은 이러한 신화와 의례들을 외부적 대상으로 보지 않아요. 해독해야 하는 비문, 분석해야 하는 제도처럼 대하지 않지요. 그 세계를 안으로부터 이해하기 위해서는 그 세계를 살아내야 합니다. 마치 자신의 배역을 연기하는 배우같이 말이지요. 때로는 고대 세계와 우리의 일상 세계가 너무나 달라서 우리 자신의 인간성이 위태로워질 수도 있는 것입니다.

R 그러니까 자신의 정체성을 지키고, 비이성적인 것의 무서운 힘에 대항하여 자신의 이성을 유지해야 한다는 말씀입니까?

E 그렇습니다. 예를 들어, 프로이트 학파에서도 이런 말을 해요. 정신과 의사가 정신병을 자주 접하다 보면 의사 자신의 정신 건강이 위험해질 수도 있다고요. 종교학자한테도 마찬가지예요. 그가 연구하는 것이 자신에게 아주 깊이 영향을 줍니다. 종교 현상은 실존적 상황을 표현하지요. 우리가 해독하려는 현상에 우리가 참여하게 됩니다. 마치 자기 자신의 족보와 과거사를 자세히 살펴보는 것처럼. 그것은 바로 *자신의* 역사입니다. 비이성적인 것의 힘이 거기에 숨어 있지요……. 종교학자는 자기 문화와 존재의 뿌리를 알고 또한 이해하려는 생각을 갖게 되지요. 오랜 기억의 노력 끝에 마침내 자신의 역사, 말하자면 인간 정신의 역사를 회상해 내는 것입니다. 그 기억을 통하여 종교학자는 *정신현상학* 같은 걸 재창조하게 되지요. 하지만 헤겔은 단지 두세 개의 문화를 다루는 것으로 그친 반면, 종교학자는 구석기 시대 이래의 정신사 전체를 연구하고 이해해야만 해요. 그래서 이건 정말 보편적인 정신사의 문제입니다. 난 종교학자가 인간 정신의 서로 다른 단계들의 연속성과, 궁극적으로, 정신의 심원하고도 근본적인 통일성을 다른 분야의 연구자보다 더 잘 인식한다고 믿습니다. 그 과정에서 바로 인간의 정황 자체가 드러나는 것이에요. 그런 의미에서 종교학자가 결정적인 공헌을 했다는 것입니다. 종교학자는 인간 정황의 통일성을 밝혀 냅니다. 특히 '지구촌'이 된 현대 세계 안에서요.

R 유혹을 말씀하셨지요……. 그런데 예를 들어, 보스가 그린 성 안토니(Saint Antoine)의 '유혹'을 생각해 보면 좀 이상합니다. 왜냐하면 묘사된 유혹의 대상들이 우리를 거의 유혹하지 않거든요.

오히려 어떤 것은 무시무시한 귀신들입니다. 종교학자로서 회상하는 동안 '유혹됐다'는 것은 어떤 의미로 하신 말씀입니까?

E 식인풍습의 바탕이 되는 신화, 말하자면 신학의 일관성과 숭고함과 아름다움을 이해한다면……. 그것이 이른바 일종의 짐승 같은 행위가 아니라 인간의 행위, 이 세계에서 자유롭게 결정을 내리는 존재로서 동료를 죽여서 먹기로 결정한 인간의 행위라는 것을 이해한다면, 그래요, 무의식적으로 인간은 자신이 발견한 엄청난 자유에 유혹됩니다. 즉 그래서 '인간적 존엄성'을 상실하지 않고도 사람을 죽이고 먹을 수 있다는 것이에요……. 마찬가지로, 난장판 의례들을 연구해 보면 놀라운 일관성이 있음을 알게 됩니다. 난장판이 시작되면 모든 규범이 폐지되고, 근친상간과 공격성이 정당화되고, 모든 가치들이 전도되지요……. 그 의례의 의미는 세계를 재생시킨다는 것이에요. 그런 발견을 할 때면, 니체가 영원 회귀를 발견했을 때처럼 환호할 수도 있지요! 거기서 또 다시 바로 전적인 자유로의 초대를 만끽할 수 있기 때문입니다. 사람들은 이렇게 말하겠지요. "이토록 놀라운 자유와, 그 자유의 결과인 창조성을 누릴 수 있다니!" 하고. 한 해의 마지막을 뜻하는 난장판을 벌인 후, 에너지로 충만한 재생의 세계를 재창조하였던 인도네시아 부족과 똑같아요. 서구인이자 근대인인 나에게, 그것은 나도 언제든지 내 삶을 다시 시작할 수 있고, 그래서 나의 창조성을 보장할 수 있음을 뜻합니다. 바로 이런 의미에서 유혹이라고 말할 수 있는 것이지요.

그러나 사악한 종류의 위험도 있어요. 어떤 사람이 명상이나 특정한 의례를 행한 결과, 자신이 세계를 변화시킬 수 있다고 믿는 것을 우리가 이해할 때, 그리고 왜 그가 의례 후에 실제로 세계

의, 적어도 자기 마을의 지배자가 될 것이라고 그토록 확신하는지
를 우리가 밝히려 할 때……. 거기에도 항상 절대 자유의 유혹, 다
시 말해서 인간적 조건의 극복이 가능하다는 확신이 있는 것이지요.
인간은 제한되고, 조건 지어진 존재입니다만, 신, 신화적 조상, 또
정령의 자유는 더 이상 죽을 운명에 있는 인간적 육체에 구속을 받
지 않는 것입니다! ……. 그런 것들이 정말 *유혹*이지요. 하지만 난
종교학자가 실제로 식인이나 난장판이나 근친상간에 유혹된다는
인상을 줄 생각은 없어요!

Ⓡ 식인과 근친상간에 대해 언급하셨는데요. 특히 식인풍습
위주로 말씀하셨습니다. 그것을 인간적 정황에 이르는 비극적 열
쇠라고 보기 때문입니까?

Ⓔ 근친상간, 모든 율법의 일시적인 폐기는, 식인풍습이 없
는 많은 문화들에서도 나타나는 현상이에요. 식인, 그리고 인신공
희로써 풍요와 이 세계의 삶 자체를 보장하겠다는 결정은, 내 생각
에, 극단적인 상황을 보여 주는 것입니다.

Ⓡ 말씀을 듣다 보니까, 파솔리니(Pasolini)와 그의 작품에 담긴
식인 연회의 강박관념이 떠오르는군요. 영화 〈돼지우리〉(Porcile)에
서 최후의 만찬을 상징하는 연회 말입니다.

Ⓔ 파솔리니는 퇴행의 문제에 사로잡혀 있었어요. 짐승 같은
야만성으로가 아니라, 초기 문화 단계로의 퇴행이지요. 식인풍습
은 그것이 의례가 아닌 한, 또 사회에 통합되지 않는 한 실제 중요
한 게 아니에요. 성례전의 의미를 곰곰이 생각해 본 기독교인이 이

런 혼잣말을 하게 되는 건 당연합니다. "나도 역시 식인종이다……."
또 다른 이탈리아인 파피니는, 아마 그의 『일기』에서였을 텐데, 가
톨릭 미사는 기념식이 아니라 인신공회와 살인의 재현이고, 이어
서 식인풍습이 있다고 했어요. 사람들이 신인(神人)을 다시 죽여서
그를 먹고 그의 피를 마신다는 말이지요.

Ⓡ 종교 밑바닥으로 내려가다 보면, 때로는 종교학자의 내
면에서 정반대의 유혹이 일어나지 않습니까? 모든 신들에 대한 증
오, 종교에 대한 혐오 말입니다. 저는 신들의 거짓말과 인간을 짓
누르는 신의 잔혹성을 밝혀 낸 루크레티우스(Lucretius)나 에피쿠로스
(Epicuros)가 떠오르는데요.

🅴 종교적 사건들을 찬양했던 역사가들이 종국에는 섬뜩할
정도로 반발하는 경우들도 있어요. 루크레티우스를 말씀하셨는데,
그는 종교적인 세계의 퇴폐적이고 화석화된 형태에 직면했던 것입
니다. 신들은 신성한 에너지를 상실했어요. 그 놀라운 다신론의 의
미가 고갈되었지요. 신들은 단지 알레고리이거나 먼 옛날의 왕들에
대한 변형된 기억이라고 여겨졌어요. 회의주의의 시대였고, 사람들
은 신들의 끔직한 면만 봤지요. 그런 것들을 전체로서 파악하고, 살
해를 결심한 근원까지 파 보면, 또 다른 진리가 나타납니다. 바로 인
간의 비극적 정황이지요. 전체 안에 놓고 보면, 이 끔찍하고 음울하
고 역겨운 것들이 본래의 의의를 찾게 됩니다. 모든 생명은 필연적
으로 타자의 죽음을 포함하며, 살기 위해서는 죽여야 한다는 이 사
실로부터 삶이 의미를 얻는 것이지요. 이것이 비극적이지만 그만큼
창조적인, 역사 속 인간 정신의 정황이에요! 공허, 무의미, 마성(魔

性), 비인간성, 그리고 짐승의 세계로 퇴행하려는 유혹, 이런 것들과의 대면, 이 모든 극단적이고 드라마틱한 체험들이 인간 정신의 위대한 창조의 원천이에요. 이런 소름끼치는 정황에서도, 인간은 여전히 삶을 긍정하고 자기 존재의 의미를 발견했기 때문입니다.

Ⓡ 선생님의 『일기』에 '끔찍한 모신(母神)들'이라는 대목이 있는데요. 좀 낯설게 들리는군요.

Ⓔ 난 특히, 예를 들면, 피에 굶주린 인도의 여신 두르가(Durga)나 칼리(Kali)를 생각했어요. 그 모신들은, 다른 것들 중에서, 생명과 우주의 불가해성, 말하자면, 어떤 생명도 죽음을 무릅쓰지 않고는 영속할 수 없다는 사실을 표현하고 있어요. 이 무서운 여신들은 숭배자들의 피 혹은 생식력이나 의지를 요구합니다. 그 여신들을 이해하는 것은, 철학적 차원의 계시를 받아들이는 것이에요. 덕과 악, 범죄와 자비, 창조와 파괴의 결합, 이것이 생명의 위대한 수수께끼라는 점을 이해하는 거지요. 우리가 로봇이나 동물이나 천사가 아닌 인간의 생애를 살아야 한다면, 우리가 직면하게 되는 것은 바로 이 인간의 현실입니다. 우리에게 제일 친숙한 세계 안에서도, 우리는 야훼에게서 선한 창조주뿐 아니라 무섭고 질투하며 파괴하는 신을 보게 됩니다. 이 신성의 부정적인 측면은 야훼가 전체라는 걸 보여 주지요. 마찬가지로 대모(大母)신을 받아들인 사람들에게는, 그 무서운 여신들을 향한 제의가 존재와 생명의 수수께끼로 안내합니다. 삶 자체가 이 '끔찍한 대모신'이에요. 사람들 목을 자르고 애들을 낳으며, 동시에 풍요와 죄악을 보장하고 더 나아가 영감과 자비와 부를 주는 것 말이지요. 상반된 것들의 통합은, 야훼의 진노

를 표현한 구약성서에서처럼, 대모신 신화에서도 드러납니다. 어떻게 한 신이 그런 식으로 행동할 수 있는가 의문이 생기죠. 그러나 이 무서운 여신들에 대한, 또는 무서운 야훼에 대한 신화와 제의가 주는 교훈은, 현실, 삶, 우주가 *그러하다*는 것입니다. 죄악과 자비, 죄악과 풍요. 모신은 생명을 낳기도 하고 죽이기도 해요. 우리는 천사들이나 정령들의 세계에 살지도 않고, 짐승 같기만 한 세계에 살지도 않아요. 우리는 그 '사이에' 있어요. 난 이 신비의 계시와 직면하는 것이 언제나 창조의 행위로 이끈다고 믿습니다. 인간 정신은 큰 시련에 부딪쳤을 때 가장 창조적인 법이거든요.

R 그러면 인간은 방금 말씀하신 그런 위험에서 어떻게 자신을 보호합니까? 어떻게 길을 잃지 않고 계속 나아갈 수 있지요?

E 식인풍습뿐만 아니라, 예를 들어, 신비 체험도 조심스럽게 연구한다면 살아남을 수 있어요. 우리는 이 모든 공포의 의미가 신의 전체성, 불가해한 전체성, 말하자면 삶 속에서 모순과 상반의 합일을 드러내는 것임을 깨닫습니다. 그러한 종교적 행위의 의미를 이해하는 동시에 그것이 인간 정신의 표현들 중 하나에 불과하다는 것도 알게 되고요. 장구하고 극적인 역사 안에서, 인간은 그것 역시 하기로 결정한 것입니다. 그러나 우리는 또 다른 결단, 즉 신비주의, 요가, 명상 등도 잘 알지요. 그런 종류의 자료들을 연구할 팔자를 가진 종교학자들의 정신을 보호해 주는 것은, 그 끔찍한 것들이 종교적 체험의 전체이거나 완전한 표현이 아니라 단지 하나의 측면, 부정적인 측면일 뿐이라는 확신입니다.

역사의 공포

Ⓡ 인간과 전통 종교들의 근원적 잔인함에 대해 이야기를 나누었습니다. 그런데 죽음이 숱하게 승리하는 현대의 역사적 운동들은 어떻습니까? 선생님 같은 종교학자들은 현대 인류의 끔찍한 신화들을 어떻게 생각하시는지요?

Ⓔ 종교학자들은 살인이 종교적인 의미를 지녔던 의례나, 신비나, 신화가 탈신성화 하는 끔찍한 현상에 직면하고 있습니다. 그것은 수천 년 뒤처진 단계로의 퇴행이지만, 이 퇴행은 옛날의 영적인 의의를 되찾지 못하고 있습니다. 더 이상 초월적 가치는 없어요. 공포는 배가(倍加)되고, 집단 학살은 더 이상 의미가 없는 쓸데없는 부가물이지요. 왜 이런 지옥이 진짜 지옥인가 하면, 순진하고 어리석은 잔인함 때문입니다. 유혈의 혹은 악마의 신화나 의례들이 탈신성화할 때, 그것들의 사악한 표시는 어마어마하게 늘어나고, 순

전히 악마 숭배, 잔인성, 절대 죄악만 남는 것이에요.

　　ℝ 저도 곤혹스러운데요. 이해를 돕고자 제가 악마의 옹호자가 되어 볼까 합니다. 희생제의가 성스러움을 창출하고 의미를 부여한다고 할 수는 없을까요? 우리가 히틀러 추종자들의 살인 행위나 나치즘의 광기를 정당화하진 못합니다. 애국주의적 열기가, 몇 년 후에는 하나의 환영으로 인한 비극적 산물로 보이겠죠. 하지만 병사들은 신념을 가지고 기꺼이 죽거나 죽임 당했어요. '가미카제'도 나치와 매한가지인데, 그 이름은 '신의 바람'을 뜻하지요. 아스텍인들은 정당한 환영을 살았지만 나치 친위대(S. S.)는 아니라는 것을 어떻게 판단할까요? 보통의 살인과 성스러운 살인의 차이는 어디에 있습니까?

　　𝔼 아스텍인들에게 인신공희는 대체로 희생자들의 피가 태양신과 다른 신들에게 양식과 힘을 준다는 의미였어요. 나치 친위대에게 수백만의 사람들을 수용소에서 학살하는 것 역시 어떤 의미, 종말론적 의미가 있었습니다. 그들은 자신들이 악에 맞서는 선을 대표한다고 믿었어요. 일본의 자살 특공대도 그렇고요. 우리는 나치즘에서 무엇이 선이었는지 알고 있어요. 금발, 북유럽 사람, 순수 아리안……. 그 나머지는 악과 악마의 화신이었죠. 악에 맞서는 선의 투쟁, 이건 거의 마니교 같아요. 옛날 이란의 이원론에서는 두꺼비, 뱀, 사악한 야수를 죽인 신자들 모두가 이 세계의 정화와 선의 승리에 공헌을 했다는 것이에요. 그런 병자들, 열성분자들, 광신도들, 현대 마니교 신자들이 특정 종족들, 유대인과 집시를 악의 화신으로 여겼다는 게 상상이 됩니다. 수백만 명을 희생시키고서도 그

희생자들이 악, 악마의 화신이기 때문에 죄악이 아니라는 것이에요. 소련의 강제수용소와, 공산주의의 위대한 해방이라는 묵시적 종말론도 똑같아요. 악을 대표하는 적들에게 선의 승리, 자유의 승리, 인간의 승리 등에 걸림돌이 되는 적들에게 자기들이 맞선다는 것입니다. 이 모두를 아스텍인들과 비교할 수 있어요. 양쪽 다 자신들은 정당하다고 믿었다고요. 아스텍인들은 그들이 태양신을 돕는다고 믿었고, 나치들과 러시아인들은 그들이 역사를 실현한다고 믿었어요.

Ⓡ 선생님께서는 '역사의 공포'에 대해 자주 말씀하셨지요…….

🄴 나에게 '역사의 공포'란, 더 이상 종교적이지 않고, 따라서 역사의 드라마에서 어떤 궁극적 의미를 발견할 희망이 도무지 없는 사람, 그리고 그 의미를 알지도 못한 채 역사의 죄악들을 겪어야만 하는 사람의 경험입니다. 이스라엘 사람들은 바벨론에 포로로 끌려가서 많은 고난을 겪었지만, 그것은 의미가 있었어요. 야훼가 그의 백성을 벌하려고 하셨다는 것이지요. 이스라엘은 야훼가, 즉 선이 결국 승리할 것을 알았어요……. 헤겔에게도 모든 사건, 모든 시련이 보편 정신의 현현이었고, 그래서 의미가 있었죠. 역사적 악을 정당화하진 않더라도, 적어도 합리적으로 설명할 수는 있었어요……. 그러나 지금 역사적 사건들에는 초역사적 의의가 전혀 없어요. 그 사건들, 한 민족이나 개인에게 주어진 시련들이 더 이상 전통 세계에서 의미했던 것이 아닐 때, 우리는 내가 '역사의 공포'라고 불렀던 것과 마주하게 됩니다.

해석학

　　R 종교학자들이 부딪치는 위험의 문제는 우리에게 의미의 문제를 생각나게 합니다. 종교가 신자에게 의미하는 것과, 종교적 체험이 역사가에게 의미할 수 있는 것 말입니다. 선생님의 사상에서 핵심적인 요지 중 하나가, 종교학자는 해석학자일 수밖에 없다는 것인데요. 또한 이 해석학은 창조적이어야 한다고 말씀하셨습니다.

　　E 해석학은 어떤 종교적 사상이나 현상이 시간을 통하여 가졌던 뜻이나 의의, 의미들을 탐구하는 것입니다. 다양한 종교적 표현의 역사를 연구할 수도 있지요. 그러나 해석학은 그 표현의 의미를 점점 더 깊이 파 들어가는 것입니다. 내가 해석학을 창조적이라고 하는 이유는 두 가지예요. 첫째, 그것은 해석학자 자신에게 창조적이에요. 어떤 종교적인 창조물, 즉 의례, 상징, 신화, 신의 표상 안

에 담긴 계시를 해독하려는 노력, 그 계시의 의미와 기능과 목적을 이해하려는 노력, 이 노력이 독특한 방식으로 연구자의 마음과 삶을 풍요롭게 합니다. 예컨대 이것은 문헌사가들은 알지 못하는 체험이에요. 산스크리트 시가의 뜻을 아는 것, 칼리다사(Kalidasa)를 읽는 것, 그건 서구에서 교육받은 연구자에게는 위대한 발견입니다. 미적 가치의 새로운 지평이 열리지요. 하지만 그것은 동양이나 고대의 종교적 행위를 해독하고 이해하는 것만큼 깊이가 있거나 실존적으로 심오하지는 않습니다.

해석학이 창조적이라는 두 번째 이유는, 그것이 즉각적 경험의 차원에서는 또렷하지 않은 어떤 가치를 드러내 준다는 것입니다. 가령 인도네시아나 시베리아나 메소포타미아에서 우주나무의 경우를 보면, 그 세 곳의 상징체계에 공통되는 몇몇 특징들이 있어요. 하지만 그 유사성은 메소포타미아인, 인도인, 시베리아인 각자에게는 감지되지 않지요. 해석학의 작업은 상징들의 숨겨진 의미와 변화를 드러내는 것이에요. 우주나무, 세계의 축(axis mundi), 십자가가 기독교 이전에 갖고 있던 의미에다가 기독교 신학자들이 덧붙인 가치를 한 번 보죠. 혹은 세례의 상징을요. 물은 언제 어디서나 세례의 '정화'를 의미합니다. 기독교로 인해서 그 상징의 구조를 파괴하지 않으면서 다른 의미들이 덧붙게 되었어요. 오히려 기독교가 그 상징을 완성하고 풍부하게 한 것입니다. 실제로 기독교인에게 세례식은 하나의 성례입니다. 그리스도에 의해서 제정되었기 때문이지요.

해석학은 또 다른 의미에서도 창조적이에요. 예를 들어 우주나무의 상징을 이해하는 독자, 내 생각에는 종교사에 어지간히 관심 있는 사람들한테도 똑같은데, 그 독자는 단순한 지적 유희 이상의 것을 느끼게 됩니다. 그의 인생에 중요한 발견을 하는 것이에요. 앞으로는, 그가 어떤 나무들을 바라볼 때, 거기서 우주적 리듬의 신비가 표현된 것을 보겠지요. 스스로 복원하고 지속하는 생명의 신비를 볼 것입니다. 겨울, 낙엽, 봄……. 이건 그리스나 로마의 비문 해독과는 중요성이 완전히 다른 것이에요. 물론 역사 분야의 발견은 결코 하찮지 않아요. 당연하죠. 그러나 해석학은 세계 안에서 인간 정신의 특정한 입장을 발견하는 것입니다. 나 자신의 입장이 아니라 해도, 그 입장은 나에게 영향을 미쳐요. 바로 그런 만남들 덕분에 인간이 창조적인 것입니다. 19세기에 일본 회화와 만난 것이나, 20세기에 아프리카 조각이나 가면과 만난 걸 생각해 보세요. 그건 단순한 문화적 발견이 아니라 창조적인 만남이었습니다.

　　R 해석학적 작업은 인식의 작업입니다. 그런데 도대체 그 진실의 기준이 무엇입니까? 선생님 말씀을 듣고 있자면, 해석학이 '객관적인' 과학의 작업에 의해 생겨났다고 할지라도, 해석학 자체는 더 이상, 연구하는 데서 주체가 빠졌다는 의미로 '객관적인' 기준이 아니라, 오히려 '시적인 진실'의 기준을 요구하는 것처럼 보이는데요. 우리는 인식의 행위에 의해서 우리가 인식하는 것을 변화시키고, 우리의 인식에 의해서 우리 자신도 변화시킵니다. 무한한 해석학이란, 그러니까, 엘리아데를 읽으면서, 우리가 그를 해석하는 것이지요. 마치 엘리아데 자신이 이란의 어떤 상징을 해석하는 것처럼…….

　　E 물론이에요……. 하지만 죽음과 재생의 순환 속에서 우주

적 생명을 인간 실존과 연결시키는 위대한 상징들, 예를 들어, 우주나무 같은 것의 경우에는, 다른 문화들 안에서도 발견할 수 있는 근본적인 어떤 것이 있다는 것입니다. 인간 정황의 비밀이기도 한 우주의 비밀 말이지요. 그리고 인간 정황과 우주 정황 사이의 연대성이 드러날 뿐만 아니라, 그것이 각각에게 고유한 운명의 문제라는 사실도 드러납니다. 이 계시가 나 자신의 삶을 건드릴 수 있어요.

그래서 근원적인 의미가 있고, 거기에 다른 의미들이 따라 붙게 됩니다. 우주나무가 십자가의 의미를 획득했을 때, 인도네시아인에게는 그 뜻이 명확하지 않아요. 그러나 이 상징이 기독교인들에게 재생, 새 생명을 의미한다고 설명해 주면, 그 인도네시아인은 별로 놀라지 않을 것입니다. 뭔가 친숙한 것을 찾아낼 테니까요. 나무나 십자가는 죽음과 부활이라는 동일한 신비와 연관됩니다. 그 상징은 언제나 열려 있지요. 그러나 내 해석 자체가 오늘날을 사는 연구자의 해석임을 잊어서는 안 돼요. 해석은 결코 완결되지 않습니다.

Ⓡ 선생님은 상징화의 다양성을 넘어서 상징의 보편성을 파악하기를 요구하셨어요. 상징과 그 해석의 무한한 개방성을 보여 주셨고요. 그러면서도 일종의 상대주의, 주관주의 그리고 허무주의로 이끄는 길은 거부하셨지요. "그래, 사물에는 의미가 있지만, 그 의미는 아무데도 근거가 없어. 내 안에 있는 아주 우연하고 일시적인 것 말고는."이라고 말하게 되는 길이요……. 지금 제 의문은 이것입니다. 종교적인 체험이 초역사적인 진실에 영향을 주는가? 어떤 방식으로? 선생님은 어떤 '초월'을 알고 계시죠? 선생님에게,

진실은 클로델(Paul Claudel)과 그의 주석하는 태도 쪽입니까, 아니면 "인간은 의미 없이 지낼 수 없지만, 그는 텅 빈 하늘에서 이 의미를 짜낸다."고 말한 사르트르 같은 실존주의자들 쪽입니까?

E '텅 빈 하늘에서'라는 마지막 해석에는 분명히 반대예요! 근본적인 상징들이 표명하는 메시지는, 우리의 역사적이고 내재적인 경험으로 단순하게 환원될 수 없는 의미의 세계를 드러냅니다. '텅 빈 하늘……' 그것 참 훌륭한 메타포인데요. 현대인의 조상들은 하늘이 인간 모습을 한 존재들, 신들로 가득 차 있다고 믿었지만, 물론 하늘에 그런 존재들은 없지요. 내 생각에, 종교와 그로부터 영감을 받은 철학들, 말하자면 우파니샤드와 불교, 단테, 도교 등에 의해서 드러나는 것은 본질적인 무엇, 우리가 공감할 수 있는 어떤 것을 건드리고 있어요. 물론 그것은 과학이나 고고학의 최신 발견처럼 단순히 배우고 암기할 수 있는 게 아닙니다. 내가 그렇게 말하는 것, 그건 나의 개인적인 진술이지, 내가 종교학자로서 한 작업의 철학적 결론을 말한 게 아니에요. 어쨌든 사르트르와 실존주의자들의 대답, 그 '텅 빈 하늘'이 나는 좀 불편해요.

그보다는, 예컨대 '프린스턴 그노시스'(Princeton gnosis)[1]에 마음이 더 기우는데요. 오늘날의 위대한 수학자들과 천문학자들, 전적으로 탈 신성화된 사회에서 성장한 사람들이 거의 종교철학에 가까운 과학적, 심지어 철학적인 결론에 도달한다는 사실은 충격적이에요. 물리학자들, 천체 물리학자들, 특히 이론 물리학 전문가들

---

1)　1970년대 미국, 영국, 독일의 유명 과학자 천 명 가량이 '프린스턴 그노시스'라는 모임을 구성하여, 진화론, 물질주의, 진보의 신화 등에 반대하고, 궁극적 섭리, 물질과 영의 공존 등을 믿는 종교를 추구하였다.

이 신이 자리 잡은 세계를 재구성하고, 우주창조와 천지창조 사상을 재구성한다는 것도 충격적이고요. 이건 신인동형론(神人同形論)만 없을 뿐이지, 모세의 유일신교와 비슷해요. 또한 인도 철학으로 귀착되기도 하는데, 과학자들은 그걸 모르죠. 이건 정말 중요합니다. 뤼에(Ruyer)의 책이 널리 읽히고 크게 성공했다는 점을 보더라도 '프린스턴 그노시스'는 의미가 있다고 생각해요.

Ⓡ 이전의 질문을 좀 더 명확하게 다시 드리겠습니다. 어떻게 과학적 태도와 종교적 태도가 화해합니까? 한편으로 우리는 지각할 수 있는 세계 너머에, 신까진 아니더라도 어떤 신적인 것, 영적인 세계가 있다고 믿도록 배웠습니다. 그리고 해석학은 우리가 자신을 그 신성과 통합하도록 이끕니다. 다른 한편으로, 예를 들어, 우리는 구석기에서 신석기로 넘어갈 때 일련의 신앙, 신화, 의례가 새로 구축된 것을 알고 있습니다. 이런 역사적이고 '유물론적인' 과학을 알면서, 기술적 · 경제적 · 사회적 변화들과 연관된 신앙이 초역사적인 의미, 초월을 내포할 수 있다는 것을 어떻게 믿습니까?

Ｅ 나는 오래 전부터, 내가 믿는 것이나 안 믿는 것에 대해서 일종의 침묵을 지키기로 결심했습니다. 하지만 난 무엇인가를 믿는 사람들을 이해하고자 항상 노력했어요. 샤먼, 요기, 오스트레일리아 원주민, 그리고 마이스터 엑카르트나 아시시의 성 프란체스코 같은 위대한 성인들 말이지요.

방금 하신 질문에 종교학자로서 대답하겠습니다. 정령이나 천사가 아닌, 실존하는 인간에게, 성스러움의 경험은 특정한 몸, 특정한 정신, 특정한 사회적 환경을 매개로 일어나는 것이 명백합니다.

원시의 사냥꾼이 풍요로운 대지의 신비와 거룩함을 후대의 농부가 아는 만큼 알 수는 없었을 것입니다. 이 두 세계의 종교적 가치들 사이에는, 뚜렷한 단절이 있지요. 전에는 사냥한 동물의 뼈가 신성한 의의를 가졌는데, 나중에는 종교적인 가치가 특히 남자와 여자에게 집중됐어요. 남녀의 결합을 우주적 성혼의 모델로 봤거든요. 그런데 종교학자에게 중요한 것은, 농경의 발명으로 인간이 생명의 순환적 성격을 보다 깊이 통찰하게 되었다는 것이에요. 물론 사냥꾼도 동물들이 봄에 새끼를 낳는다는 것을 알았겠죠. 하지만 파종과 수확의 인과관계, 씨앗과 정액의 비슷한 관계를 알아차린 건 바로 농부였어요. 또 동시에 여성의 경제적·사회적·종교적 중요성이 확고해졌죠. 아시다시피, 바로 기술적 발견, 농경을 통해서, 사냥꾼들이 직면했던 것보다 훨씬 더 심오한 '신비'가 인간 의식에 드러났어요. 사람들은 이 우주가 살아 있는 유기체로서, 생명과 죽음이 밀접하게 필연적으로 연결되는 리듬과 주기의 지배를 받고, 그래서 씨앗이 죽지 않고는 다시 태어날 수 없다는 사실을 발견했습니다. 이 기술적인 발견이 인간의 고유한 존재 양식을 보여준 것입니다. 구약성서에까지 그리고 우리에게까지 남아 있는 메타포들이 처음 생긴 건 신석기 시대였어요. "인간은 들의 풀과 같다." 등등의 메타포 말이지요. 이 주제를 식물이 금방 죽는 것에 대한 탄식으로 이해하면 안 되고, 오히려 낙관주의적 메시지로 보아야 합니다. 식물과 생명의 영원한 순환으로 이해해야 한다는 것이지요…….

요컨대 제가 정확한 답변을 드리자면, 기술의 급격한 변화에 따라서 고대의 종교적 가치들은 폐기되진 않았어도 덜 중요해진 것이 분명합니다. 다른 경제적 조건을 바탕으로 새로운 가치들이 수립되었는데, 이 새로운 경제가 이내 종교적이고 창조적인 의의를 드러냈다는 것도 분명해요. 농경의 발명은 물질문명의 역사에 못지않게 정신의 역사에도 중요합니다. 사냥꾼의 경험으로는 생명과 죽음이 하나라는 사실이 명확하지 않았어요. 그 사실은 경작을 하면서부터 명확해졌지요.

⏴Ｒ⏵ 제가 보기에, 선생님의 생각은 '헤겔적인' 듯합니다. 전부 듣고 보니, 물질적인 사건의 발생, 물질과 '하부구조'의 변화는 의미를 심화시킨다는 데 그 의의가 있는 것 같아요. 물질계의 사건들, 역사의 사건들을 영적 의미의 계시에 뒤따르는 조건으로 보아야 할 것 같고요. 1967년 3월 2일자 『일기』에서 분명히 이렇게 말씀하셨지요. "종교학은, 나 자신이 이해하기로는, '해방시키는' 학문, 구원하는 학문이다. 해석학이 유일하게 역사를 제대로 정당화할 수 있을 것이다. *어떤 역사적 사건이 이해될 때*, 그 사건의 발생이 정당화될 것이다. 이는 어떤 일이 생기면, 단지 인간이 그 일을 이해하도록 강요하기 위해서 역사가 존재한다는 뜻일 수도 있다."

Ｅ 네, 이 모든 기술적인 발견들은 기회를 만들었어요. 그 전에는 더 알기 어려웠던 존재의 특정 구조들을 인간 정신이 알아낼 수 있도록 말이지요. 물론 사냥꾼도 계절의 리듬을 의식했어요. 그러나 그 리듬이 인생에 의미를 주는 이론적 구성의 중심은 아니었습니다. 농경이 거대한 종합의 기회가 됐지요. 사람들은 새로운 세계관의 원인을 찾아내자마자 대지의 경작에 매혹되었어요. 이 세계관은, 말하자면 여성, 땅, 달, 다산, 식물 사이, 다시 말하면 밤, 다산, 죽음, 입문, 부활 사이의 동일성, 상동(homologie)을 말합니다. 농

경이 그 시스템 전체를 가능하게 했어요. 같은 방식으로, 세계의 형상(imago mundi)이라는 거대하고 놀라운 구성을 생각해 보세요. 이 세계의 형상은 순환적 시간의 표현에 첨가되었는데, 도시가 생기고 나서야 가능했어요. 물론 인간은 언제나 방향 잡힌 공간, 중심이 있고 네 개의 기본 방위가 있는 공간에서 살아왔어요. 이건 세계를 직접 체험해서 얻은 것들이지요. 도시는 세계의 이미지로 제시될 정도까지 공간의 의미를 풍부하게 했습니다. 모든 도시 문화는 신석기 유산 위에 세워졌어요. 그리고 이전의 가치들, 즉 땅의 생산력, 여성의 중요성, 성적 결합의 성례적인 가치, 이 모든 가치들이 우리의 도시 문화라는 건물 안으로 통합되었지요. 오늘날 이 문화는 사라져 가는 것이 아니라, 그 구조 안에서 변화하고 있어요. 난 그 최초의 계시들이 소멸하리라고 생각하지 않아요. 왜냐하면 우리는 여전히 근본적인 우주의 리듬 속에서 살고 있으니까요. 낮과 밤, 겨울과 여름, 일상과 몽상, 빛과 어둠 말입니다. 우리는 다른 종교 형태들을 만나게 될 것입니다. 그것들은 아마 있는 그대로 인정받지 못할 테고, 새로운 언어와 미래 사회의 제약도 받겠지요. '종교' 외의 영역까지 생각해봐도, 최근의 발견에 의해서는 야금술이나 연금술이 가져다 주었던 만큼의 영적인 풍요가 아직까지는 이루어지지 않은 것이 사실입니다.

비신비화의 비신비화

R 선생님의 설명을 들으니 '해석학적 태도'가 무엇인지 이제 분명하게 알겠습니다. 동시에 '비신비화'(démystification)를 원하는 마르크스와 마르크스주의자들, 프로이트, 레비스트로스와 '구조주의자들'이 공통으로 갖고 있는 그 반대 태도가 어떤 것인지도 짐작이 갑니다. 선생님도 물론 이 모두의 영향을 받으셨지만, 그들의 반대편에 서신 거군요. 선생님의 입장을 분명히 말씀해 주시겠습니까?

E 나는 방금 언급하신 세 개의 사조(思潮)를 효과적으로 활용했습니다. 조금 전에 농경의 엄청난 중요성, 그리고 경제 구조의 변화에 대해 말씀드렸지요. 그것을 이해하는 데 마르크스가 도움이 됐어요. 프로이트는 정신의 '태생학'을 밝혀 주었고요. 태생학은 매우 중요하긴 하지만, 이건 존재의 인식 안에서 한 순간에 불과합니

다. '구조주의'도 쓸모가 있어요. 그럼에도, 난 그런 '비신비화'의 태도가 좀 경박하다고 생각해요. 모든 고대인이나 원시인들은 자기 마을이 '세계의 중심'이라고 믿었어요. 그 믿음을 환상으로 치부하는 것은 어렵지 않지만 아무 도움도 안 돼요. 그것은 동시에 현상을 파괴하는 일이지요. 현상은 그 자체의 차원에서 관찰해야 하거든요. 오히려 중요한 것은, 그 사람들이 *왜* 세계의 중심에 산다고 믿었는지를 물어보는 것입니다. 만약 내가 어떤 부족을 이해하고자 한다면, 그건 그들의 신화, 신학, 관습, 세계의 표상을 비신비화하기 위해서가 아닙니다. 그 문화를 이해하고, 그래서 그 사람들이 왜 그렇게 믿는지를 이해하고자 하는 것이지요. 그들이 왜 자기 마을을 세계의 중심이라고 믿었는지를 이해해야, 비로소 그들의 신화, 신학, 그 세계 안에서 그들의 존재 양식을 이해하기 시작하는 것입니다.

R 그런데 그게 그토록 이해하기 어려운가요? 메를로퐁티가 원시 야영지에 대해 말하고 나서 덧붙인 구절이 기억나는군요. "난 휴가를 보내러 한 마을에 도착했다. 나의 일과 일상의 주변을 벗어나니 즐겁다. 난 그 마을에 안주하였다. 그곳이 내 삶의 중심이 되어 간다……. 우리의 신체와 지각은 우리에게 보이는 광경을 세계의 중심으로 간주하기를 항상 강요하고 있다."

E 예, 우리가 성스럽다거나 종교적이라고 부르는 그 체험은 실존적이에요. 인간의 신체가 공간 안에 있기 때문에 그 자신이 네 개의 지평으로 방향을 정하고, 위와 아래 사이에 서 있는 것입니다. 자연히 그가 중심이 되죠. 모든 문화는 항상 실존적 체험 위에 세워지는 것입니다.

Ⓡ 종교, 문화, 그리고 오스트레일리아의 경우처럼 보다 원시적이고 고대적인 것들에 대해 말씀하시면서, 선생님은 무한한 존경심을 보여 주셨어요. 선생님께 그런 것들은 그저 민족지학적 자료들이 아니라, 작품인 듯합니다. 여러 종교가 선생님께는 의미와 가치로 가득 찬 훌륭한 작품이에요. 마치 『오디세이』나 『신곡』이나 셰익스피어의 작품처럼 말이지요.

◼E 나는 내 자신이 정치적이고 사회적인 대혁명, 대변혁과 동시대에 있다고 느낍니다. 모든 헌법이 인간의 평등을 이야기합니다. 인간은 누구든지 파리나 보스턴이나 모스크바의 천재와 똑같은 가치를 갖고 있다는 것이지요. 하지만 이건 현실에서는 거의 볼 수 없는 일이에요. 나는 한 오스트레일리아인과 친해지면서 이 원칙을 실행했어요. 많은 인류학자들이 제도나 경제 현상을 알고 싶은 호기심에서 원주민에게 접근하지만, 난 그런 식으로 다가가지 않았어요. 물론 이러한 지식도 매우 흥미롭지만, 거기서 멈춘다면, 그 사람들이 인간 정신의 역사에 기여한 바를 파악하는 최선의 방법이 아니죠. 내가 정말 관심 있는 것은, 인간이 오스트레일리아의 사막이나 극지에서 살아가야만 할 때, 그가 어떻게 반응하는지를 아는 것이에요. 어떻게 인간은 단지 동물의 일종으로, 비둘기나 바다표범처럼 생존하는 것에 그치지 않고, 문화, 종교, 미학을 창조하면서 인간답게 살 수 있었을까? 거기서 인간답게 살았다는 것은 *그들이 창조했다*는 말이에요. 그들은 바다표범이나 캥거루처럼 행동하는 데 동의하지 않았어요. 그것이 내가 인간임을 자랑스러워하는 이유입니다. 내가 거대한 지중해 문화의 후손이라서가 아니라, 오스트레일리아의 원주민이 받아들인 실존 안에서 나 자신을 인간

으로 인식할 수 있기 때문이지요. 그들의 문화, 종교, 신화가 내 관심을 끄는 이유도 그것입니다. 이게 나의 공감적 태도를 설명하는 것인데, 일종의 복고주의 때문에 내가 오스트레일리아 원주민들이나 에스키모의 세계로 돌아가고 싶어진 것은 아닙니다. 난 내 동족 안에서 내 자신을 인식하고자 하는 것이에요. 철학적인 의미의 인식 말입니다.

루마니아 사람으로서, 나는 수천 년 전의 루마니아인과 똑같아요. 그리고 이런 생각을 통해, 내가 사는 시대를 완전히 *지각하게* 됐죠. 20세기를 규정할 만큼 독창적이고도 중요한 발견이 있다면, 그건 바로 역사의 통일성과 인간 정신의 통일성일 것입니다. 그래서 난 '비신비화'를 행하지 않아요. 언젠가 우리 옛 식민지의 후손들로부터, 우리가 저지른 '비신비화'를 비난받을 것입니다. 그들은 우리에게 말하겠지요. "당신들은 단테나 버질의 *창조성*은 찬양하면서, 우리의 신화와 종교는 *비신비화*했다. 당신네 인류학자들은 우리의 종교나 메시아 운동, 천년왕국 운동의 사회경제적 전제조건들을 항상 강조했다. *당신네들 것과 상반되는* 우리의 영적인 창조는 물질적이거나 정치적인 결정 이상은 절대 아니라고 암시하면서 말이다. 이는 달리 말하면, *우리, 원시인들*은 단테나 버질의 창조적 자유에 도달할 수 없다는 것이다……." 이제 비신비화하는 태도는 자민족중심주의, 서구적 '지역주의'라는 혐의를 받아 마땅하며, 궁극적으로는 그 자체가 '비신비화'되어야 합니다.

Ⓡ 방금 하신 말씀을 들으니, 종교학이 왜 해석학을 지향하는지도 단번에 이해할 수 있겠습니다. 우리 문화의 종교들과 대작

들이 비슷하다면, 해석학적 태도가 불가피하겠지요. 요컨대 언어학적 분석이 릴케(Rilke)나 벨레(Bellay)와 우리의 관계를 낱낱이 파헤칠 수 없다는 것은 누구에게나 분명하니까요. 한편의 시가 그 작품을 가능케 한 역사적 상황이나 기교로 환원될 수 없다는 점을 우리 모두 알고 있습니다. 만일 그렇게 환원해 버린다면, 참 딱한 일이지요!…… 시가 그렇다는 걸 이해한다면, 종교도 마찬가지라는 걸 왜 이해 못하겠습니까?

E 전적으로 동의합니다! 그래서 내가 항상 종교적 상상의 세계와 시적 상상의 세계를 비교하는 것이에요. 이 비교를 통해서, 종교 분야를 잘 모르는 사람도 종교에 쉽게 접근할 수 있지요.

R 종교 분야가 상상과 상징의 영역이라는 말씀이신가요?

E 물론입니다. 그런데 처음에는 모든 상상의 세계가, 불행한 용어를 쓰자면, 종교적인 세계였다는 말씀을 드려야겠군요. 왜 '불행한 용어'라고 했냐 하면, 우리가 그 용어를 쓸 때는 보통 이교의 다신론이나 유대-기독교만 생각하기 때문입니다. 춤, 시, 조형미술이 자율성을 획득한 것은 최근이에요. 원래는 그 모든 상상의 세계들이 종교적인 가치와 기능을 갖고 있었죠.

R 어떤 의미에서는, 지금도 여전히 종교적이지 않습니까? 방금 선생님께서는 '거꾸로 비신비화'하는 것을 말씀하셨고, 세속적인 작품들, 종종 문학 작품 안에서도, 예를 들면, 입문식의 시나리오를 찾아야 한다고 하셨는데요.

E 아시다시피 한 세대 전부터 북미, 특히 미국의 문학비평

은 현대 소설 안에서 입문식, 희생, 신화적 원형의 테마를 찾고 있
어요. 프로이트나 마르크스가 보기에 속된 것이 성스러움 안에 감
추어져 있었던 것처럼, 난 성스러움이 속된 것 안에 감추어져 있다
고 생각합니다. 어떤 소설에서 입문식의 패턴과 의례를 찾아내는
것도 정당하다고 생각하고요. 물론 거기에도 문제는 있지요. 그럼
에도 난 누군가 그 문제에 전념해서, 탈(脫)*신성화된 세계 안에 감
추어진 성스러움*을 간파해 내기를 바랍니다.

7

역사가의 작업

방법: 기원에서 시작하기 | 설명 안 된 것 | 노아의 방주

방법: 기원에서 시작하기

Ⓡ 종교학이 거친 여러 단계들을, 20세기 초부터라도 회고해 주십사 청하지는 않겠습니다. 그 작업은 『종교의 의미: 물음과 답변』(*The Quest: History and Meaning of Religion*)[1]에서 이미 하셨죠. 하지만 선생님 이전의 선배 학자들로부터 어떤 영향을 받았는지 알고 싶습니다. 특히 1945년 파리에서 선생님을 환대한 조르주 뒤메질에 대해서 듣고 싶은데요.

Ⓔ 우리가 처음 만난 건 내가 파리에 도착하고 며칠 후인 1945년 9월이었는데, 물론 난 그 전부터 조르주 뒤메질을 익히 알고 존경해 왔습니다. 시간이 지날수록 난 그분의 천재성을 점점 더 찬탄했는데, 그분이 인도-유럽 종교와 신화에 대한 관념들을 끊임

---

1) 이 책의 한글판은 박규태의 번역으로 1992년 서광사에서 출판되었다.

없이 전개하고 해명하셨다는 점에서도 그랬죠. 이 세상에 그토록 언어에 박식하고 (그는 30여 개의 언어와 방언에 통달했어요!) 종교사를 폭넓게 섭렵하면서, 동시에 문학적 재능도 뛰어난 학자가 또 있을까 싶어요. 인도-유럽 종교와 신화 연구에 새로운 활력을 불어넣은 분이 바로 조르주 뒤메질이었죠. 그는 인도-유럽 사회의 3부(三部, tripartie) 개념의 중요성을 증명했는데, 말하자면 주권, 전투, 생산이라는 세 기능에 상응하는 세 겹의 층으로 사회를 나누는 것이에요. 뒤메질의 예는 종교학을 자율적 학문으로 내세우는 데도 매우 중요해요. 사회학과 철학에서 도출한 지식을 통해서, 텍스트를 문헌학적 · 역사적으로 정교하게 분석하는 일을 엄청나게 보완했으니까요.

프랑스에서 내 학문적 '경력'은 거의 전적으로 뒤메질의 신세를 졌어요. 바로 그분이 내가 고등연구원 강의를 하도록 불러 주셨고, 난 거기에서 『종교사 개론』과 『영원 회귀의 신화』의 몇 장을 발표했어요. 또 그분은 브리스 파랭(Brice Parain)에게 내 원고를 보내 갈리마르 출판사에서 내 책이 나오도록 해주셨죠.

Ⓡ 선생님께선 뒤메질의 '구조주의'는 어려움 없이 받아들이셨지만, 레비스트로스의 이론은 거부하셨지요?

Ⓔ 네, 난 뒤메질이나 프로프(Propp), 그리고 괴테의 '구조주의'는 인정합니다. 아시다시피, 괴테는 식물 형태학을 연구하면서, 모든 식물 형태는 그가 '원형식물'(Urpflanze)이라고 칭한 것으로 거슬러 올라갈 수 있다고 생각했고, 마침내 그 원형식물을 특정한 잎이라고 판정했지요. 프로프는 이 관념에서 큰 영향을 받아, 그의 『민담 형태론』(*Morphologie du conte populaire*) 러시아판(1928)에서는, 각 장 첫머

리에 괴테의 책에서 발췌한 긴 문장을 인용했습니다. 난 적어도 초기에는, 수많은 사실과 표상과 의례에서 전체를 분명하게 보려면, 종교학자는 자기 분야의 '원형식물', 원초적 이미지, 즉 인간이 성스러움에 직면한 결과로 생긴 것을 추구해야 한다고 생각했어요. 요약하자면, 내가 유용하다고 생각하는 '구조주의'는 현상들의 공통 본질에 대해, 그 현상들의 의미를 뒷받침하는 시원적 질서에 대해 자문하게 하는 것입니다. 난 레비스트로스를 작가로서 대단히 존경하며, 비범한 정신을 지닌 분이라고 생각합니다. 그러나 해석학을 배제하는 한, 그의 방식에서는 내가 이용할 부분이 조금도 없어요. 종교학자는 마르크스주의에서 심리주의까지, 어떤 사상이든 간에, 성스러운 현상의 본래 *의미*를 파악하고 그 역사를 해석하는 것을 자신의 가장 중요한 과제로 생각합니다. 그래서 난 종교학자가 레비스트로스 방식의 '구조주의'로 뭔가를 할 수 있다고 보지 않습니다.

 R 선생님께서 걸어오신 길에서 가장 큰 장애물은 무엇이었습니까? 가장 불확실하고 의심스러웠던 것은요?

 E 한 가지 큰 어려움은, 소설가인 동시에 학문적인 연구를 해야 하는 거였어요. 초기에 루마니아에서는 선배나 동료들이 날 미심쩍게 여겼습니다. 그들은 "성공한 소설을 쓴 사람이 동시에 객관적인 사상가일 수는 없다."고 생각한 것이지요. 내 책『요가』가 프랑스에서 출판되고 여러 저명한 인도 학자들의 호평을 받고 나서야, 내가 하는 일이 적어도 진지했다는 것을 그들도 알게 됐죠……. 그 결과 난 내 소설의 번역 출판을 미루기도 했어요. 종교

학자와 동양학자로서 내가 한 작업의 신뢰성에 금이 가지 않도록 말이지요. 그런데 지금은 역설적이게도, 대학 출판부에서 『금지된 숲』의 영어 번역을 출판하게 됐습니다.

또 다른 어려움은, 내가 소설이나 이야기의 주제에 푹 빠져 있을 때에도, 학문적인 연구에 매달려야 한다는 것입니다. 물론 강의를 계속 하기는 하지만, 난 실제로 거기에 없는 것이지요…….

R 그런 어려운 점들이 있었군요. 그런데 선생님 주장의 타당성을 의심해 보신 적은 없으셨나요?

E 난 '의심'은 없었는데, 정확히 말하자면, 일종의 '완벽주의'로 고민했지요. 내 경력을 이해하려면, 내가 소수 지방문화 출신이라는 사실을 고려해야 합니다. 난 내가 알아야 할 것을 잘 모르는 게 아닌지 걱정했어요. 그래서 선생님들과 동료들에게 편지도 쓰고, 매년 여름이면 외국에 가서 도서관을 샅샅이 뒤지곤 했지요. 어쩌다 나와 다른 해석을 보게 되면, 같은 현상을 다른 관점에서도 이해할 수 있다는 것을 발견하고 기뻐했어요. 가끔은 내 저작의 세세한 사항을 수정하기도 했지요. 그러나 내 전제나 방법을 통째로 버려야 할 만큼 근본적인 회의를 경험하지는 않았습니다. 내가 쓴 것은 인도에서의 개인적인 경험, 그 3년의 경험을 바탕으로 했지요.

R '방법'이라고 말씀하셨는데……, 그게 뭡니까?

E 첫 번째는 최상의 자료, 즉 최선의 번역과 최고의 주석을 입수하는 것이에요. 이를 위해서, 난 동료들과 그 분야의 전문가들에게 물어봅니다. 그렇게 하면 별로 이득이 없는 수천 쪽의 자료를

읽는 수고를 덜게 되지요. 사실 내가 오스트레일리아 연구에 7, 8년을 투자했던 이유 중 하나는 자료를 철저히 알아야 한다는 걱정 때문이었어요. 아프리카나 아메리카 부족들의 경우에는 불가능하겠지만, 오스트레일리아의 모든 주요 자료는 내가 다 읽을 수 있다고 생각했던 것이지요.

두 번째는 고대 혹은 전통 종교에 접근할 때, 그 시초에서부터, 말하자면 우주창조 신화에서 시작하는 것입니다. 어떻게 세계가 존재하게 되었는가? 누가 세계를 창조하였는가? 신, 조물주, 신화적 조상? 아니면 세계는 이미 거기 있었나? 어떤 신적 존재가 세계를 변형시키기 시작했는가? 그렇게 해서 인간과 모든 제도의 기원 신화가 도출되는 것입니다.

Ⓡ 환상에 의거한 유명한 표현, 기원 신화가 신화들의 기원이라는 것을 풀어서 말씀해 주시겠습니까?

Ｅ 모든 신화는 기원 신화의 변형입니다. 세계 창조가 모든 창조의 모델이기 때문이지요. 세계의 기원은 인간, 식물, 그리고 성(性)과 죽음, 또는 제도들의 기원의 모델이에요……. 모든 신화에는 시작과 끝이 있는데, 시작은 우주창조이고, 끝은 종말론, 즉 신화적 조상들이 돌아오거나 메시아가 도래하는 것입니다. 그래서 종교학자는 총체적 신화를 개별 신화들이 아무렇게나 뒤섞인 것으로 보지 않고, 의미가 부여된 단일한 집합, 요컨대 하나의 '성스러운 역사'로 보게 됩니다.

Ⓡ 기원 신화가 대답하려는 물음은, 하이데거 사상에서 중요

한 위치를 점한 라이프니츠의 물음, "왜 아무것도 없기보다는 어떤 것이 있는가?"라는 것과 일맥상통합니까?

E 네, 그건 동일한 물음입니다. 왜 실재, 즉 세계가 존재하는가? 어떻게 실재가 실현되는가? 바로 그것이 원시인의 신화들에 대해서, 내가 '고대 존재론'을 자주 언급하는 이유입니다. 원시인에게는 전통 사회의 사람들과 마찬가지로, 외부 세계의 사물들이 독자적으로 본질적 가치를 지닌 것이 아니에요. 하나의 사물이나 행위는 *가치*를 획득하고, 그렇게 함으로써 실재가 됩니다. 그것들을 초월하는 실체에 어떻게든 관여하기 때문이지요. 그래서 내가 『영원 회귀의 신화』에서 제안했듯이, 고대 존재론은 플라톤적 구조를 갖고 있다고 말할 수 있을 것입니다.

설명 안 된 것

Ⓡ 정보를 얻기 어려웠던 탓에 선생님의 저작에서 아프리카 쪽이 다소 결여되어 있지요?

Ⓔ 15년쯤 전에 원시종교의 역사를 쓰려고 계획을 세웠는데, 오스트레일리아 종교에 대한 소책자만 겨우 출판했어요. 자료들이 너무 방대해서 아프리카를 앞두고 주저하게 됐지요. 그리올(Marcel Griaule)과 그의 제자들이 시작한 프랑스의 아프리카학은 우리가 아프리카 종교들을 새롭게 이해하도록 해주었습니다.

Ⓡ 마르셀 그리올을 아십니까?

Ⓔ 그럼요, 아주 잘 알죠. 난 그의 발견과 해석이 나 자신의 연구 방식을 확증한다고 느꼈어요. 그의 『물의 신』(*Dieu d'eau*)[2]을 통

---

2)　이 책은 프랑스에서 1948년에 출판되었으며, 1965년에 나온 영어판은 『오고테멜리

해서, 우리는 '야만인'에 대해 가졌던 어리석은 이미지를 끝내버렸죠. 그것은 레비브륄(Lévy-Bruhl)조차 한편으로는 내버렸던 테마, '전(前)논리적 심성'(mentalité prélogique)이라는 개념의 끝이기도 했습니다. 그리올이 도곤인들(Dogons) 틈에서 여러 번, 오래 머물고 나서야 그 부족의 비상하고도 엄격한 신학에 대한 지식을 얻은 걸 보면, 평범한 여행자들이 그런 지식을 얻지 못했던 게 명백하죠. 도곤에 대해 아는 점을 바탕으로, 우리는 다른 부족들에게, 그리고 모든 '고대적' 사유 안에, 틀이 잘 잡힌 정교한 신학이 있다고 가정할 자격이 있는 것이에요. 그렇기 때문에, 민족지학자들에게뿐만 아니라 그때까지 프레이저를 지나치게 따라했던 종교학자들에게도 그리올의 작품은 대단히 중요합니다.

Ⓩ 제가 이런 얘기를 들었는데요. 그리올이 죽은 후, 어느 날 몇몇 도곤인들과 유럽인 친구들이 도곤 지역에서 그를 추모하기 위해 모였답니다. 식사를 하다가, 그들 가운데 있는 그리올을 목격했대요……. 그런 이야기를 들었을 때, 선생님은 그게 가능한 이야기라고 생각하십니까?

■ 이런 일들은 사람들이 특정한 영적인 우주에 속해 있을 때에 가능한 것입니다. 만일 도곤인들이 그리올의 사후에 그를 보았다면, 그건 분명히 그리올이 영적으로 그들의 일원이었다는 징표입니다.

와 대화: 도곤의 종교 사상 개론』(*Conversations with Ogotemmeli: An Introduction to Dogon Religious Ideas*)이다.

　　ℝ 이성과 과학이 포괄하지 못하는 영역 예를 들어 사후의 유령들처럼, 우리의 영적인 자질에 따라 가능하기도 하고 불가능하기도 한 일들이 있는 건가요?

　　𝐄 그것이 바로 이탈리아의 민족지학자이며 종교학자인 마르티노(Ernesto De Martino)가 원시인들의 초심리학적(parapsychologiques)·'정령' 현상들을 연구한 책, 『주술의 세계』(Il mondo magico)에서 주장하는 것입니다. 마르티노는 원시 문화에서는 그러한 현상의 실체를 인정하였지만, 우리 문화에서는 인정하지 않았어요. 그는 샤먼이 불러내는 유령은 진짜라고 믿었지만, 심령술 강령회에서 출현한 유사한 유령의 존재는 거부했어요. 그에게는 자연 자체가 문화적으로 정해져 있었거든요. 다양한 문화들이 '자연'에 대해 갖고 있는 관념에 따라서 어떤 '자연적' 법칙들은 달라진다는 것입니다. 예를 들어, 우리에게 자연은 중력의 법칙을 따르지만, 고대인에게 자연은 중력의 법칙을 따르지 않았죠. 그래서 초심리학적 현상의 가능성이 있다는 것이에요……. 논란의 여지가 큰 이론임에 틀림없지만, 난 흥미롭다고 생각해요. 나로서는 '초심리학' 문제에 관해서 할 애기가 없어요. 그러나 다음 세대에서는 이 주제에 관하여 더 많이 알게 되기를 바랍니다.

　　ℝ 유명한 마르크시스트 지리학자이자 아프리카 전문가 한 분이 지방 신들은 실제 세력들이라고 사석(私席)에서 주장하는 것을 들었습니다.

　　𝐄 '실제 세력들'이라, 그 말은 알지요……. 하지만 이 세력들의 응집된, 말하자면 '체현된' 현현을 믿는 것은 별개입니다. 예를

들어, 어떤 오스트레일리아 원주민이 초인적 존재 안에 체현된 우주 또는 심신의 세력들에 대해서 우리에게 말할 때, 우리가 오스트레일리아인들 자신과 동일한 방식으로 그 세력들을 묘사하리라고 생각하기는 아주 힘들지요……. 어쨌든 그 마르크시스트 지리학자 이야기는 매우 흥미롭군요. 이건 그가 참으로 과학적인 사상가라는 증거입니다. 그가 확실성을 받아들이는 것이요.

ℝ 니체와 하이데거 같은 사상가들이 '신들'을 말하고 그 신들을 사색한다는 사실로 인해 혼란을 겪지 않으려면 어떻게 해야 합니까? 그것이 단지 시적인 허구의 문제일 뿐이라고 믿지 않는다면 말이지요.

🅴 니체, 하이데거, 그리고 발터 오토(Walter Otto)도 있지요. 오토는 독일인으로, 그리스 신화와 종교 전문가인데, 호메로스 풍의 신들에 대한 책에서 이런 신들의 실체를 긍정했습니다. 하지만 이 학자들과 철학자들이 신들의 '실체'라는 말로 정확히 무엇을 의미했을까요? 그들이 신들의 실체를 고대 그리스인 식으로 생각했을까요?……. 정말 혼란스러운 것은 거기서 유치하고 미신적인 화제를 다루는 것이 아니라, 성숙하고 심오한 사유에서 나온 주장들을 다루고 있다는 점이지요.

ℝ 사색하게 하는 이야기들에 대해서 말인데요. 어제 선생님의 『일기』에서, 친구들 중의 한 여자 분이 빛으로 가득 찬 정원을 보았다고 말했다는 구절을 다시 읽었어요. 그런데 그 뒤에는, 더 이상 아무것도 없었어요……. 선생님께서 이야기를 꺼내놓고 지나쳐

버리시더군요.

　E 네, 군말이 왜 필요합니까? 우리가 인정해야만 하는 초인 간적인 경험들도 있는 것입니다. 그러나 우리가 그런 경험의 본질을 안다는 것은 무엇을 의미하는 걸까요?

　R 비슷한 일들이 선생님께도 일어났습니까?

　E 대답하기가 곤란하군요…….

노아의 방주

 선생님이 보시기에, 종교학은 거기 몰두한 사람을 내면 적으로, 영적으로 변화시킬 뿐만 아니라, 성스러움을 되살려내기 도 하지요. 『일기』에서 이를 가장 잘 설명해 주는 구절을 제가 인 용해 보겠습니다. 1959년 12월 5일자, "마르크스가 사회적 무의식 을 분석하여 '가면을 벗겨'냈고 프로이트가 동일한 일을 인간의 무 의식에 행한 것이 사실이라면, 그래서 정신분석과 마르크스주의가 *진짜* 원인과 동기에 도달하기 위해 '상부구조'를 어떻게 뚫고 나갈 지 우리에게 가르쳐 주는 것이 사실이라면, 종교학도, 나 자신이 이 해하는 대로라면, 동일한 목적을 갖고 있다. 즉 *인간의 경험 안에 서 초월적인 것의 현존을 확인하는 것*, '무의식'의 거대한 총체 안 에서 초의식적인 것을 분리하는 것……. 일상 속에서 초월적인 것 과 초역사적인 것의 현존을 '가면 벗겨'내는 것이다." 또한 "20세기의 중대한 사건은 프롤레타리아 혁명이 아니라, 비(非)유럽인과 그의 영적인 세계를 발견한 것이다."라고 쓰셨어요. 그리고 그 무의식은, "비(非)서구 세계"와 똑같이, "종교학의 해석학에 의해서 해독될" 것이라고 덧붙이셨죠. 그러니까 역사를 바꿀 수도 있는 위대한 지적 '혁명'은, 마르크스주의나 프로이트주의도 아니고, 역사 유물론이나 무의식 분석도 아니라, 바로 종교학임을 알아야겠네요…….

🄴 그게 사실 제 생각인데요. 그 이유는 간단합니다. 종교학은 본질적으로 인간적인 것을 다루고 있어요. 인간과 성스러움의 관계 말입니다. 종교학은 우리가 겪는 위기 속에서 정말로 중요한 역할을 할 수 있어요. 현대인의 위기를 의미의 부재에 대한 인식이라고 본다면 그 위기는 대부분 *종교적인* 것입니다. 어떤 사람이 자기 실존의 요체를 잃어버렸다고 느낄 때, 더 이상 삶의 의미가 무엇인지 알지 못할 때, 그것은 곧 종교적인 문제와 연관됩니다. 종교가 바로 "실존의 의미는 무엇인가?"라는 근본적인 질문에 대한 답이기 때문이지요……. 이 위기에서, 이 혼돈에서, 적어도 종교학은 신화적이고 종교적인 전통들을 실은 노아의 방주가 될 수 있어요. 그게 내가 이 '총체적 분야'가 탁월한 기능을 할 수 있다고 생각하는 이유입니다. 학술 저서들은 아마도 모든 전통 종교적 가치와 모델이 '숨어' 있는 창고를 이루겠지요. 그래서 내가 종교적 사실들의 의미를 명확히 밝히려고 끊임없이 노력하는 것이에요.

🅁 전통, 전승에 대해서 말씀하셨는데요. 전통이라는 말을 더 강조하시는 건가요? 그런 점에서, 선생님 자신이 구에농(Guénon)이나 아벨리오(Abellio)와 비슷하다고 생각하십니까?

난 르네 구에농의 책들을 한참 뒤에야 읽었는데 그 중에 몇 권은 참 재미있게 봤어요. 특히 『베단타에서 본 인간과 변화』 (*L'Homme et son Devenir selon le Vedanta*)는 아주 훌륭하고 지적이며 심오한 책이지요. 그러나 구에농에게는 나를 화나게 하는 면이 있는데, 바로 그의 지나치게 논쟁적인 측면과, 근대 서구 문화 전체를 노골적으로 거부하는 점이에요. 마치 소르본 대학에서 가르친다는 사실만으로 더 이상은 아무것도 몰라도 괜찮다는 것 같아요. 난 그가 근대 예술과 문학을 맹목적으로 경멸하는 것도 정말 마음에 안 들어요. 바로 이 우월 콤플렉스 때문에 그가, 예를 들어, 단테는 오직 '전통'의 관점에서만 이해할 수 있다고 믿게 된 건데요. 정확히 말하면 그 전통이란 것도 르네 구에농의 전통이지요. 물론 단테는 매우 위대한 시인임이 분명하고, 단테를 이해하기 위해서는, 시를 *좋아해야* 하고, 무엇보다 그의 광대한 시 세계를 깊이 알아야 합니다. 일반 전통 또는 특정 전통에 관한 것이라면, 그 주제가 복잡하고도 미묘해서, 지금 우리의 '대담'처럼 느슨하고 개괄적인 성격의 대화에서는 논하지 않겠습니다.

일상 언어에서 '전통'이라는 용어는 아주 다양하고 이질적인 맥락에서 쓰이지요. 사회 구조와 경제 체계를 뜻하기도 하고, 인간의 행동, 도덕적 관념, 신학적 선택, 철학적 입장, 과학적 태도 등을 가리키기도 합니다. 객관적으로, 즉 종교학자들이 이용할 수 있는 자료들을 고려한다면, 고대와 동양의 모든 문화들, 또한 도시든 농촌이든, 계시 종교들(유대교, 기독교, 이슬람) 중 하나에 의해서 구조화된 모든 사회들은 다 '전통적'이에요. 실제로 이 모든 것들은 전통과 '신성한 역사'의 수호자로 간주되는데, 그 수호자는 세계를 총체적으로 설명하고 인간의 현실 상황을 정당화하는 한편, 인간의 행동 및 행위의 모범이 되는 최고의 모델들을 제시하지요. 이러한 모델들은 모두 초인간적 기원이나 신적인 영감에서 비롯되었다고 알려져 있어요. 하지만 대다수의 전통 사회에서, 어떤 가르침들은 비밀스럽고, 그런 만큼 입문식을 매개로 전승됩니다. 오늘날 '전통'이라는 용어는 흔히 '밀교'(密敎, ésotérisme), 비밀 가르침을 지칭하지요. 결과적으로, 자기가 전통의 추종자라고 선언하는 사람은 그가 '입문한' 자이며, '비밀 가르침'의 담지자라고 알려주는 것입니다. 이것은, 최상의 경우라 해도 하나의 환상이지요.

ℝ 선생님께 종교학의 의미 가운데 하나는 존재할 만한 것을 지켜내고, 핵심적이라고 여겨지는 가치들을 지켜내는 것이지요. 그러나 종교학자가 모든 것을 이해하도록 노력해야 한다 하더라도, 모든 것을 다 정당화할 수는 없습니다. 그가 모든 믿음과 모든 의례들을 영속시키거나 복원시키기를 바랄 수도 없고요. 우리와 마찬가지로 종교학자도 그 가치들 중에서 선택해야 하고, 그것들을 서열화해야 합니다. 인간적인 모든 것에 대한 존중과 불가피한 도덕적 선택, 선생님은 이 양자를 어떻게 절충하십니까? 예를 들어, 어떤 인도주의(人道主義) 운동은 음핵 절개의 관습을 반대한 유네스코에 대하여 이의를 제기했는데요. 만약 유네스코가 선생님께 이 문제의 자문을 구한다면, 어떻게 답변하시겠습니까?

Ｅ 난 망설이지 않고 유네스코에게 그 관습을 규탄하라고 권하겠습니다. 그 의례는 전혀 중요한 것이 아닙니다. 원시 시대의 것도 아니며, 한참 후대에 와서야 생겨난 것입니다. 그것은 이 의례를

행하는 사람들의 종교적 개념이나 입문식에서 결코 중요하지 않고, 그들의 종교적 또는 도덕적 행위에서도 아무런 가치를 갖고 있지 않아요. 간단히 말해서, 그것은 내가 '암적'(癌的)이라고 말한 것, 동시에 위험하고 기괴한 것이 자라난 결과일 뿐이에요. 그러한 관습의 폐기는 전적으로 필요합니다.

　　⒭ 『종교사상사』 제3권은 이슬람의 발생에서부터 현대 '무신론적 신학들'까지의 시기를 다루고 있습니다. 선생님께는 무신론이 그렇게 종교사의 한 부분을 차지하지요. 다른 한편으로, 『일기』를 보면, 선생님이 미국에서 틸리히(P. Tillich)와 몇몇 '사신(死神) 신학자들'을 만나셨다는 것도 알 수 있는데, 이 '신의 죽음'이라는 테마는 일부 종교학에서만 통용되는 제한적인 개념 아닌가요?

　　Ⓔ 우선은 '신의 죽음'이라는 테마가 완전히 새로운 게 아니라는 말씀부터 드려야겠네요. 요컨대, 그것은 데우스 오티오수스(deus otiosus), 한가한 신, 이 세상을 창조한 후에 세상에서 떠난 신이라는 개념을 되살려낸 것입니다. 하지만 '사신' 신학이 대단히 중요한 건 사실이에요. 왜냐하면 그것이 근대 서구 세계의 유일한 종교적 창조니까요. 우리는 거기서 탈신성화의 마지막 단계와 마주치게 됩니다. 종교학자로서 관심이 상당한데, 이 궁극적 단계가 성스러움의 완벽한 위장, 혹은 더 적절하게 말해서, 성과 '속'의 동일화를 보여 주기 때문이에요.

　　물론 우리와 동시대에 있는 '탈신성화'와 '사신' 신학의 의미를 파악하기에는 아직 너무 이르고, 그 미래를 예측하기에도 너무 이르죠. 하지만 그것이 제기하는 물음은 다음과 같습니다. '속'

은 어느 정도로 '성스러움'이 될 수 있는가? 신도 신들도 없이, 철저하게 세속화된 존재는 새로운 유형의 '종교'가 생기는 데 어느 정도로 영향을 주는가? 이 물음에 크게 세 가지 유형으로 대답할 수 있다고 봅니다. 먼저, '사신 신학자들'의 대답은, 기독교 교회의 모든 상징과 의례와 개념들의 파괴를 넘어서, 세계와 인간 실존의 철저하게 세속적인 성격에 대한 이 인식이, 역설적이고 신비로운 상반의 합일 덕분에, 새로운 양식의 '종교적 체험'을 위한 토대가 될 수 있기를 바란다는 것이에요. 그들에게 '종교'의 죽음은 '신앙'의 죽음이 아니라, 오히려 그 반대죠……. 또 다른 대답은, 성/속 대립의 역사적 형태를 부차적인 것으로 보고, '종교들'의 소멸이 결코 '종교성'의 소멸은 아니며, 성스러운 가치들이 속된 가치들로 계속 변하는 것은 인간이 그 자신과 영원히 만나는 것이나 자신의 정황을 체험하는 것보다 덜 중요하다는 것입니다……. 마지막 대답은, '성'과 '속'의 대립이 종교들 안에서만 의미가 있다, 즉 *기독교는 하나의 종교가 아니다* 하고 생각할 수 있다는 것입니다. 기독교인은 더이상 고대인처럼 우주 안에서 사는 게 아니라 역사 안에서 살겠지요. 하지만 역사란 무엇입니까? 역사를 성화하려는 유혹이나 그러한 시도는 무슨 가치가 있지요? 역사가 그렇게 구원해 주기를 바라는 세계는 어떤 세계인가요?

8

상상의 형상

종교, 성스러움 | 신화, 의례, 입문식 | 성스러운 사람들 | 꿈과 종교

종교, 성스러움

R 레비스트로스의 『토테미즘』(*Totémisme aujourd'hui*) 첫머리를 분명 기억하고 계시죠. "토테미즘은 히스테리 증세와 같다. 어떤 질병이나 객관적인 체계를 진단하는 징후로 사용하기 위해 자의적으로 어떤 현상들을 따로 떼어내거나 그룹으로 합치는 것이 가능한지 우리가 그것을 생각해 보자마자, 곧 그 증상 자체가 사라져 버리거나 통일된 해석으로 처리할 수 없음이 드러난다……."라고 한 것 말입니다. 종교도 토테미즘이나 히스테리에서와 마찬가지 아닙니까? 바꿔 말하자면, 만약 종교들의 역사나 학문에 대상이 있다면, 그게 무엇이라고 해야 할까요?

E 그 대상은 *성스러움*입니다. 하지만 어떻게 우리가 그 성스러움의 경계를 정하겠습니까? 그것은 대단히 어려운 일이지요. 어쨌든 나에게 전적으로 불가능해 보이는 것은, 이 세상에 환원할

수 없는 어떤 *실재*가 있다는 확신이 없이 어떻게 인간의 정신이 기능할 수 있을까 상상하는 것입니다. 어떻게 인간의 충동과 경험에 *의미*를 부여하지 않고 의식이 나타날 수 있을까 상상하는 것은 불가능해요. 실재적이고 의미 있는 세계에 대한 의식은 성스러움의 발견과 밀접하게 연관되어 있어요. 인간은 성스러움에 대한 체험을 통하여 실재적이고 강력하며, 풍부하고 의미 있는 것으로 드러난 것과, 그런 것이 결여된 것, 즉 사물의 혼돈스럽고 위험한 유입, 그러한 것들의 우연하고 의미 없는 출현과 소멸 사이의 차이를 파악하게 됩니다. 하지만 여기에서 한 가지 요점을 다시 강조해야겠는데요. 성스러움은 의식의 역사 안에 있는 한 단계가 아니라, 그 *의식의* 구조적인 요소라는 것입니다. 대개 고대 문화의 단계에서는 *인간 존재로 산다는 것* 자체가 *종교적 행위*였어요. 식사, 성행위, 노동, 모두가 성례전적 가치를 지닌 것이었기 때문이지요. 성스러움의 체험은 이 세계 안에 인간이 존재하는 양태에 아주 본질적인 것입니다. 실재, 그리고 실재가 아닌 것에 대한 체험이 없이 인간은 그 자신을 구성할 수 없어요. 그리고 종교학자가 다양한 종교적 형태들을 연구하기 시작하는 것도 바로 이러한 사실에 기초해서입니다.

ᴿ 그래서 성스러움이 종교적 체험의 근본이군요. 그러나 그것은 예를 들어 '현상학'에 의하지 않고는 드러날 수 없다는 점에서 물리적인 현상이나 역사적 사실과는 다른 것이지요. 제 말이 맞습니까?

ᴱ 꽤 맞습니다. 우선, 성스러움에 대해 생각할 때, 그것을 신

의 형상으로 제한해서는 안 됩니다. 성스러움은 꼭 하느님이나 신들, 또는 정령에 대한 믿음만을 뜻하지 않을 수도 있어요. 거듭 말씀드리지만, 그것은 이 세계 안에 존재함을 깨닫는 원천이며, 실재를 체험하는 것입니다. 우리를 인간으로 만드는 바로 이 의식이 어떤 것이겠습니까? 그것은 실재와 비(非)실재 사이에서 일어나는 구분을 경험하는 것, 성스러움을 체험한 결과인 것입니다. 성스러움의 체험이 본질적으로 의식의 영역 안에 놓여 있는 것이라면, 성스러움이 '외부로부터' 인식될 수 없다는 것은 분명합니다. 기독교인이나 원시인의 종교적 행위 안에서 그것을 인식할 수 있게 되는 것은 바로 내적 체험에 의해서입니다.

Ⓡ 성스러움은 속과 대립되어 있으며, 그 자체로 양가적입니다. 그 양극이 생명과 죽음이기 때문만이 아니라, 매혹적으로 끌어당기는 동시에 밀쳐 내기 때문입니다. 그러한 것들이 『성과 속』이라든지, 로제 카이와가 『인간과 성』(*L'Homme et le sacré*)에서 도달한 결론이고 선생님 자신의 것과 유사하다며 인용하신 『종교사 개론』의 큰 주제들입니다. 그 모든 것이 잘 알려져 있지요. 그러나 1946년에 『성과 속』의 서문에서 말씀하셨죠, "내가 이제까지 간접적으로만 언급해 왔던 문제가 남아 있다. '속' 자체는 어느 정도까지 '성스러움'이 될 수 있을까? 하느님이나 신들 없이 철저하게 세속화된 존재가 어느 정도까지 새로운 유형의 '종교'의 출발점이 될 수 있을까?" 간단히 예를 들자면, 레닌의 묘소는 '성스러운' 것인가? 하는 것이지요.

Ⓔ 방금 암시하신 것처럼, 종교학자들에게 문제는 이 세계

안에서 그 자신을 의식적이고 결연하게 속된 것으로 나타내는 성스러움과 그 표현들을 그 구조들의 잔존이 아무리 잘 위장되고 왜곡되어 있어도 인지해 내는 것입니다. 이러한 관점에서 보면 마르크스와 마르크스주의 안에서 몇 가지 위대한 성서적 신화를 인식하는 것이 가능합니다. 의인의 구속적 역할, 선(프롤레타리아)과 악(부르주아) 사이의 궁극적인 종말론적 투쟁, 그에 뒤따라오는 황금시대의 도래 같은 것 말입니다. 그러나 난 레닌의 묘소가 본질적으로 종교적이라고 말하지는 않겠습니다. 비록 혁명의 상징으로 종교적 상징의 기능을 수행하고 있다 하더라도 말이지요.

Ⓡ 하지만 로마 황제의 신성화는 어떻습니까? 그것은 성스러운 형태의 속되고 속인적인 잔존입니까, 아니면 성스러움의 참된 고대적 형태입니까?

🅴 고대적이며 근대적인 양면에서, 그것은 참으로 성스러운 것입니다. 로마 황제의 신격화는 동방의 제왕적 이념으로부터 직접 유래하는 것이에요. 그의 제국 안에서 질서와 풍요의 책임을 지는 것은 바로 주권자, 대장, 황제입니다. 그는 우주의 순환, 계절의 질서, 그리고 성공, 운을 보장하는 자입니다. 그는 메소포타미아의 왕이나 신적인 파라오가 고대에 그랬던 것처럼 제국을 보호하는 자질을 구현하고 있는 것입니다.

Ⓡ 말로가 그의 『반 회고록』(*Anti-Memoirs*)에서 마오쩌둥에게 자신이 '마지막 황제'였다는 것을 알았는지 물은 것을 회상하는 대목이 기억나는데요. 그 '청동 황제'는 거기에 동의하죠. 그러니까 선

생님께서는 중국의 고대 황제들처럼 로마 황제를 땅과 하늘을 연결하며, 이 세계 안에서의 질서를 유지하는 책임을 지고 있는 성스러운 인간으로 보시는 거군요. 그리고 레닌은 오직 성스러움의 잔존으로 보시는 거고요. 그렇다면 마오쩌둥은 어떻습니까?

E 마오쩌둥은 자신을 마지막 황제라고 할 자격이 있어요. 그는 올바른 교리의 수호자이며 해석자였고, 일상사에서 인민의 평화와 복지를 책임진 사람이었습니다. 그는 거의 신화적이며 원형적인 황제였어요. 중국의 제국적인 전통의 확장이었죠. 단지 어휘만 바뀌었지 그 기능은 동일하게 남아 있었지요.

R 어떤 기준으로 우리가 마지막 황제 마오쩌둥과 마지막 차르 레닌을 구별할 수 있을까요? 제가 보기에는 선생님께서는 초월에 접근해 가는 '참 성스러움'과 '거짓 성스러움'을 은연중에 구분하고 계시는 것 같은데요.

E 초월과의 관계가 현대 정치적 이데올로기에는 결여되어 있는 것이 사실입니다. 그러나 성스러움에 대한 감정 가운데 두 가지는 여전히 남아 있어요. 즉 지도자의 근본적인 책임감과 메시아적 희망으로 말이지요. 난 스탈린이 자신을 어떻게 여겼는지 모릅니다. 그러나 시들을 읽어 보면, 그는 태양으로, 독특한 인간으로 여겨졌습니다. 물론 그런 것들이 '초월적인' 이미지는 아닙니다. 기껏해야 '인간적인 것을 넘어가는' 슈퍼맨적인 것이지요. 스탈린의 신화는 원형에 대한 향수를 드러내고 있어요. 상실을 겪은 혼란스런 상황에서 희구하는 더 높은 상태를 반영하지 않는 어떤 '타락' 같은 것은 없습니다,

신화, 의례, 입문식

　　ℝ 그래서 종교적인 것은 그게 무엇이든 본질이 성스러움이 되는군요. 그러나 의례, 신화, 상징이 없는 종교, 특히, 어떤 존재를 종교적 공동체의 신화와 상징에 연관시키는 의례인 입문식이 없는 종교란 없을 것입니다. 의례, 신화, 상징, 이런 것들은 어떻게 연관되어 있습니까?

　　🄴 방금 종교학을 요약해서 말씀하신 셈인데, 그 질문에 대답하려면 책 한 권을 다 갖고도 모자랄 것입니다. 신화는 성스러운 이야기를 합니다. 즉 시간의 처음에 일어났던 시원적 사건을 이야기하고, 신이나 영웅들, 그리고 그들의 행동이 문명을 창조한 인물들과 연관되어 있어요. 그것이 바로 신화가 절대적 진리의 토대라고 말하는 이유입니다. 신화는 하나의 실재가 어떻게 지금의 상태로 존재하게 되었는가를 드러내기 때문에, 의례뿐만 아니라 양

식의 준비, 성, 노동, 교육 등 모든 의미 있는 인간의 행위에 모범적 모델이 됩니다. 그렇게 해서 인간은 그의 일상에서 신들을 모방하고 그들의 행위를 반복하는 것입니다. 난 뉴기니의 어떤 부족을 자주 예로 들곤 하는데요. 그들에게 신화는 항해와 관련된 모든 행위, 배의 건조에서부터 그것이 포함하는 성적인 금기, 고기잡이에 사용되는 몸짓과 심지어 배가 따라 가야 하는 항로까지 모든 행위에서 모델의 역할을 하고 있습니다. 어부가 특별한 의례적 몸짓을 행할 때, 그는 신의 도움을 간청하는 것이 아니라 그 신을 모방하고 있는 것이며, 신과 자신을 동일시하고 있는 것입니다. 우리가 보고 이해해야 할 것은 신화의 *실존적* 가치입니다. 여전히 고통 가운데에 있는 인간에게 신화는 안전함을 느끼게 해줍니다. 대양으로 항해를 나설 때, 그 폴리네시아인들은 아무런 두려움도 없어요. 왜냐하면 조상이나 신의 몸짓을 정확하게 반복하기만 하면, 성공은 이미 사물의 질서 안에 있다고 확신하기 때문이지요. 그 확신은 인간을 실제적인 방식으로 생존할 수 있게 해주는 힘 중 하나입니다.

Ⓡ 예, '상징이 사유를 불러일으키는' 것처럼 의례는 사람으로 하여금 살아갈 수 있도록 도와주는군요. 그리고 신화는 우리의 운명에 버팀목이 되고요. 『일기』에서 종교학이 일상사 안에서 초월을 드러내는 것을 도울 수 있는 길을 밝히고 싶다고 한 대목이 기억나네요. 게다가 그 『일기』가 때로 선생님 자신이 신화적 정황을 사셨음을 나타내기도 합니다. 고향으로부터 추방된 사람, 길을 찾아 헤매는 인간으로서 말이지요. 1907년 3월에 쓰신 일기처럼, 선생님이 바로 율리시스이고, 그 이미지, 그 사고가 선생님을 지탱해 주

는 것이지요.

또 다른 차원에서 가끔 플라톤적 존재론과 고대 존재론을 비교하셨는데요. 이데아와 '신화적 모델' 사이에 유사 관계가 있다고 보십니까?

■ 그 양자는 확실히 기억과 연관되어 있습니다. 플라톤에 따르면, 지식은 영혼이 천상에서 보았던 이데아를 기억함으로써 구성되는 것입니다. 오스트레일리아에서는 신입자를 '추룽가'라는 돌 앞으로 데려오는데, 그것은 신입자의 신화적 조상을 나타냅니다. 그는 부족의 성스러운 역사를 배울 뿐만 아니라, 그 조상이 어떤 행위로 문명을 세웠는지 듣게 됩니다. 그것은 또한 자신이 바로 그 조상*이라*는 것을 그에게 보여 주는 것이에요. 바로 플라톤적인 기억과 똑같죠!

Ⓡ 입문식은 보통 성스러움에 접근하기 위한 수단으로 생각됩니다. 그게 비신비화될 수 있을까요? "네가 아이였을 때, 너는 믿었다……. 이제는, 알아야 한다."라는 식으로 말이지요.

■ 예, 그런 유형의 입문식은 주로 초보적인 차원의 문화에서 행해지는 것입니다. 그것은 남동 오스트레일리아의 정화 의례의 가장 고대적 형태인데요. 그의 어머니로부터, 즉 자연으로부터 떨어져 나온 아이는 예식용 악기(bull-roarers) 소리에 공포를 느끼고, 할례를 받습니다. 그런 다음에, 사람들은 그에게 공포를 자아낸 정령들의 소리가 어떻게 나오는지 보여 주고, 그가 악기들을 불어 보게 합니다. 거기에 비신비화의 요소가 있어요. 하지만 동시에, 더 우월한 단계의 지성으로 전이하는 것입니다. 초자연적 존재가 실

존하지 않는다고 말하는 것이 아니라, 입문하지 않은 자들만이 두려워하는 그 현현들 중 하나를 보여 주는 것이에요. 어린아이 같은 믿음에서 벗어난 그 가입자는 이 땅에서 그가 행해야 할 모든 것을 성취한 후에 하늘로 물러나 버린 조상의 석화된 몸인 추룽가와 자기 자신이 동일함을 발견하도록 초대받은 것입니다. 마무리를 하면서, 주술사나 샤먼만을 위한 다른 입문의례도 있다는 것을 덧붙여야겠군요.

Ⓡ 선생님께서는 전통적 입문 의례의 붕괴와 우리 사회에서 이를 대체할 만한 것에 대해 많이 생각하신 걸로 압니다. 간단히 질문을 드리자면, 아이들에게 그들이 성적(性的)이며 죽는 존재라는 것을 어떻게 말해 줘야 합니까?

Ⓔ 오늘날에는 성(性)만이 탈 신성화되고 비신비화된 것이 아니라, 죽음 역시 그렇습니다. 또 무시되고 있지요. 죽음에 대한 시각과 사고가 억압당하고 있어요. 속된 사회에서 어린아이를 그 두 가지 위대한 신비로 들어서게 한다는 것은 매우 어려운 일입니다. 난 그 해답을 갖고 있지 않아요. 실제로 어린이들에게 죽음이나 성을 이해시킨다는 것이 가능할까요? 뭐라고 말해야 할지 모르겠습니다.

Ⓡ 카스타네다(Castaneda)의 책들이 성공을 거둘 수 있었던 것을 '전통적' 입문식에 대한 향수로 설명할 수 있지 않을까요? 거기에 얼마나 동의하십니까?

Ⓔ 어떤 인류학자들은 그의 증거를 수용하기도 하고, 또 어

떤 이들은 거부하기도 합니다. 사실 그의 학위논문인 "야키 마법사의 가르침"(Les Enseignements d'un sorcier yaqui)은 UCLA 대학에서 통과되었지요. 내가 그에게 샤머니즘에 대해 의견을 말했더니 그가 내 의견에 대한 전거들을 보내 왔어요. 난 산타바바라에서 강의를 마치고 며칠을 로스앤젤레스에 머물렀는데, 불행히도 그때는 그 논문을 읽을 시간이 없었죠. 나중에야 읽었는데, 카스타네다가 이미 유명해졌을 때였죠. 가장 흥미로웠던 것은 '흡연' 모임에 대한 기술이었어요. 중요한 것은 이런저런 마약을 피워 대는 것이 아니라, 성별되고 방향 잡힌 특정한 장소에서, 스승의 앞에서, 어떤 정신의 틀 안에서 그렇게 행하는 것이 중요하다는 사실을 명확하게 밝혔다는 점입니다. 어떤 자세에서는 그 흡연자가 환영을 볼 수 있는데, 다른 자세로는 안 된다는 것이지요……. 카스타네다는 약물의례의 의례적인, 심지어 철학적인 맥락의 중요성을 입증했어요. 이건 흡연만이 환락으로 이끌 수 있다고 생각하는 모든 젊은이들에게 말해 줄 만한 것이지요.

성스러운 사람들

Ⓡ 선생님께서는 요기, 샤먼, 연금술사에게 특별한 관심을 쏟아 오셨는데요. 그들의 공통점은 무엇이라고 보십니까?

🄴 그것이 일상적인 문제이든 비일상적인 입문식이든 간에, 시나리오는 항상 상징적 죽음과 그 뒤를 따르는 재생, 부활입니다. 요기의 경우를 보면, 그는 세속적 세계에서 죽는 것이에요. 자기 가족들을 떠나고 이름을 바꾸며, 때로는 언어를 바꾸기도 하지요. 요가에 대한 내 책에서 요기들의 어휘에 죽음과 재생을 뜻하는 용어들이 얼마나 많은지를 지적했습니다. 그것은 붓다의 가르침에서도 발견됩니다. 그가 비록 여러 가지 점에서 전통과 단절했다 하더라도 말이지요. 소크라테스도 '산파술'을 이야기합니다. 필론(Philon d'Alexandrie) 역시 정신의 생명으로 접근하는 길을 가리키기 위해 출생의 은유를 많이 사용하고 있어요. 사도 바울은 믿음을 통한 탄생

을 말하고요.

　Ⓡ 『대장장이와 연금술사』(*Forgerons et Alchimistes*)에서 연금술사가 이 입문적인 죽음을 물질에 투사했다고 말씀하셨지요.

　Ⓔ 연금술에서 그 입문적인 요소는, 금속을 '완전하게' 하기 위해서, 즉 금으로 변환시키기 위해서, 금속에 고통을 가하고 죽음에 이르게 하는 것입니다. 철학자의 돌이나 금을 얻는 것은 연금술사가 새로운 인성을 얻는 것과 동시에 일어나죠.

　Ⓡ 연금술은 고대의 입문식과 철학적 입문식 사이에 위치한 것입니까?

　Ⓔ 어떤 면에서는 그래요……. 그러나 연금술의 이 입문적인 요소가 연금술을 형성하는 것은 아닙니다. 내가 보기에 연금술은 야금술의 발견과 함께 시작된 작업의 마지막 단계입니다. 그 '창시자'는 광석을 금속으로 변환했는데, 연금술사는 철학자의 돌과 금, 그리고 불멸을 얻기 위해 자연과 시간의 작업을 대신하는 것입니다.

　Ⓡ 사제나 예언자에게는 요기, 샤먼, 연금술사에게만큼 관심을 기울이지 않으셨는데요.

　Ⓔ 사제와 성직에 대해서는 이미 너무 많은 연구 업적들이 나와 있어요. 난 상대적으로 덜 알려졌거나 잊혀진 분야에 관심을 쏟았던 것입니다. 정신병자나 단순한 주술사로 간주되었던 샤먼 같은 쪽에요. 그리고 만약 예언자나 예언을 이해해야 한다면, 난 샤머니즘에서부터 시작해야 한다고 봅니다.

Ⓡ 그러나 선생님께선 대중적인 것보다는 비밀스러운 것에, 제도보다는 신비한 것에, 근대적인 것보다는 고대적인 것에 더 많이 끌리지 않으셨습니까?

🄴 물론 그렇죠……. 난 어떤 것들의 비밀스러운 측면, 즉 샤머니즘, 탄트리즘, 흔히 원시인들의 입문 의례라고 이름 붙은 것들에 관심을 기울여 왔습니다. 거기에는 파악하기 어렵고, 책에서는 거의 접해볼 수 없는 어떤 것이 있었기 때문이에요. 고대적인 것에 관해서 말씀을 드리면 전통 사회와 원시인들이 인간의 생활공간에서 사라지는 중인데, 그들을 연구하는 민족지학자들이나 인류학자들은 이들의 신화적인 체계와 신학이 지닌 일관성, 고귀함, 아름다움에는 조금도 신경 쓰지 않습니다.

Ⓡ 그러한 이유들 뒤에는, 종교학 교수이자 수많은 학술적인 저작들의 필자 뒤에는, 루마니아의 랭보가 있는 게 아닌지 궁금한데요. "백인들이 상륙한다……. 경전……. 세례를 받아야 하고 옷을 입어야 한다……. 이방인의 피가 깨어난다……." 전 선생님의 내면 어디에서도 분노의 감정을 찾지 못했습니다. 그러나 반감이 전혀 없나요? 야생의 인간들에 대한 사랑의 배후에는, 권력자나 지나친 합리주의자, 고위 성직자, 은행가, 전략가, 모든 용병들과 기계적 지능을 가진 자원봉사자들에 대해서, 참기는 하셨지만, 어떤 분노가 있지 않습니까? 부쿠레슈티의 스무 살 선생님을 상상해 보려고 하는데요. 샤먼, 세계의 마법사들, 그리고 가난과 환상에 매인 모든 사람들을 향한 합리적 관심의 뿌리에서, 저는 또 다른 루마니아의 랭보를 상상해 봅니다.

E 아마 내 존재의 심연에는 소유와 지배, 기계문명에 의한 권력의 공격적 형태들에 대한 저항감이 있나 봐요. 그러나 특히, 신비주의자들, 영감 받은 자들, 엑스터시에 빠진 자들에게서, 난 종교와 예술과 형이상학의 근본적 원천의 현존을 감지합니다. 미지의 또는 멸시받던 차원의 인간 정신사를 이해하는 것은 단지 지식을 넓히는 데 그치는 것이 아니라, 이 세계와 시대 안에서 인간 정신의 창조성을 새롭게 하고 발전시키는 데 공헌하는 것이라고 늘 생각했습니다.

꿈과 종교

® 꿈과 종교 사이에는 어떤 연관이 있습니까?

E 꿈은 분명히 신화적인 구조를 가지고 있습니다. 그러나 꿈은 각기 고립된 경험이라서, 그 안에는 온전한 현존이 없습니다. 종교적 체험은 낮의 체험이고, 인간과 성스러움의 관계는 그 전체성 안의 존재에 관여하는 것입니다. 꿈과 신화의 유사성은 분명하지만, 그 차이 또한 본질적이에요. 양자 사이에는 간통과 『보바리 부인』만큼의 거리가 있어요. 말하자면 단순한 경험과 정신의 창조 사이의 차이지요.

® 꿈은 종교의 으뜸 소재가 아닙니까? 꿈에서는 죽은 자가 다시 살아나며, 환상의 괴물인 키메라가 진짜 있고, 다른 세계가 나타납니다. 잠자는 것과 깨어 있는 것의 차이와 성과 속의 차이에는

아무 연관이 없습니까?

E 나에겐 성스러움이 언제나 실재의 계시, 우리 실존에 의미를 부여함으로써 우리를 구원하는 것과의 만남입니다. 만약 그 만남과 계시가 꿈속에서 이루어진다면, 우리는 그것을 지각하지 못합니다. 꿈이 종교의 기원인지 아닌지에 대해서는, 글쎄요……. 사실 애니미즘이 최초의 종교 형태이고, 꿈의 경험이 그러한 믿음을 키워 온 것이라고 말해 왔습니다. 하지만 더 이상 그렇게 말하지 않지요. 나는 개인적으로 사람들이 초월의 계시로, 성스러움으로 이끌려 들어가는 것은 하늘의 광대무변함에 대한 헤아림을 통해서가 아닐까 생각합니다.

R 신의 탄생은 잠자는 사람 쪽이 아니라, 두 눈을 크게 뜨고 깨어 있는 사람 쪽에서 일어난다는 말씀입니까?

E 잠자는 사람도 많은 기여를 하지만, 근본적 체험은 깨어 있는 자의 것이라고 생각해요.

R 꿈과 신화에 대해 여쭈어 보면서, 내심 융(Jung)을 염두에 두고 있었습니다. 융은 선생님의 연구에 어떤 영향을 끼쳤습니까?

E 난 융을 사상가이자 뛰어난 인품의 소유자로서 대단히 존경합니다. 1950년 8월 아스코나에서 열린 '에라노스 회의'에서 그를 만났죠. 30분 정도 대화를 나누었는데, 그 동안 난 중국의 성인이나 지모신에게 뿌리를 두고 있는 동시에 하늘 가까이 있는 동유럽 어떤 농부의 말을 듣고 있다는 느낌을 받았어요. 난 융이라는 존재의 놀라운 단순함, 자연스러움, 박식함, 대화의 유머에 매혹되었

지요. 융은 그때 일흔다섯이었습니다. 그 후로 거의 매년 아스코나 또는 취리히에서 그를 만났어요. 마지막으로 만났던 건 그분이 돌아가시기 1년 전인 1960년이었어요. 만날 때마다 그의 '지혜'의, 인생의 충만함에 깊은 인상을 받았습니다.

나로서는 그의 연구를 판단하기가 어려워요. 전작을 다 읽어 보지도 못했고, 프로이트나 융 학파에서 정신분석을 받아 본 경험도 없습니다. 융은 요가와 샤머니즘에 관심이 있었어요. 연금술에 대한 관심은 우리들 사이의 공통 영역이었죠. 아시다시피 연금술에 흥미를 갖게 된 것은 내가 고등학생 때부터였어요. 내가 인도 연금술에 대하여 첫 번째 책을 쓴 것은 융이 그 분야에 대한 글을 쓰기 이전이었다고 확신합니다. 우리가 만났을 때는, 그가 『심리학과 연금술』(*Psychologie und Alchemie*)을 이미 썼을 때였습니다. 말하자면, 우리는 평행선으로 달려온 셈이지요. 융에게 연금술은 '개성화'(individuation)의 이미지 혹은 모델이었어요. 나에게는 연금술이 방금 『대장장이와 연금술사』와 연관해서 설명한 바로 그것입니다.

내가 융에게서 어떤 영향을 받았는지 정확히는 모르겠어요. 난 그의 책들을 여러 권 읽었고, 특히 『전이의 심리학』(*Die Psychologie der Übertragung*)을 열심히 봤어요. 또 에라노스에서 그와 긴 대화를 했지요. 융은 집단 무의식의 근본적인 통일성 같은 것을 믿고 있었고, 나도 모든 종교적 체험 밑에는 근본적인 통일성이 있다고 생각했지요.

Ⓡ 『일기』를 다시 읽어 보면, 융이 '중심' 이미지에 부여한 본질적인 위상이 선생님의 영향을 받은 것이 아닌가 하는 느낌을 받는데요.

🄴 가능한 이야기입니다. 1950년 에라노스에서 내가 그 주제로 강의를 했어요. 하지만 융이 정신분석 요법에서 중심으로부터 어떤 장점을 취할 수 있다고 인식하게 된 것은 그의 제자였던 뉴만(Newmann)을 통해서였을 것입니다.

🅁 선생님께선 원형에 대해서도 상당히 많이 쓰셨는데요…….

🄴 하지만 융의 원형과 같은 의미는 아닙니다. 내가 『영원 회귀의 신화』의 부제를 '원형과 반복'이라고 붙인 게 잘못이었어요. 융의 용어와 혼동될 위험이 있었죠. 그에게 원형이란 집단 무의식의 구조들입니다. 나는 그 용어를 플라톤과 성 아우구스티누스에게 의거해서 쓴 것이에요. 난 원형이라는 용어를, 신화에서 드러나고 의례를 통하여 재활성화 되는 '전형적 모델'이라는 의미로 사용했지요. 그러니 부제를 '패러다임과 반복'이라고 했어야 해요.

9

신화와 글쓰기

신화, 문학, 지혜 | 아니무스와 아니마 | 인생을 쓰기 | 만툴리사 거리

신화, 문학, 지혜

Ⓜ 선생님께선 백과사전(Encycolpédie de la Pléiade)의 구비문학 항목을 집필하기도 하셨지요. 신화와 민담의 역사가에게 그 분야를 맡긴 것은 좋은 아이디어였다고 봅니다. 선생님은 신화의 세계를 다루는 것과 같은 정신으로 구비문학에 접근하셨습니다. 1964년 8월 21일자 『일기』에는 다음과 같은 구절이 있지요. "구비문학에 대해 말하려고 할 때마다, 이러한 창작물들이 외부 현실(지리, 관습, 제도 등)이나 역사적 사건에 대한 반영이 아니라 인간의 꿈과 긴장, 희망, 그리고 그 가치와 의미, 즉 문화 안에서 열매 맺게 되는 구체적인 영적 생명을 반영한다는 것을 나 자신에게 환기시키는 데서 시작해야 할 것이다."

■E 구비문학을 이해하고자 하는 사람은 먼저 그것의 원천인 의미의 세계를 재발견해야 한다고 생각합니다.

Ⓡ 신화와 문학, 그 두 용어를 단지 역사적인 관점에서만 연결하신 건 아닌데요. 종교학자로서의 연구를 염두에 두시고, 1960년 12월 15일자 『일기』에서 "궁극적으로 지난 15년간 해온 작업이 문학에서 전적으로 새로운 것이 아니다. 내 연구가 언젠가는 문학적 영감의 잃어버린 근원을 재발견하려는 시도로 여겨질 것이다."라고 하셨죠.

Ⓔ 구비문학이든 기록문학이든, 문학은 신화에서 나왔고, 문학이 신화의 기능, 즉 모험과 이 세상에서 일어난 *의미 있는* 일들을 이야기하는 기능을 이어받았다는 건 잘 알려진 사실입니다. 그런데 무엇이 일어나고 있는지를 아는 것이 왜 그렇게 중요할까요? 난 모든 이야기는, 아주 일상적인 사건에 대한 이야기라 할지라도, 이 세계가 어떻게 존재하게 되었는지, 우리의 상황이 어떻게 우리가 오늘날 아는 대로 있게 되었는지를 설명해 주는 위대한 신화가 전하는 이야기의 확장이라고 믿습니다. 이야기에 대한 관심은 이 세계 안에 있는 우리의 존재 양식의 한 부분이에요. 그것은 무엇이 일어났는지, 인간이 무엇을 행하였는지, 그들이 위험과 모험, 모든 종류의 시험에 맞서 어떤 힘을 갖고 있는지에 대해 듣고 싶은 우리의 본질적인 필요에 응답하는 것입니다. 우리는 움직일 수 없는 돌이나, 그 삶이 완전히 미리 정해져 있는 꽃이나 곤충처럼 이 세상에 있는 것이 아닙니다. 우리들은 모험의 존재들이에요. 그리고 인간은 이야기를 듣지 않고는 결코 살 수 없을 것입니다.

Ⓡ 이전에 선생님께선 원주민의 신화와 제임스 조이스의 율리시스를 관련지으셨는데요. 1963년 3월 7일자에, "레오폴드 블룸

(Léopold Bloom)이 바에 멈추어 서서 맥주 한 잔을 주문했을 때, 우리는 오스트레일리아 원주민들처럼 감탄하면서 놀라워했다.”고 쓰셨죠. 그것은 인간이 자의식을 획득하기 위해서는 거울이, 기록이, 말이 필요하다는 의미 아닙니까? 간단히 말해서, 세계는 상상적인 것을 통해서만 인간에게 실재가 된다는 것이지요.

E 예, 인간은 자신의 역사를 배워야 비로소 자기 자신이 되는 것입니다.

R 문학은 신화의 기능을 떠맡았습니다. 그렇다면 신화는 죽었고, 글쓰기의 발명으로 문학이 태어났다고 말할 수 있을까요?

E 먼저, 문학의 탄생 이전에 책의 종교들이 등장했다는 것을 지적해야겠군요. 질문에 답변을 드리자면, 아마 글쓰기와 함께 사라진 것은 신화의 가시적인 세계뿐일 것입니다. 중세의 로맨스를 한 번 생각해 보세요. 신화가 글쓰기 안에도 존속하는 것은 분명한 사실입니다. 글쓰기가 신화적 창조성을 파괴하는 것이 아니에요.

R 선생님께선 방금 이야기하는 것의 중요성에 대해 말씀하셨고, 또 『일기』에서 어떤 근대 문학과 예술에 대해서는 아주 비판적이셨습니다. 철학적 허무주의, 정치적 · 도덕적 무정부주의, 그리고 의미 없는 예술을 동일한 범주 안에 두셨지요.

E 무의미함이란 가장 반인간적인 것입니다. 인간적이란 것은 의미와 가치를 추구하고, 만들어 내고, 투사하고, 재생성하는 것입니다. 근대 예술의 특정 분야에서 무의미함이 승리한 것은 내가 보기에는 인간성에 대한 반항이에요. 그것은 무미건조함, 황폐화,

그리고 엄청난 권태입니다! 난 황폐함, 지루함, 단조로움을 인정하지만, 영적인 훈련으로만 받아들이는 것이에요. 신비적인 명상을 위한 준비로서 말이지요. 그런 경우에는 의미가 있어요. 그러나 '명상'과 미적 유희의 대상으로서 무의미를 제시하는 것은 받아들일 수도 없을 뿐더러, 전적으로 반대합니다. 물론 근대의 실존적 무의미에 맞선 투쟁으로 인해서, 어떤 예술가들이 가끔 통탄하기도 했다는 건 잘 압니다. 그러나 그 메시지를 무한히 반복하고 무의미함을 조장하는 것은 내 관심사가 아니라고 봅니다.

◻R 그런 식으로, 예술에서 추함을 거부하시는군요. 예를 들면, 프랜시스 베이컨(Francis Bacon)을 말씀하시는 것이 아닌가 싶은데요.

◼E 그가 조형 미술의 대상으로서 추함을 추구하는 이유를 난 아주 잘 이해합니다. 그러나 그 추함은 거부하겠어요. 그런 건 어디에서나, 우리들 주변에서, 지금은 이전보다 더 많이 보기 때문이지요. 우리가 매일 더 깊이 빠져 들어가는 그 보편적인 추함에다 왜 추함을 더합니까?

◻R 이야기로 돌아가서, 문학은 인간의 본질적인 욕구를 충족시키는 데 가끔 실패하기도 하죠. 반면 영화는 현대인에게 신화의 특별한 위상들 중 하나 아닌가요?

◼E 예, 내가 생각하기에 영화는 신화를 이야기하고, 속된 것 안에 그리고 거의 퇴화하거나 이미 퇴화한 것들 안에, 놀랍게도 신화를 위장하고 있을 가능성이 아주 큽니다. 영화 기술이 상징을 아주 솜씨 좋게 사용하고 있어서 잘 알아보지 못할 수도 있지만, 나중

에는 감지하게 되죠.

 Ⓡ 특별히 어떤 영화나 감독을 떠올리고 계십니까?

 Ⓔ 지난 몇 년 동안 영화를 거의 못 봐서, 뭐라 답변을 드릴 수가 없군요. 굳이 말하자면, 펠리니(Federico Fellini)의 〈광대들〉(Clowns) 정도예요. 그런 영화를 볼 때면, 영화가 위대한 신화적 테마들을 재활성화하고, 주요한 상징들을 비일상적인 형태로 사용할 수 있는 엄청난 가능성을 갖고 있다는 것을 깨닫게 됩니다.

 Ⓡ 선생님은 외딴 섬에 가실 때, 책 같은 것은 안 가져 가실 것이라고 짐작되지만, 만약의 경우, 가져가신다면 어떤 책을 가지고 가시겠어요?

 Ⓔ 발자크(Balzac)의 소설 몇 권, 도스토예프스키의 소설 몇 권…….『파우스트』(Faust)의 제2권과 괴테의 자서전……. 밀라레파의 전기와 시들. 사실 그의 시는 단순한 시 이상이지요. 마술 같고 황홀해요…… 셰익스피어도 당연히…… 노발리스(Novalis)와 독일 낭만주의 작가들, 그리고 특히 단테…… 금방 머리에 떠오른 이름만 말했는데요. 물론 다른 작가들의 것도 더 있겠죠.

 Ⓡ 성경은 언급하지 않으셨네요. 종교학자로서만 성경을 읽으십니까?

 Ⓔ 난 전도서를 참 좋아합니다. 누구나 그렇듯이, 즐겨 읽는 시편들도 있지요. 신약성서는 전부 다 좋아해요. 사람들은 흔히 요한복음을 선호하던데, 난 4복음서가 다 좋아요. 몇몇 바울 서신들

도 좋고요. 요한계시록은 자료로서는 흥미롭지만, 좋아하는 글은 아니에요. 이란, 유대, 그리스 등의 다른 묵시록들을 알고 있으니까요. 말할 필요도 없이, 성경을 읽는 데는 몇 가지 방법이 있습니다. 기독교인으로서. 신자로서 읽는 방법이 있고, 또는 신자. 기독교인이어야 한다는 걸 상기하면서 읽는 방법이 있지요. 그 사실을 날마다 잊어버리지만요. 역사가의 방법도 있고, 또한 성경을 글쓰기의 아주 위대하고 아주 멋진 모델로 여기면서 읽을 수도 있어요.

R『일기』의 어떤 항목에는 『바가바드기타』를 읽고 또 읽으셨다는 말이 있는데요.

E 그 책은 지금의 나를 있게 한 위대한 책들 중 한 권입니다. 난 언제나 그 책에서 새롭고도 심오한 의미를 발견해요. 참 위안을 주는 책인데요. 아시다시피 크리슈나(Krishna)가 아르주나(Arjuna)에게 구원, 즉 자기 존재의 의미를 발견할 수 있는 모든 가능성들을 보여 주기 때문이지요……. 내 생각에 그 책이 바로 힌두교의 초석이고, 인도의 정신과 모든 길, 모든 철학, 구원을 얻는 모든 테크닉의 종합입니다. 커다란 문제는 이것이에요. 인도적 의미에서, "자신을 구원하기 위해", 악의 세계로부터 벗어나기 위해, 생업과 사회를 버리고 우파니샤드의 선지자나 요기처럼 숲 속에 은둔해야만 하는가? 자신을 신비적 봉헌에 완전히 바쳐야만 하는가? 크리슈나는 누구나 어떤 직업에서 출발하든지 자기에게 도달할 수 있고, 존재의 의미를 발견할 수 있으며, 환상의 공허함과 시련으로부터 스스로를 구원할 수 있음을 보여 주는 것입니다……. 모든 직업이 구원으로 이끌 수 있다는 것이지요. 구원을 체험하는 것은 신비주의자들이

나 철학자들, 요기들만이 아니라 생업에 종사하는 사람들, 이 세상 속에 머물러 있는 사람들이라도 그 행위가 크리슈나가 보여준 모델과 일치하기만 한다면, 역시 같은 구원을 체험할 수 있다는 것이에요.

이 책이 위안을 준다고 말씀드렸는데요. 그건 동시에 역사 안에서 인간 실존의 정당화이기도 합니다. 흔히 인도의 정신은 역사로부터 자신을 분리시킨다고 하는데, 사실 그렇기도 해요. 그러나 『바가바드기타』에서는 아니에요. 아르주나는 전쟁에 임할 준비를 하고 있었고, 이제 큰 전투가 벌어지려 합니다. 아르주나는 그 순간 회의하게 되죠. 이제 사람을 죽이게 될 것이고, 살인의 죄를 짓게 되리라는 것을 알기 때문입니다. 그런데 크리슈나는 만약 그가 개인적인 목적을 추구하지 않는다면, 미움 때문이나 소유의 욕망에서, 또는 영웅이 되기 위해서 죽이는 것이 아니라면, 만사는 달라질 수 있다고 그에게 가르쳐 줍니다……. 만약 아르주나가 그 전투를 비인격적인 것으로, 신의 이름으로, 크리슈나의 이름으로 행해지는 것으로 받아들인다면, 그리고 이 기묘한 공식에 따라, '자기 행위의 결과를 포기'한다면, 모든 것이 달라질 수 있다는 말이지요. 그 전쟁에서 자기 행위의 결과를 포기한다는 것은 신에게 제물을 바치는 것과 같이, 죽이거나 죽거나 하면서 지금 바치고 있는 희생의 열매를 포기한다는 것입니다. 그렇게 해서 업(業, Karma)의 고통스러운 사슬에서 구원될 수 있다는 것이지요. 우리 행동이 더 이상 다른 행위의 씨앗이 되지 않는 것입니다. 우주적 인과율에 대한 카르마의 교리를 아실 텐데요. 사람이 행하는 모든 것은 나중에 그 결과를 거두게 되고, 모든 행위는 또 다른 행위를 불러온다는 것이지요……. 그런데 행위 중에, 전쟁이라 할지라도, 자기 자신을 생각하지 않고 '자기 행위의 열매'를 버린다면, 원인과 결과의 지독한 순환이 끊어지는 것입니다.

Ⓡ '자기 행위의 결과를 포기하는 것', 선생님께도 적용되는 규칙인가요?

Ⓔ 그런 것 같네요. 그렇게 하라고 배웠고, 그렇게 하는 데 익숙하니까요. 난 그 행동이 대단히 인간적이고 대단히 풍요로운 것이라고 생각해요. 난 우리가 소명을 행해야 하고, 소명에 따라야 한다고 믿어요. 그에 대한 보상은 생각하지 않고 말이지요.

Ⓡ 『일기』를 다시 읽다가, 아주 소름 끼치는 울음소리로 선생님의 잠을 깨운 고양이에 대해 쓰신 부분이 눈에 들어왔는데요. 그리고 선생님이 말씀하시기를, 그 길은…….

Ⓔ "*사랑*하는 데 있다." 예, 그것은 분명한 것입니다. 그것은 바로 그리스도께서 말씀하셨던 것이지요. 아마 그것은 이 세상에 있는 모든 형식의 덕목에 깔려 있는 가장 근본적인 규칙일 것입니다. 무엇보다 그것이 바로 그리스도께서 보여 주었던 길이에요. 그것이 실제로 악에 대처할 수 있는 유일한 행위의 형식이기도 합니다. 아, 물론 내 불쌍한 고양이가 악의 화신이라는 말은 아니에요. 자신을 화나게 하고 겁나게 하는 것에 사랑으로 응답하는 것이라고 말해 두지요. 그리고 그것은 증명될 수 있는 것입니다.

Ⓡ 갑자기 그 역겨운 고양이를 가엾은 고양이로 생각하기 시

작했고, 자신이 완전히 바뀌었음을 느꼈다고 말씀하시는군요. 그리고 그것이 바로 영적인 스승들로부터 배우신 것이고요.

E 바로 그렇습니다. 그 한 마리의 고양이가 나에게 위대한 교훈을 상기시켜 주었고, 바로 그것이 '영적인 스승들', 예수로부터, 그리스도로부터 내가 배운 것이에요. 그 고양이가 나에게 그 교훈을 이해하도록 한 것이지요.

R 나 자신보다 영적으로 훨씬 앞서 있는 사람들을 볼 때마다, 항상 마음에 의문으로 남는 것이 있습니다. 그 사람이 증오와 혐오, 분노를 넘어설 수 있었던 건 '은총'을 통해서인가 아니면 고된 노력을 통해서인가 하는 것입니다.

E 쉽게 답변할 수 있는 문제가 아니군요. 난 사람이 고된 노력, 영적인 노력, 말하자면 금욕적인 의미에서 하나의 방법에 의해 그런 경지를 성취할 수 있다는 것을 압니다. 그러나 '은총'이 큰 역할을 한다는 것도 분명한 사실입니다.

R 선생님께선 그러한 감정을 쉽게 느끼는 천성을 타고 나셨나요, 아니면 자신에게 부딪쳐 오는 것들에 직면해서 평정을 유지할 수 있도록 노력해야만 하셨나요?

E 난 노력했다고 생각해요. 많이요! 나에게 그건 아주 힘든 일이었어요. 아마 다른 사람들에게, 성자들에게는 아무것도 아니었겠지만 말이지요……. 하지만 중요한 건 노력이 결과를 낸다는 것입니다. 노력은 자신을 풍요롭게 하고, 그 결과들이 나타나지요. 사람이 달라집니다.

Ⓡ 그런데 선생님이 주먹에 주먹으로 갚는 식의 자연적인 반작용에 맞서서 싸우기로 결심하신 이유는 무엇입니까?

🄴 첫째는, 아마도, 내가 본능에 따랐을 때, 인도인들이 아주 잘 표현한 것처럼, 노예라고 느꼈기 때문일 것이에요. 난 내가 생리적·심리적·사회적 원인의 결과일 뿐이었다고 느꼈어요. 그로부터 자연스럽게 이 조건에 맞서는 반감이 생겼겠죠. 조건 지어지는 것, 그것을 의식할 때, 분노하게 됩니다. 그래서 내 자신을 '탈조건화'하기 위해서, 업이 부과한 것과 정반대로 행해야만 했어요. 그 인과율의 순환을 끊어야만 했던 것입니다.

아니무스와 아니마

R 선생님께선 학자이시고, 신화를 연구하셨습니다. 또한 소설가, 다른 말로 하면 이야기꾼, 상상적 세계의 창조자이기도 합니다. 그 둘 사이의 내면적 갈등이 『일기』에 나타나기도 하는데요. 외면적인 어려움도 있었던 것 같고요. 초기에 루마니아에서 작가로서의 명성이 학문 활동에 지장을 주었던 것 같고, 또 다른 내면적인 어려움은…….

E 누구도 그 두 개의 영적인 세계, 낮의 세계와 꿈의 세계를 동시에 살아낼 수는 없지요. 소설 쓰기를 시작하자마자 난 자체의 시간적 구조를 가지고 있는 세계로 들어가는 것입니다. 그 등장인물들과의 관계란 상상적인 질서의 것이지, 비판적인 것이 아니에요. 가끔 도서관에서 상당히 집중적인 연구를 요하는 작업을 어떻게 해서든지 끝마쳐야겠다고 마음먹을 때, 소설의 한 주제에 빠져들

고 있는 자신을 발견하게 됩니다. 그러면 난 낮의 세계 안에 머물려 있으려고 발버둥 쳐야 했어요. 이 세계의 어떤 개념, 종교적 존재로서 인간에 대한 개념을 증언하고 사람들이 그 의미와 가치를 재발견하도록 도움 주기를 원했기 때문에, 작가로서의 나를 희생하고 역사가이자 해석자로서의 내 작업에 자신을 바쳤던 것입니다.

Ⓡ 그런데 세계의 신화, 거기에 딸린 상호작용과 의미를 외우다시피 알고 있는 사람이 갑자기 그 모든 것을 망각하고, 창조적인 무지로 빠져들어갈 수 있는 것입니까?

🄴 그 점에 대해서 내 경험담 하나를 말씀드리죠. 1937년 루마니아에 있을 때인데, 난 돈이 필요했어요. 그래서 단편소설을 하나 쓰기로 결심했지요. 출판업자는 내게 선금을 주었고, 2주일 내로 원고가 들어오리라 생각했었죠. 낮 동안에는 대학에서 여러 가지 일로 아주 바빴기 때문에, 매일 밤 두세 시간씩 『뱀』(*Le Serpent*)이라는 소설을 써 나갔습니다. 나의 환상적 소설이 언제나 그렇듯이 모든 것은 낮에, 평범한 세계에서 시작합니다. 등장인물이 나타나고, 몸짓이 행해지고, 점차로 세상은 변화되지요. 이번 등장인물은 많은 사람들이 모여 있던 저택에 나타난 뱀이었어요. 난 매일 밤 미리 아무것도 생각하지 않고 글을 쓰기 위해 앉았어요. 글의 첫머리를 보고, 계속 써 나가면서, 다음에 무엇이 오게 될지 알게 되었지요. 난 뱀의 상징에 대해서 많은 것을 알고 있었습니다. 다양한 제의에서 뱀의 역할에 대한 논문을 쓰기도 했었고, 그 주제에 대한 문헌만해도 하나 가득이었죠. 그런데 그런 것을 찾아봐야겠다는 유혹이 전혀 없었어요.

2주 후에 그 소설은 마무리되었습니다. 그 교정본을 읽었을 때, 그 이야기의 일관성, 연속성에 내 자신이 놀랐어요. 왜냐하면 매일 새벽 3시에 그 밤에 쓴 원고 뭉치를 사환이 출판사에 가져가도록 문 밖에 놔뒀었거든요. 내가 더 놀란 것은 그 '뱀'에게서 내가 잘 알고 있는 상징들 가운데 어떤 징표도 찾을 수 없다는 것이에요. 내 지식이 그 상상의 작업에 조금도 끼어들지 않은 것입니다. 이미 알려진 어떤 것도 되풀이하지 않는 그 상징은 오히려 모호한 것이긴 하지만, 허구라는 관점에서 보면 상당한 성공을 거두는 결과를 가져왔지요.

사람이 어떤 주제에 사로잡힐 때, 그의 내적인 비전은 아마 자신이 내면에 지니고 있는 모든 것들에 의해 길러지게 될 것입니다. 하지만 그 비전은 신화나 의례, 상징에 대한 어떠한 지적인 지식과도 전적으로 무관한 것이에요. 글을 써 가는 과정 동안에 자신이 알고 있는 모든 것을 잊게 되는 것입니다. 『만툴리사 거리』를 다시 읽어 보면, 그 안의 여러 에피소드들이 어떤 원형들과 상응하는 것을 발견하게 되는데, 그것을 쓰고 있을 당시에는 생각하지 못했던 것이에요.

Ⓡ 글을 쉽게 쓰시는 편입니까?

🄴 '영감을 받았을' 때, 사로잡혔을 때는, 거의 조금도 고치지 않고 빨리 써 나갑니다. 퇴고는 거의 하지 않습니다. 어떨 때는 하루에 열두세 시간씩 쓰기도 하지요. 한 번에 스물다섯 페이지나 삼사십 페이지씩 쓸 때도 있어요. 그리고 딱 그만두죠. 그리고 몇 주씩, 또는 그 이상 그냥 지내기도 합니다. 또 어떤 때는 글이 쉽게

써지지 않을 때도 있어요. 『금지된 숲』의 몇 장은 아주 애를 먹었
지요.

Ⓡ 주로 밤에 글을 쓰십니까?

🄴 마흔까지는 그랬어요. 9시쯤 앉아서 새벽 4시까지 쉬지
않고 작업을 했지요. 그런데 그게 바뀌었어요. 에른스트 윙어(Ernst
Jünger)가 똑같은 질문을 했었는데요. 그는 아침이나 밤 이외에 글을
쓴다는 것을 상상할 수 없었던 사람이었는데, 내가 지난 10년, 아
니 15년간 오후에 글을 써 왔다고 말해 주니까 무척 놀라더군요.
난 밤에 공부를 하기는 하지만, 글을 쓰지는 않습니다. 물론 내가 '사
로잡혔을' 때는 예외죠. 그런 때는 낮이건 밤이건 글을 쓰지요.

Ⓡ 대체로 '시간을 활용'하려고 하십니까?

🄴 젊었을 때는 내 자신에게 무척 엄격했어요. 아침마다 해
야 할 일을 검토하고, 계획을 세웠지요. 그래서 새로운 언어를 배우
는 데 많은 시간을 할애했고, 책을 읽는 데도 그랬어요. 요즘은 조
금 달라졌지요.

Ⓡ 소설을 쓰실 때는 어떻게 시작하십니까?

🄴 난 소설을 계획해서 쓰지는 않습니다. 소설의 발단은 항
상 어떤 환상, 풍경, 또는 대화입니다. 난 그 발단을 아주 잘 알 수
있고, 때로 결말도 역시 그렇지요. 아주 조금씩 작업을 해 나가면서
스토리나 소설의 사건과 플롯이 점차 떠오르게 됩니다. 『금지된 숲』
에서는 첫 번째 이미지가 중심적인 것인데요. 그는 부쿠레슈티 근

처의 숲을 걷고 있었습니다. 하짓날의 자정이 되기 한 시간 전이었지요. 숲 속에서 자동차가 그의 옆을 지나갑니다. 그런데 그가 자동차를 타지 않은 소녀를 보게 되지요. 나에겐 그것이 수수께끼였어요. 그 소녀는 누구였을까? 왜 숲 속에서 걷고 있던 그 사람은 자동차와 그 옆의 소녀를 찾아 헤매야만 했을까? 난 서서히 그 소녀가 누구인지와 그녀의 모든 이야기를 알게 됩니다. 그러나 그 모든 것이 환상으로 시작되었던 것이고, 나는 그것을 꿈속에서처럼 보았던 것이지요.

R 하지만 그 환상이 미래를 갖고 있었다는 것을 어떻게 아셨습니까?

E 달리 선택할 것이 없었지만, 그것에 대해 계속 생각하고, 다음에 무엇이 올지 알려고 애를 쓰는 것이지요. 그때쯤 샤머니즘에 대한 책을 쓰고 있었는데, 밤낮으로 글을 쓰느라고 그것을 포기해야만 했어요. 다른 이미지들도 떠올랐어요. 그 소녀. 그 젊은이가 그의 내면에 지니고 있었던 그 이야기는 내가 몰랐던 것이지만, 나를 매혹시켰죠. 호텔에 있는 그의 '비밀스러운 방', 그리고 하짓날 밤에 일어났던 일.

R 하짓날 밤……. 1949년 7월 5일자에 쓰셨지요. "갑자기 정확히 20년 전, 캘커타의 숨 막히는 더위 속에서 내가 『이사벨』의 '하짓날 저녁의 꿈' 부분을 쓰고 있었다는 것을 기억해 냈다. 다르게 구조화되고, 다른 차원에서 전개된 것이긴 하지만, 똑같은 하짓날의 꿈이 『금지된 숲』의 중심에서 일어났다. 이건 순전히 우연의

일치일까? 하짓날의 신화와 상징이 수 년 동안 나를 사로잡고 있었
다. 하지만 『이사벨』 이후로 그것들이 나를 뒤쫓아 온 것을 잊고 있
었던 것이다."

　🄴 나의 관심을 끌었던 것은 지일(至日)의 종교적 상징뿐만 아
니라, 그것과 연관된 루마니아와 유럽 민담의 이미지와 주제들이
었습니다. 하늘이 열리는 그 밤, 그 너머를 볼 수도 있고, 사라질 수
도 있지요. 누군가 이 기적 같은 환상을 품게 되면, 그는 시간과 공
간 밖으로 나가는 것입니다. 영원히 지속되는 순간을 사는 것이지요.
하지만 나를 사로잡았던 건 그 상징의 의미가 아니라, 언제나 거기
에 있는 그 밤 자체였어요.

　🅁 하지는 한해의 분기점이지요. 낮이 길어지는 것이 멈추
고 점차 짧아지기 시작하는 때입니다. 그것이 핵심이에요. 그리고
그 책의 마지막에서 『신곡』의 첫 행으로 되돌아가죠, "우리 삶의
한 가운데에서 나는 어두운 숲 속에 있게 된다……." 하지, 삶의 정
중앙선과 최초의 숲의 환상 사이에는 어떤 연관이 있습니까? 절반
이라는 테마와 이중이라는 테마 사이에는 어떤 관계가 있습니까?
그 두 '쌍둥이' 등장인물과, 영웅이 선택을 망설이게 되는 두 여자
들 사이는요?

　🄴 스테판이 자신을 잃어버렸던 그 숲은 단테가 자신을 발견
했던 숲과 같은 것입니다. 그는 자신을 그 안에서 잃습니다. 아니
여전히 역사 안에 잔존해 있으면서 다른 의미의 세계로 가로질러
들어갑니다. 그것이 시간의 한가운데, 한 해의 시간과 그의 삶의 시
간의 중앙입니다. 역사적인 세계와 다른 세계 사이의 분리선이지요.

이중의 테마에 대해서는……. 스테판은 이런 문제에 사로잡혀 있는 것이에요. 동시에 두 여자를 똑같이 사랑할 수 있을까? 그는 남자에게 그것이 불가능하다고 절실하게 느끼고 있지요. 하지만 그는 우리의 한계를 넘어설 수 있는 세계의 존재에 사로잡혀 있습니다. 그는 자신이 성자도 아니며, 종교적인 사람이 아니라는 것을 아주 잘 알고 있어요. 하지만 성자다운 것에 대해서는 자주 생각을 하죠. 성자는 만인을 동시에 사랑할 수 있는 사람이지요. 그것이 두 여자의 현존을 설명해 주는 것입니다. 그 두 남자에 대한 질문에는 뭐라고 대답하기가 어렵군요. 정신분석학자인 라포르그(Laforgue) 박사는, 스테판에게 간접적인 책임이 있는 그 '둘'의 죽음을 의미로 가득 찬 것으로 보았습니다. 내가 말할 수 있는 것은, 서사적 틀을 복잡하게 하려고 그 '둘'을 고안했다는 것입니다. 스테판은 그의 아내를 만나기 이전에 그녀의 생각 속에 존재했어야 했던 것이지요.

R 사람이 둘 또는 그 이상의 사람들을 동시에 사랑할 수 있는가 하는 것이 선생님께 중요한 문제입니까?

E 개인적으로는 아닙니다. 내가 관심이 있는 것은 우리의 일상적인 한계를 넘어선다는 개념이었어요. 그러한 체험이 가능하다면, 그것은 인간의 조건이 초극될 수 있다는 것을 의미하는 것이지요. 현대, 세속적 세계 안에서 누구나 두 여자를 사랑하는 꿈을 꿀 수 있어요. 그것이 누구나 알아들을 수 있는 개념이었기 때문에 그 상황을 택했던 것입니다.

R 그것은 미국 젊은이들의 꿈일 텐데요. 일부일처제 폐지

말입니다.

E 가장 밑바닥의 단계에서 그것은 낙원에 대한 어떤 향수를 나타내는 것입니다. 모든 사회에 내재해 있는 법률과 구조들을 철폐하고자 하는 욕망이지요. 낙원의 상태에서 살기 위하여 그것들을 철폐하는 것. 그러나 스테판처럼 히피들 역시 일상적인 실존의 조건들을 넘어서길 원했던 것이 사실입니다.

R 어느 것이 낙원 또는 행복에 이르는 길입니까? 여럿을 사랑하는 것 혹은 한 명만 사랑하는 것, '열렬한 사랑'?

E 열렬한 사랑, 한 명만 사랑하는 것이지요. 풍부하고 감동적인 열정, 그건 바로 한 사람만 사랑하는 것입니다.

R 선생님께선 정신의 많은 대륙들을 여행하시고, 그만큼 많은 삶의 방식들을 보셨는데요. 남자와 여자에게 최선의 길은 일부일처제라고 보십니까?

E 여러 사람을 연속적으로 사랑할 수는 있습니다. 그러나 동시에는 아닙니다. 사람이 사랑할 수 있다는 것, 그것은 무언가 다른······.

R 두 사람을 사랑한다는 것, 그들을 *동시에* 사랑한다는 것은 다른 말로 하면 사랑뿐만 아니라 시간도 변질시키는 것이라는 말씀이시지요. 선생님의 소설은 이렇게 끝나고 있습니다. "이 마지막 순간, 그 지속의 무한함이 자신에게 충분할 거라는 것을 깨달았다." 그것이 하짓날 저녁의 기적적인 순간에 울려 퍼집니다. 그리

고 선생님의 소설은 역사적 시간을 넘어서 우주적 시간, '위대한 해'라고 불리는 시간으로 거슬러 올라가고 있지요.

E 결국, 그 1만 2천 년은 여기서 12년, 1936년부터 1948년까지예요. 『전쟁과 평화』의 축소판을 써 보고자 한 것이 내 욕심이었습니다. 내가 원했던 것은 그 시간의 역사적 공간 안에서, 두 여자를 동시에 사랑하고자 하는 낯선 욕망에 사로잡힌 평범한 사람, 한 아이가 있는 기혼의 공무원을 묘사해 보고자 했던 것입니다. 난 철학자도 시인도 아니고 종교적 인간도 아닌 한 등장인물에게서 일종의 역사적 '리얼리즘'을 일상 너머의 존재 방식에 대한 영감과 화해시키고 싶었어요. 그것은 나에게 아주 어려운 문제들을 던져 주었지만, 나를 사로잡았습니다.

R 그래서 1930년대를 살았던 한 젊은 루마니아 청년의 평범하고 세속적인 이야기의 밑바닥에서 의미와 표상으로 가득한 운명을 우리가 해독해 내야만 하는군요. 마치 겉모습 아래에 우리의 삶이 어떤 비밀스러운 사물의 질서에 기초를 두고 있듯이 말입니다.

E 나는 소설에서 항상 일상 안에 환상을 위장하려고 노력했습니다. '소설적인' 소설, 즉 19세기 소설의 모든 규칙들을 지키고 있는 이 소설에서, 난 인간 조건의 상징적 의미를 표현하려고 애썼습니다. 그러나 위장된 형태로 말이지요. 그 위장은 내가 생각하기에 성공적이었어요. 상징이 이야기의 서사적 흐름을 망가뜨리지 않았으니까요. 난 초역사적인 것이 항상 거기에, 역사적인 것 안에, 초일상적인 것이 일상적인 것 안에 감추어진 채 있다고 믿어요. 앨더스 헉슬리(Aldous Huxley)는 환각제에 의해 일어나는 환시를 행복한

환시라고 썼어요. 그것이 반 고흐가 그의 유명한 의자를 봤던 그 형태와 색채를 볼 수 있게 해준다는 것이지요. 이 모호한 실재, 우리의 일상적인 삶이 어떤 다른 것의 위장이라는 것은 분명합니다. 그것이 내 깊은 확신입니다. 환상적인 소설에서뿐만 아니라 '소설적인' 소설에서도 그것을 되찾으려고 해야만 합니다.

　Ⓡ 과학 소설은 별로 좋아하시지 않는다고 알고 있는데요. 그것이 '환상적인 것'의 범주에 들어간다고 보시지 않습니까? 『일기』에서 환상적인 특성의 소설이 근대인들에게 의미에 대한 감식력을 되돌려 주기 때문에 미래가 있을 것이라고 예견하셨는데요. 그 환상적인 것과 선생님의 관계는 정확히 무엇입니까?
　🄴 내 모든 소설에서 이야기는 일상적인 진부함 밑바닥에 감춰져 있는 환상적인 것을 서서히 드러내기 위해 여러 차원에서 진행이 됩니다. 새로운 과학적 공리가 지금까지 알려지지 않았던 실재의 구조를 드러내 주는 것, 다른 말로 하면 새로운 세계의 기초를 제공해 주는 것과 마찬가지로, 환상적인 소설은 병행되는 우주를 드러내 주는 것이지요. 아니 창조하고 있는 것입니다. 그것은 어떤 비평가들이 생각하듯이 도피주의의 문제가 아니에요. *창조*, 그 말의 모든 차원과 모든 의미에서, 창조는 인간 조건의 고유한 특징이기 때문이지요.

인생을 쓰기

ℝ 『일기』에서 사적인 일기, 친밀한 일기, 예를 들어 줄리앙 그린(Julien Green)이나 샤를르 뒤 보스(Charles du Bos)의 일기에 큰 매력을 느낀다고 밝히셨는데요.

𝔼 예, 난 사적인 일기를 아주 좋아합니다. 난 그 작가들의 내밀한 순간적인 체험을 엿듣기 좋아해요. 시간을 구해 내려는 그 열정이 내 자신의 일기를 보관하는 이유이기도 하죠. 흘러가는 순간들을 기록해 놓음으로써 보존하는 것이지요. 그렇게 하자면 레나르(Jules Renard)나 지드, 윙어, 그린과 같은 재능이 필요합니다. 단지 '공책'만으로 진정한 일기가 될 수는 없지요.

ℝ 일기의 발췌문들을 출판하시게 된 동기는 무엇이었습니까?

𝔼 적어도 그 가운데 어떤 부분을 보존하기를 원했던 것입니

다. 그것은 내가 지니고 있기도 하고, 때로 분실하기도 했던 실험 보고서 뭉치로 되어 있던 것이에요. 게다가 상당수의 유용한 관찰, 계획, 프로젝트들이 있었죠. 이제 내게 그런 주제들에 대해서 논문을 쓸 시간이 결코 없으리라고 생각했습니다. 일기를 출판한다는 것은 그러한 관찰들과 기록, 대화를 전해 주는 내 방식이었습니다.

ℝ 선생님께서는 실제로 숨기는 성격은 아니라 하더라도, 매우 내성적이고 과묵한 분이신데요. 자신을 그런 방식으로 드러낸다는 것에 전혀 거리낌이 없으셨습니까? 그것이 성 프란체스코가 그의 제자들에게 온 도시를 발가벗고 걸어 다니게 한 것과 같은 시련을 스스로 겪게 만들지는 않았습니까? 출판을 했다는 것에 어떤 '희생적'인 것이 있는 것입니까? 그것이 또 다른 '탄생'을 위한 준비였습니까?

🄴 예, 그것은 '희생적' 행위였습니다. 난 그 위험을 어림짐작하고 있었어요. 나의 몽환적이고 예술가적인 면을 더 이상 위장하고 싶지 않았던 것입니다. 앵글로색슨 국가들, 그리고 미국에서조차 여전히 기승을 부리는 학문적 미신, 즉 문학적 상상의 행위를 평가절하 하는 경향에 맞서려고 했던 것입니다. 마치 자발적이고 자유로운 창조는 순수한 학문적인 과정에 비해 가치가 없다는 듯이 여기는 것은 아주 해로운 미신이에요. 위대한 과학 철학자인 브로노프스키(Bronowski)는 새로운 공리를 발견하는 과정은 결코 기계화될 수 없다고 쓴 것으로 기억합니다. "그것은 마음의 자유로운 활동, 논리적 과정 바깥에서의 발명이다. 그리고 그것은 모든 점에서 문학 활동과 비슷하다." 브로노프스키가 1966년 봄에 『미국 과학

자』(*The American Scientist*)에 실린 "마음의 논리"에서 그렇게 썼어요. 근대 과학은 이미 오래 전에 지식의 획득에서 상상력의 가치를 발견했던 것입니다. 난 문학적 창작이 인지 행위와는 무관한, 하나의 게임일 뿐이라고 주장하는 소위 과학적 실증주의에 반대합니다. 사실은 그와 정반대지요.

Ⓡ 『일기』가 무척 호평을 받았지요?

Ⓔ 예, 그랬습니다. 영문학이나 비교문학을 가르치는 분들로부터 많은 편지를 받았어요. "이전에 상징에 대한 귀하의 책이 저의 문학적 해석학에 도움을 주었습니다. 지금 귀하의 『일기』를 읽었는데, 제가 사용해 온 그러한 도구들을 창안하신 분을 만난다는 것이 참 놀랍습니다. 전 지금 바로 그분이 문학 활동을 하시는 한 분의 작가라는 것을 발견했습니다." 이런 내용이었습니다. 내 일기를 출판한 것이 독자들과 새로운 관계를 맺는 데 도움을 주었고, 그건 나에게도 큰 기쁨이었습니다. 내가 기대하지 못했던 것이지요.

Ⓡ 『일기』의 어디선가 쓰시기를 "내가 다른 모든 일을 제쳐 놓고, 어떤 일이 있더라도 지금 써야 하는 것이 내 자서전이다."라고 하셨는데요. 그 자서전은 아직 끝내지 못하셨습니까?

Ⓔ 예, 그것은 제2차 세계대전의 발발로 중단했어요. 제1부는 루마니아에서 출판되었습니다. 루마니아어로 낸 것은 아니지만요. 몇 개의 단편들을 제외한 제2부는 아직 출간되지 않았습니다. 난 그것을 증언하기 위해 썼어요. 루마니아에서 난 '혁명 이전' 또는 '부르주아'의 시기라고 불리는 시대를 살았습니다. 그런데 어떤

논문이나 책들을 읽다 보면 그 부정적인 측면만 드러나 있어서 그 시대가 왜곡되어 있다는 것을 깨닫게 되었어요. 그래서 내 자신의 이야기를 하려고 했던 것입니다. 학교, 고등학교에서의 체험을 말이지요. 가능한 한 객관적으로. 오래 전 흘러간 시간을 다루고 있다는 것 외에도, 더 이상 우리와 함께 있지 않은 사람들, 다스굽타, 타고르, 오르테가……. 난 그것을 의무감에서 썼어요. 미래의 내 친구들을 위해.

만툴리사 거리

R 『일기』를 보면 『만툴리사 거리』(*The Old Man and the Beaucrats*)가 이제까지 쓰신 것 가운데 가장 자유로운 작품이라고 하셨는데요.

E 예, 그 작품은 『뱀』을 썼던 방식대로 썼기 때문이지요. 이 경우에는 마감 시한이 없기는 했지만 말이지요. 그것을 2, 3주 만에 거의 끝마쳤는데, 그러고는 마지막 스물다섯 페이지를 쓰는 데 들인 시간이 12년이에요. 시카고 대학에서 학생들을 가르치랴, 찾아오는 손님들을 대접하랴, 아주 바빴던 시기에 마무리를 했습니다. 4, 5일 밤이 걸렸어요.

R 아주 애착이 가는 작품이지요?

E 다들 그것이 나의 최고 성공작이라고 합니다. 내 루마니아어가 나의 다른 소설에서보다 정교하다는 말을 듣습니다. 20년

동안이나 망명 생활을 한 후에 그것을 썼는데도 말이지요. 내 아내
와 친구들하고만 루마니아어를 썼던 20년 후에요. 하지만 또 다른
이유에서도 그 작품에 애착이 갑니다.

　ℝ 그 줄거리를 대강 이야기해 주실 있으십니까?
　◼E 저 대신 좀 해주세요. 방금 그 소설을 읽으셨죠.

　ℝ 그러죠. 자, 지금 우리는 루마니아, 다른 말로 하면 경찰국
가에 있습니다. 전직 교장인 한 노인이 30년 전에 제자였던 누군가
를 찾고 있습니다. 그러나 그가 만난 남자는 그의 이전 학생이 아니
라 동명이인이었습니다. 그 오해가 의심을 사는 결과를 초래하고,
경찰은 그 사람에 대해 좀 더 알아내기 위해 노인을 체포합니다. 그
노인은 온순하고 아주 공손하게 그들에게 모든 것을 이야기하죠.
그들에게 그의 이야기를 합니다. 우화적이고, 아주 길고, 미로 같은
이야기를. "이건 아주 긴 이야기입니다." 그는 끊임없이 이야기하고,
"여러분이 그것을 이해해야 한다면, 나는 먼저 여러분에게 말해야
만 합니다……." 놀라운 것은 그들이 듣는다는 것이지요. 그는 시간
을 허락 받아 자신의 이야기를 써 나갑니다. 그가 그렇게 해 나가는
동안, 원고가 옮겨져서 읽혀지고, 분석이 됩니다. 그리고 그 노인은
점점 더 중요한 사람들을 만나게 되죠. 나중에는 내무부 장관의 아
주 가까운 여자 친구까지 말입니다. (그의 이 이야기들은 스탈린 세계의 『아라
비안 나이트』라고 묘사되었습니다.) 환상적인 이야기가 퍼져 나가면서, 그 심
문은 궁중 혁명을 일으키게 됩니다. 그것이 주된 줄거리죠.
　독자가 그 경찰과 같이 유혹에 빠져서, 이야기에 홀리게 된

다는 것을 말씀드려야겠군요. 침수된 지하실로 랍비의 아들이 사라집니다. 지하실의 물을 빼냈는데, 그는 사라지고 없었죠. 거기에는 한번 쏘면 땅에 떨어지지 않는 화살이 있습니다. 그리고 조각같이 아름답고, 평범치 않은 사랑을 하게끔 운명 지워진 거인 소녀, 그녀는 저에게 선생님의 소설 『거인』(*Le Macranthrope*)에 나오는 한 인물을 연상시키는데요. 점점 자라서 거인이 된 남자 말입니다. 그러나 키만 바뀐 것이 아니라, 그의 본성도 따라서 바뀌게 되었죠. 그는 신들의 말을 듣게 됩니다. 그들이 무엇을 말할까? 여기 아래에 있는 우리는 그의 입에서 나오는 소리를 더 이상 이해할 수 없게 되죠. 이 거인 소녀도 그래요. 또 한 마을 사람들을, 아니 마을 전체를 상자 안에 가두어 두는 마술사들도 있지요. 여전히 우리에게 마법을 걸 수 있는 아주 옛날 옛적 이야기들의 다함이 없는 우주 안에 우리가 있는 것입니다.

E 예, 바로 그렇습니다.

R 하지만 그 모든 것은 무엇을 의미합니까? 마법에 걸리는 것을 넘어서 우리는 의미 추구를 권유받고 있습니다. 클로델(Claudel)이 카프카(Kafka)를 우리 시대의 위대한 비유 발명가로 봤다는 의미에서, 우리가 비유의 현존 안에 있다고 느낍니다.

E 나는 두 신화 사이의 대면을 꾀하였습니다. 즉 민속의, 민중들의 신화, 여전히 살아 있어서, 노인들에게서 솟아나오는 신화와 근대 세계, 기술 정치의 신화의 대면이지요. 그리고 그것은 전체주의 국가 안에서의 경찰을 넘어서는 것이고, 논리와 온갖 기술 장비로 무장된 사람들의 신화입니다. 그 두 신화는 정면으로 만납니다.

경찰은 그 모든 이야기의 숨겨진 의미를 해독하려고 하죠. 그런 의미에서 그들은 옳게 그 일을 하는 것입니다. 그러나 그들은 편향적이어서 정치적인 의미만을 볼 수 있을 뿐이지요. 그러한 사람들은 그들 자신의 신화로 다른 우주, 다른 신화를 해독하려는 것입니다. 그들은 정치적인 영역 바깥에 다른 의미가 있을 수 있다는 것을 상상할 수 없는 사람들이지요.

그 소설은 인간의 연약함에 대한 비유입니다. 그 노인의 이름이 파라마(Farama)인데, 루마니아어로 '조각' 또는 '파편'이라는 뜻이에요. 그런데 살아남는 것은 바로 그 사람이고, 쓰러지는 것은 위대하고 힘센 자들입니다. 이야기를 할 수 있는 사람은 어떤 어려운 상황에서도 자신을 구원할 수 있다는 의미죠. 사실 그것은 루마니아 강제수용소에서 일어났던 일입니다. 이야기꾼이 있었던 막사에서 살아남은 사람이 그렇지 않은 막사의 생존자들보다 더 많았어요. 이야기를 듣는 것이 지옥 같은 억압의 상태를 견디는 데 도움을 준 것이지요.

R 그 노인도 어떤 다른 것을 의미하고 있다고 보이는데요. 그는 "나는 어린이입니다."라고 말합니다. 연금술에서 노인과 태양의 아이는 완벽을 상징하지 않습니까? 또 가장 늙은이는 시초를 기억하고 있는 사람이지 않습니까? 또 신도 고대의 날들인 동시에 신의 아이인데요. 저는 그 노인을 시간 또는 기억의 인격화라고 보았는데요.

E 예, 그는 아이이며 동시에 노인이에요. 영원한 아이, 영원히 '거듭나는 자'입니다. 아주 훌륭한 암호 해독을, 주석을 하셨다

는 생각이 드는군요. 예, 그는 바로 기억입니다.

Ⓡ 파라마는 돌이켜 생각하라고 말합니다. 사람은 자신을 기억합니다. 우화의, 유년기의 길을 따라 그들은 자신의 진실을 발견하죠. 노인은 과거의 시간을 불러냅니다. 초등학교의 시간, 30년 전, 그런 회상의 행위는 보다 깊은 차원에서 전설의 시간도 불러낸다는 것을 확신시키기에 충분합니다. 간단히 말해서 역사의 밑에는 신화가 있고, 신화의 밑에는 세계의 기원에 대한 기억이 있습니다. 맞습니까?

🄴 그 해석에 전적으로 동의합니다. 그 밑바닥에 손을 대셨군요.

Ⓡ 『신화와 현실』(*Myth and Reality*)의 '기억과 망각의 신화들'이라는 장에서 "참된 역사학적 회상은 우리를 시원적인 시간으로 돌아가게 한다. 인간의 행위가 초자연적 존재들에 의해 그들에게 계시된 것이었다고 믿으면서 그들의 문화적 행위의 기초를 놓을 때인 바로 그 시간으로."라고 하셨습니다. 저는 선생님의 소설을 망각에 빠진 인류에게 기억을 회복시키고, 그 과정에서 그들을 구해 내는 종교학자의 알레고리로 봅니다. 그것이 의미하는 바는 모든 기억이 세계의 기원에 대한 기억이고, 그 기원에 대한 모든 기억이 빛이며 구원이라는 것이지요. 아무것도 상실된 것이 없기 때문에, 시간 덕분에, 파괴와 창조의 힘을 단단히 묶어 놓은 시간 덕분에, 그 기원은 의미를 획득했던 것이지요. 그런 경우에 왜 역사가 해석학에서 성취를 발견하는가를 쉽게 볼 수 있습니다. 그리고 해석학은 창

조에서, 시에서 역시 그 완성을 발견하게 되죠. 제가 보기에 자하리아 파라마는 신화적인 쌍둥이, 미르체아 엘리아데의 형제이자 쌍둥이입니다.

　E 참 아름답게 표현하셨군요. 더 이상 덧붙일 말이 없습니다.

10

미로의 의미

Ⓡ 선생님께서는 인생, 선생님 본인의 삶을 미로에 자주 비유하셨어요. 그 미로의 의미가 무엇인지 오늘 말씀해 주시겠습니까?

Ⓔ 미로란 중심, 보물, 의미를 지키는 방어 장치로, 때로는 주술적이기도 합니다. 테세우스 신화에서 알 수 있듯이, 미로에 들어서는 것은 통과의례일 수도 있지요. 이 상징은 많은 시련을 겪으면서 자신의 고유한 중심을 향해, 자아를 향해, 인도 용어를 쓰자면 아트만(Atman)을 향해 나아가는 모든 존재의 모델입니다……. 난 내가 미로에서 나왔거나, 출구로 이어진 실을 찾았다는 것을 여러 번 의식했어요. 절망, 억압, 방황도 느꼈지요…… 물론 "나는 미로에서 길을 잃었다."라고 생각하지는 않았고, 마침내 미로에서 빠져 나왔다는 승리감에 젖기도 했어요. 그런 경험은 누구나 하죠. 그러나 인생에 단 *하나*의 미로만 있는 건 아니라고 말씀드려야겠군요. 새로운 시련이 또 다가옵니다.

Ⓡ 선생님은 중심에 도달하셨습니까?

Ⓔ 난 중심에 여러 번 이르렀다고 확신하는데, 그렇게 해서 많이 배웠고, 나 자신을 인식했습니다. 그랬다가 나 자신을 다시 잃어버렸어요. 그게 우리의 상황이에요. 우리는 천사도 아니고 완벽한 영웅도 아니죠. 중심에 한 번 도달하면, 마음은 풍요로워지고, 의식은 더 넓고 깊어져서, 모든 것이 분명하고 의미 있게 됩니다. 하지만 삶은 계속되고, 또 다른 미로, 또 다른 충돌, 또 다른 종류의 시련이 다른 차원에서 나타나지요……. 예를 들어, 우리의 대담도 나에게는 일종의 미로에 뛰어드는 것입니다.

Ⓡ 선생님께서 자신을 '인식한' 순간들에 대해서 말씀하셨는데요. 저에겐 수피 전통이나 선불교에서 말하는 것이 떠오르네요. 자기가 태어나기 전에 갖고 있던 얼굴, 또는 비밀에 쌓인 천사에 대하여 명상하라는 권유를 받은 사람……. 선생님 자신을 인식했을 때의 얼굴은 어떻던가요? 그 점에 대해서는 침묵하시겠습니까?

Ⓔ 네.

Ⓡ 『일기』에서, 어느 날 갑자기 선생님의 인생이 연속성 있고 깊이 있게 지속된다는 것을 깨달았다고 쓰셨는데요.

Ⓔ 그건 내가 여러 번 경험한 건데요. 자신을 발견하고 자기 존재의 의미를 찾기 위해서 아주 중요한 경험이에요. 일반적으로 우리는 인생을 분절해서 살아갑니다. 하루는 시카고에서 동양학 연구소를 지나가다가, 나의 청년기에서 시작하여, 인도로, 런던으로, 그 나머지로 이어지는 시간들의 연속성을 느꼈습니다. 그것은 위안을 주는 경험이었어요. 그 시간들을 잃어버리지 않았고, 삶을 낭비하지 않았다는 느낌이지요. 거기 다 있어요. 예를 들면, 군대 시절처럼 중요하게 생각하지도 않고 잊어버렸던 시간조차, 거기 다 있어요. 그리고 어떤 목표가 우리를 인도했다는 것, 하나의 *지향* (orientatio)을 보았지요.

Ⓡ 그럼, 나쁜 것은 없었습니까?

Ⓔ 물론 실수도 상당히 많고, 부족한 것도 많고, 아마 실패도 꽤 있다고 봅니다……. 하지만 나쁜 것이요? 솔직히 말해서, 없습니다. 내가 나쁜 걸 안 보려고 해서 그럴 수도 있지만요.

Ⓡ 오늘날, 선생님 자신의 저작을 어떻게 생각하십니까?

🅔 난 아직 한창 일할 때라고 자신합니다. 내가 해야 할 일이 여전히 많아요. 하지만 내가 써온 것을 판단하고자 하는 사람은, 내 책들을 전체적으로 검토해야 합니다. 내 저작에 어떤 가치나 의미가 있다면, 그건 총체성으로부터 나오는 것이에요. 보세요, 발자크의 경우, 정말 훌륭한 작품은 『고리오 영감』(*Le Père Goriot*)도 아니고 『사촌 퐁스』(*Le Cousin Pons*)도 아닌, 『인간 희극』(*La Comédie humaine*)[1]이에요. 우리에게 괴테의 의미를 전해주는 것도 단지 『파우스트』만이 아닌, 괴테의 저작 전체이지요. 이런 식으로, 감히 나 자신을 그런 거장들의 경우와 비교해 본다면, 내 작업의 의미를 드러낼 수 있는 것도 바로 내 저술의 총체입니다. 단 한 편의 위대한 시나 소설에서 자기 능력을 다 발휘하는 작가들이 부럽기도 해요. 랭보나 말라르메뿐만 아니라 플로베르의 천재성도 샘이 나요. 예를 들면, 플로베르는 『감정 교육』(*L'Education sentimentale*) 안에 전부 다 들어 있어요. 나는 불행히도 날 전체적으로 보여줄 만한 책을 한 권도 못 썼습니다. 내 책들 중에 어떤 것들은 물론 더 잘 썼어요. 다른 것들보다 더 치밀하고 더 명확하죠. 또 다른 책들은 물론 내용이 반복돼서 지루하고 반쯤 실패작이에요……. 그러나 다시 한 번 말하지만, 내 삶의 의미와 내가 한 일은 총체적으로 봐야만 알 수 있을 것입니다. 그게 쉬운 일이 아니죠. 내 책들 중 일부는 루마니아어로 쓰인 탓에 서유럽에서 접근을 못하고, 다른 일부는 프랑스어로 쓰여서 루마니아인

---

1)　『인간 희극』은 발자크의 여러 독립된 작품들을 유기적으로 종합한 총서의 표제로, 여기에는 『고리오 영감』(1835)과 『사촌 퐁스』(1847)를 비롯하여 90편 이상의 소설이 포함되어 있다. 발자크는 이를 통해 19세기 프랑스 사회를 완전하게 표현하고자 한 동시에, 자기 작품의 총체성을 보여 주고자 했다.

들이 접근하지 못하거든요.

　　Ⓡ 이러한 대담이 총체성을 조망하는 데 도움이 된다고 생각 하시는지요?

　　🄴 이 대담을 진행하는 동안, 언어의 장애물뿐 아니라, 내면의 장애물도 있었습니다. 난 예기치 않게, 내 삶의, 내 젊은 시절의 중요한 순간을 되살려 냈어요. 질문을 받고 가끔은 어떤 문제들을 재고해야만 했고요. 어떻게 보면, 질문이 내 인생의 많은 부분을 회상하도록 강요한 것이지요. 너무 많아요, 그렇죠?……. 그건 모험이에요……. 자신이 말하는 모든 것을 깊이 파고 들 수는 없어요. 아무튼 이 대담을 책으로 읽어보고 싶네요. 내가 말한 모든 것에서 내가 먼저 나를 알아보겠죠, 형식의 문제들은 제쳐 두고요. 하지만 강조할 것이 있어요. 내가 질문에 완벽하게 명확하고 결정적인 방식으로 답변했다고 생각하지 않는다는 점이에요. 상황적이고 잠정적인 것들에 대해서도 말을 꺼내야 해요. 모든 것은 열려 있습니다. 모두 되찾게 될 것입니다. 제가 한 답변들은 정확하지만, 부분적이에요. 여전히 이것을 강조하고, 저것을 덧붙일 수도 있습니다. 그것이 이런 대화의 본질이지요. 내 생각에, 이오네스코도 이와 비슷한 대담 마지막에 같은 느낌이었을 것입니다. 예, 모든 것은 열려 있어요……. 그리고 아주 뜻밖의 경험을 한 다음처럼, 내 견해가 이전보다 더 넓어진 것을 알았습니다. 이제는, 몇 주 전만 해도 내가 상상하지 못했던, 아주 흥미로운 것들을 생각하곤 하지요. 이 대담을 시작하면서, 몇 가지 말할 것들이 있다고 생각했는데, 지금 내 머리에 떠오르는 건 그것들이 아니에요. 열린 미래, 이것이 지금 나를 사로

잡고 있는 이미지입니다.

 Ⓡ 선생님께서 이루신 작품, 그 작품을 성공적으로 해내기 위해서는 분명히 큰 힘이 필요했을 텐데요. 어디에서 그런 힘이 나오는 것입니까? 그 모든 것을 창조하도록 선생님을 북돋운 것이 사실상 무엇인지 아십니까?

 Ⓔ 뭐라고 대답해야 할지 모르겠네요…… 글쎄요, 운명일까요.

 Ⓡ 선생님께서 꺼리실까 봐, 신성(神性)에 대한 질문을 계속 미뤘습니다.

 Ⓔ 어떤 질문은 내 실존 자체에, 그리고 열렬한 독자들에게 중요한 것이 사실이지만, 그 질문을 이런 대화에서 다루는 게 적합한지 모르겠네요. 신성에 대한 질문은 핵심적이긴 하지만, 신성을 가볍게 말하는 건 조심해야 합니다. 하지만 언젠가, 정말 개인적이고 일관된 방식으로, 신성을 논하는 글을 쓰고 싶습니다.

 Ⓡ 선생님의 침묵은 영적인 스승의 역할을 거부하신 것으로도 설명할 수 있지 않을까요?

 Ⓔ 내가 나 자신을 영적인 스승이나 구루로 여기지 않는 것은 분명합니다. 나는 인도자도 아니고, 다만 동료라고 생각해요. 좀 더 앞선 동료, 다른 사람들의 동료 말이지요. 또한 그게 바로 내가 어떤 본질적인 문제들을 즉흥적으로 다루기를 주저하는 이유입니다. 나는 내가 믿는 것을 잘 알지만, 그건 몇 마디로 말할 수 없지요.

ℝ *실재*(le réel)에 대해 자주 말씀하셨는데요.

🄴 네.

ℝ 선생님께 그 *실재*란 무엇입니까? 무엇이 실재입니까?

🄴 누가 그런 걸 정의할 수 있겠어요? 난 정의하지 못해요. 내가 보기에 그건 자명한데, 만약 자명하지 않다면, 틀림없이 긴 증명이 필요하겠지요…….

ℝ 여기서, 성 아우구스티누스가 도움이 되지 않겠습니까? "만약 누군가 나에게 존재란 무엇이냐고 묻는다면, 나는 모른다. 만약 그가 나에게 그렇게 묻지 않는다면……."

🄴 "나는 안다……." 네, 그것이 정말 최선의 대답입니다.

부록

1. 브란쿠시와 신화 | 2. 엘리아데 연보

부록1 브란쿠시와 신화*

　　나는 브란쿠시를 둘러싼 열띤 논쟁의 내용을 최근에 다시 읽어 보았다. 그는 근대 예술의 모든 개혁과 혁명의 본산인 파리에서 반세기 이상 살았음에도, 여전히 '카르파티아의 농부'로 남아 있었는가? 아니면, 반대로, 예컨대 미국의 비평가 시드니 가이스트(Sidney Geist)의 견해처럼, 브란쿠시는 파리 학파의 영향과 이국적인 예술, 특히 아프리카의 가면과 조각들의 발견으로 인한 결과인가?

　　그런 내용들을 모두 읽다가, 난 이오넬 지아누의 책(Paris, Arted, 1963)에 실린 사진들을 보았는데, 그것은 브란쿠시가 엥파스 롱생(impasse Ronsin)에 있는 자기 작업실에서 침대와 난로 곁에 있는 사진들이었다. 거기서 농촌의 '스타일'을 알아채기는 어렵지 않지만, 문

---

* 　　(원주) "Brancusi et les Mythologies", Témoignages sur Brancusi, par Petru Comarnesco, Mircea Eliade, Ionel Jianou, Editions Arted - Editions d'Art, Paris, 1967.

제는 그 이상의 무엇이다. 그건 바로 브란쿠시의 *거주지*이며, 그가 혼자서 자기 손으로 공들여 만든 자신의 '세계'라고 할 수 있을 것이다. 그것은 '루마니아의 농가'나 '파리의 아방가르드 예술가의 작업실' 같은 기존 모델을 복제한 것이 아니다.

그러고 나서, 그 난로를 유심히 보았다. 농촌풍의 난로를 가질 필요가 있었다는 것은 브란쿠시가 파리에서도 지속하기로 선택한 삶의 스타일에 대하여 우리에게 많은 것을 말해 주기 때문이다. 뿐만 아니라 난로 혹은 아궁이의 상징은 브란쿠시의 천재성에 대한 비밀을 밝혀줄 수도 있기 때문이다.

결국, 많은 비평가들에게는 역설적으로 들리겠지만, 브란쿠시가 '원시적'이고 고대적인 예술 창작품들과 직면한 이후에 '루마니아적인' 영감의 원천을 찾아낸 듯 보이는 것은 사실이다.

이 '역설'은 지혜 민담에 자주 등장하는 테마 중 하나이다. 여기서는 한 가지만 예로 들겠다. 크라코프의 랍비 아이직(Rabbin Eisik de Cracovie) 이야기는 인도 학자인 하인리히 짐머(Heinrich Zimmer)가 마르틴 부버(Martin Buber)의 『하시딤 설화』(*Khassidischen Bücher*)에서 뽑은 것이다. 경건한 랍비인 크라코프의 아이직은 꿈에서 프라하로 가라는 말을 듣는데, 거기에서 왕궁으로 이어지는 큰 다리 밑에 숨겨진 보물을 발견하리라는 것이었다. 세 번이나 똑같은 꿈을 꾸자, 랍비는 떠나기로 결심한다. 그는 프라하에 이르러 그 다리를 찾았지만, 밤낮으로 경비병들이 지키고 있어서, 아이직은 그 밑을 파볼 엄두를 내지 못하였다. 그는 주변을 서성거리다가 마침내 경비대장의 눈에 띄고 말았다. 경비대장이 아이직에게 무엇을 잃어버리기라도 했냐고 물어보자, 순진한 랍비는 자기 꿈 이야기를 해주었다. 그러자 그 장교는 웃음을 터뜨리면서 말했다. "참 불쌍한 양반! 꿈 때문에 이 먼 길을 오느라고 신발이 다 닳았단 말입니까? 제 정신인 사람이 어떻게 꿈을 믿습니까?" 그 장교도 꿈에서 어떤 소리를 들었다고 했다. "꿈에서, 크라코프에 가면 예켈(Jekel)의 아들 아이직이라는 랍비의 집이 있는데, 그 집 난로 뒤에 묻힌 잿더미 한 구석에서 큰 보물을 찾을 거라고 합디다." 하지만 그 장교는 합리적인 사람이었기 때문에, 꿈에서 들은 말을 전혀 믿지 않았다. 랍비는 장교에게 머리 숙여 감사한 후에, 서둘러 크라코프로 돌아가서, 자기 집의 한 구석을 파내고 보물을 찾아 가난에서 벗어났다.

하인리히 짐머는 이렇게 덧붙였다. "이처럼, 진짜 보물, 우리를 가난과 시련에서 벗어나게 하는 보물은 절대로 멀리 있지 않으니, 먼 나라에서 보물을 찾아 헤맬 필요가 없다. 그것은 자신의 집, 즉 자기 존재의 가장 깊숙한 구석에 파묻혀 있다. 그 보물은 난로 뒤, 우리 실존을 지배하는 생명과 열기를 공급하는 중심, 우리 마음의 심부(心府)에 있으며, 우리는 단지 파내는 방법만 알면 된다. 그러나 신기하고 변함없는 사실은, 반드시 먼 곳, 낯선 땅, 새로운 지역을 순례한 이후에야, 우리의 탐색을 이끌어 낸 내면적 소리의 의미가 우리에게 드러난다는 점이다. 그 신기하고 변함없는 사실에 또 하나 덧붙여서, 신비한 내면 여행의 의미를 우리에게 드러내 주는 사람은 우리와 신앙도 다르고 인종도 다른 이방인이어야 한다는 점을 알 수 있다."

우리 화제로 돌아와서, 시드니 가이스트의 관점, 특히 파리 학파가 브란쿠시에게 결정적인 영향을 미쳤으며, 동시에 "루마니아 민속 예술의 영향은 존재하지 않는다."는 관점을 인정한다 하더라도, 여전히 브란쿠시의 작품들은 루마니아의 민속 신화 및 조형 예술의 세계와 밀접한 연관이 있으며, "마이아스트라"(Maïastra)처럼, 때로는 루마니아 이름이 붙어 있다. 달리 말하면, 가이스트가 말한 '영향'은, 자기발견으로 인도할 수밖에 없는, 일종의 회상을 불러일으키는 것이었다. 파리의 아방가르드나 고대(아프리카) 세계의 작품들과 대면한 브란쿠시는 '내면화', 즉 비밀스럽고 잊을 수 없는 세계인 유아기와 상상의 세계로 돌아가려는 움직임을 보이기 시작했다. 브란쿠시가 자신의 농경 전통의 예술적 풍부함을 재발견한 것, 요컨대 이런 전통의 창조적 가능성을 간파한 것은, 아마도 그가 특정 근대 작품들의 중요성을 인식한 *이후*였을 것이다. 어쨌든 이 발견 이래로 브란쿠시는 '루마니아 민간 예술'을 재현하는 데 머물렀다고 말할 수 없다. 그는 기존의 형태들을 모방하지 않았고, '민속 공예품'을 복제하지도 않았다. 도리어 브란쿠시는 루마니아의 민간 예술 형태뿐만 아니라 발칸 반도와 지중해의 원(原)역사 형태, 아프리카나 오세아니아의 '원시적' 예술 형태 등, 모든 고대적 형태들의 원천은 과거에 아주 깊이 파묻혀 있다는 것을 깨달았다. 그는 또한 이 최초의 근원이 조각의 '고전적' 역사와는 아무 관계가 없다는 것도 깨달았다. 부쿠레슈티, 뮌헨, 파리에서 보낸 그의 청년 시절에, 모든 동시대인들과 마찬가지로, 그가 처했던 역사 말이다.

브란쿠시의 천재성은 자신이 창조할 수 있다고 생각한 형태들의 진정한 '원천'을 어디에서 찾아야 할지 알고 있었다는 사실에 기인한다. 그는 루마니아나 아프리카 민간 예술의 조형 세계를 재현하는 대신에, 자신의 생생한 체험을 '내면화'하는 데 열중했다. 그렇게 해서 그는 후기 구석기 시대의 사냥꾼 또는 지중해, 카르파티아-다뉴브 유역, 아프리카의 신석기 시대 농민과 같은 고대인의 특수한 '세상 속 현존'을 찾아내는 데 성공했다. 브란쿠시의 작품에서, 루마니아 민간 예술과의 구조적이고 형태론적인 연관성뿐 아니라, 흑인 예술이나 지중해와 발칸 반도의 선사 시대 조형물과의 유사성도 감지할 수 있다면, 그것은 바로 이 모든 조형 세계들에 문화적인 동질성이 있기 때문이다. 그 동질성은 이 세계들의 '근원들'이 후기 구석기나 신석기에서 발견된다는 것이다. 달리 말하면, 앞서 언급한 '내면화'의 과정과 이를 뒤따르는 회상을 통하여, 브란쿠시는 선사 시대의 토속적이거나 민속적인 예술 작품들을 창조한 사람들처럼 '이 세계를 보게' 되었다. 그 결과, 브란쿠시는 바로 이 '세상 속 현존' 덕분에 익명의 예술가들이, 예컨대 그리스의 '고전적' 예술 공간과 아무 연관이 없는 공간에서 그들의 고유한 조형 세계를 창조할 수 있었다는 것을 발견했다.

물론 이것이 브란쿠시의 천재성과 그의 작품을 다 '설명하는' 건 아니다. 신석기 시대 농민이 동시대의 예술가처럼 창조할 수 있게 해준 '세상 속 현존'을 발견한 것으로는 부족하기 때문이다. 하지만 이 '내면화'의 과정에 주목하면, 한편으로 브란쿠시의 굉장한 독창성을, 다른 한편으로 왜 그의 작품 중 일부가 선사 시대의 농경적이거나 토속적인 예술 창작품들과 구조적으로 유사하게 보이는지를 이해하는 데 도움이 된다.

재료, 특히 돌을 대하는 브란쿠시의 태도는 선사 시대 사람들의 심성을 이해하는 데 언젠가 도움을 줄 것이다. 브란쿠시는 돌이라는 대상이 성스러운 힘을 나타내고 성현을 구성한다고 생각하는 사람처럼, 흥분하면서도 불안한 경외심을 가지고 특정 돌들에 접근했다.

　　돌을 다듬는 긴 작업을 하는 동안 브란쿠시가 어떤 상상의 우주를 유영했는지 우리는 결코 모를 것이다. 하지만 가스통 바슐라르의 멋진 분석에 의하면, 돌에 대한 친숙함이 '물질에 대한 몽상'을 조장한 게 틀림없다. 그것은 심층 세계를 향한 일종의 침잠인데 그 세계 안에서 돌, 이 대표적인 '물질'은 신비를 계시하였고, 나아가 신성함, 힘, 행운을 구현하였다. 종교적 의미와 현현의 원천이자 현장으로서 그 물질을 발견한 덕에, 브란쿠시는 고대 예술가의 정서와 영감을 찾아내거나 짐작할 수 있었다.

　　게다가 '내면화'와 심연으로 '침잠'하는 것은 20세기 초의 시대정신이었다. 프로이트는 무의식의 깊이를 탐구하는 기술을 발전시켰고, 융은 자신이 집단 무의식이라고 부른 것 속으로 더 깊이 파내려갈 수 있다고 믿었다. 동굴학자인 에밀 라코비차(Emil Racovitza)는 동굴들의 동물상(動物相)에서, 그 유기적 형태들이 화석화될 수 없어서 더욱 귀중한 '살아 있는 화석들'을 식별해냈다. 레비브륄은 '원시적인 심성' 안에서 인간 사고의 고대적이고 전(前)논리적인 단계를 분리했다.

　　이 모든 연구와 발견에는 한 가지 공통점이 있다. 당시까지 연구가 불가능한 채로 남아 있었기 때문에, 무엇보다도 19세기 후반의 합리주의적 사고에 관심거리를 제공하지 못했기 때문에 과학이 간과해왔던 가치, 상태, 행위들을 드러냈다는 것이다. 이 모든 연구는 어떻게 보면 아래로 내려가는 것, 따라서 인생과 경험과 사고의 단계에서 그때까지 알려지고 연구된 의미의 체계들이 형성되기 이전 단계들에 대한 발견들, 어쨌든 실체를 파악할 수 있는 유일한 원리인 이성의 확립과 연관된다는 의미에서 '고전적'이라고 할 수 있는 체계들을 내포하고 있다.

브란쿠시는 '내면화'와 '심연'을 탐구하는 경향이 있는 전형적 동시*대*인이었고, 인간 창조성의 원시적 · 선사 시대적 · 전(前)합리적 단계들에 열정적인 관심을 기울인 동시*대*인이었다. 핵심적 '비밀', 특히 근대 예술을 쇄신하고 풍요롭게 할 수 있는 것은 민속적이거나 토속적인 창작품들이 아니라 오히려 그것들의 '원천'을 발견하는 것이라는 비밀을 알고 난 후, 브란쿠시는 이 연구에 끝없이 빠져 들었고 죽을 때까지 거기에만 매달렸다. 그는 마치 자신이 실현하지 못한 특정 테마들의 신비와 예술적 가능성에 집착하듯이, 그러한 테마로 끊임없이 되돌아갔다. 예를 들어, 그는 "끝없는 기둥"(Colonne sans fin)에 19년, "새들"(Oiseaux) 시리즈에 28년 동안 공을 들였다. 이오넬 지아누의 『상세한 카탈로그』(*Catalogue raisonné*)는, 1918년에서 1937년 사이에 제작된 "끝없는 기둥" 중에 참나무로 된 다섯 개의 버전과 더불어 석고와 강철로 된 버전 한 개를 수록하고 있다. "새들" 시리즈로 말하자면, 브란쿠시는 1912년부터 1940년까지 청동과 여러 색깔의 대리석과 석고로 스물아홉 개의 버전을 만들었다. 물론 한 가지 중심 모티프의 지속적 재연은 옛날이나 지금이나 다른 예술가들의 작업에서도 나타난다. 하지만 이러한 방법은 무엇보다도 토속적 민간 예술의 특성인데, 그런 예술에서는 '상상력의 빈곤'이나 예술가의 '개성'과는 전혀 무관한 이유들로, 전형적인 모델들이 무한히 재연되고 '모방될' 필요가 있는 것이다.

브란쿠시가 "끝없는 기둥"에서 루마니아 민담의 모티프, 즉 선사 시대에 이미 입증된 신화적 테마의 연장이자 전 세계에 널리 퍼져 있었던 '하늘의 기둥' 모티프를 재발견한 것은 의미심장하다. 하늘의 기둥은 천공을 받치고 있다. 다른 말로, 그것은 세계의 축이며, 많은 이형(異形)들이 알려져 있는데, 고대 게르만들의 이르민술(Irminsul) 기둥, 북아시아 민족들의 우주 기둥, 중앙 산, 우주 나무 등이 그 예이다. 세계의 축은 복합적인 상징으로, 그 축은 하늘을 떠받치는 동시에 하늘과 땅의 의사소통을 보장한다. 세계의 축은 세계의 중심에 있다고 간주되며, 그 곁에서 인간은 하늘의 힘과 통할 수 있다. 세계를 떠받치는 돌기둥으로서 세계의 축이라는 개념은 아마도 기원전 3, 4천 년에 있었던 거석(巨石)문화 특유의 신앙을 반영했을 것이다. 그러나 하늘 기둥의 상징과 신화는 거석문화의 경계를 넘어 널리 퍼졌다.

루마니아 민담에서 '하늘의 기둥'은 기독교 이전의 고대적 믿음을 나타냈으나, 이 믿음은 크리스마스 예식 찬양에도 나올 만큼 아주 빠르게 기독교화 되었다. 틀림없이 브란쿠시는 자기 고향이나 양치기로 일했던 카르파티아에서 하늘의 기둥 얘기를 들었을 것이다. 그 이미지는 그를 사로잡았고 이것은 우리가 보게 될 것처럼, 상승과 비행과 초월의 상징으로 통합되었다. 브란쿠시가 단순히 하늘의 '버팀목'이나 '받침대'만 표현할 수 있는 '순수한 형태'의 기둥을 선택하지 않고, 홈이 파인 나무나 기둥과 비슷해지는 무한히 반복되는 마름모 형태를 택했다는 점은 주목할 만하다. 달리 말해서, 사람들이 상상으로 '하늘 나무'를 타고 올라가고 싶어 하니까, 브란쿠시가 이 상승의 상징을 명백하게 보여 준 것이다. 이오넬 지아누는 그 마름모꼴이 "농촌 건물의 기둥들에서 따온 장식적 모티프를 나타낸다."고 지적한다. 그런데 농가의 기둥 상징 또한 세계의 축이라는 '상징적 영역'에 의존하고 있다. 많은 고대 거주지에서, 중앙 기둥은 사실상 하늘과의 의사소통 수단으로 기능한다.

고대적이고 원시적인 우주론의 하늘을 향한 상승은 더 이상 브란쿠시를 사로잡지 못했고, 그는 무한한 공간 속의 비상(飛上)에 사로잡혔다. 그는 자신의 기둥을 '끝없는' 것이라고 했다. 그런 기둥은 결코 완성될 수 없을 뿐만 아니라, 무엇보다도 절대 자유의 엑스터시 체험에 근거하고 있어서 한계를 가질 수 없는 공간으로 비약하기 때문이다. 이것은 또한 그의 "새들"이 비상하는 공간이기도 하다. 브란쿠시는 하늘의 기둥의 고대 상징에서 핵심적 요소, 즉 인간 조건의 초월로서 상승만을 취했다. 하지만 그는 모든 신비한 특성을 벗겨낸 엑스터시적인 상승이 그의 관심사라는 것을 동시대인들에게 드러내는 데 성공했다. 모든 제약으로부터 해방된 존재라는 점, 그 잊어버린 황홀경을 되찾기 위해서 사람들은 작품의 힘에 의해 자신이 '운반되는' 대로 놔두기만 하면 충분했다.

1912년 "마이아스트라"의 첫 번째 버전으로 시작한 "새들"의 테마는 훨씬 더 명시적이다. 사실 브란쿠시는 루마니아 민담의 유명한 모티프에서 출발하여, '내면화'의 긴 과정을 거쳐, 고대적이고도 보편적인 동시에 전형적인 테마에 도달했다. "마이아스트라", 더 정확히 말해 "파세레아 마이아스트라"(Paserea Maïastra), 직역하면 '마법의 새'는 루마니아 민간 설화에 나오는 전설의 새인데, 전쟁과 시련에 직연한 왕자를 도와주었다. 또 다른 이야기에서, 마이아스트라는 신기한 사과나무에 매년 열리는 황금 사과 세 개를 훔치는 데 성공했다. 오직 왕의 아들만이 그 새를 해치거나 붙잡을 수 있었다. 몇몇 이본(異本)들에서는, 다치거나 붙잡힌 마법의 새가 본래의

요정 모습을 드러낸다. 브란쿠시는 첫 번째 버전(1912-1917)에서는
마이아스트라의 여성성을 강조함으로써 그 이중성의 신비를 제시
하려 했다고 할 수 있다. 그러나 곧바로 그는 비행의 신비에 관심을
집중했다. 이오넬 지아누가 브란쿠시의 진술을 기록했다. "나는 이
움직임으로 자만, 거만이나 저항을 표현하지 않으면서 마이아스트
라가 머리를 들어올리기를 원했다. 그것은 가장 어려운 문제였고,
오랜 노력 끝에야 나는 이 움직임을 새들의 날아오름과 통합하기
에 이르렀다." 민담에서는 (오직 왕자만이 해칠 수 있으므로) 거의 불사조인
마이아스트라가 '공간 속의 새'가 되었다. 달리 말하자면, 이제 문
제는 돌 안에서 바로 그 '마술적 비행'을 표현하는 것이다. "공간 속
의 새"라는 "마이아스트라"의 첫 번째 버전이 나온 해는 1919년이
고, 마지막 버전이 나온 해는 1940년이다. 지아누가 썼듯이, 브란
쿠시는 마침내 "무정형의 재료를, 매혹적 비약으로써 비행의 본질
을 구현하고 빛을 발하며, 순도가 엄청나고 겉이 반투명한 타원형
으로 변환하는 데 성공하였다."

게다가 브란쿠시도 "나는 일생 동안 비행의 본질만을 추구
했다……. 비행, 얼마나 행복인가!"라고 말했다. 그 비행이 상승, 초
월, 인간 조건의 초극을 상징하는 이상, 비행은 행복과 동의어라는
것을 이해하기 위해서 책을 읽을 필요도 없다. 비행은 *무거움이 제
거되었음*을, 인간의 존재 자체에서 존재론적인 변형이 일어났음을
시사한다. 땅과 하늘 사이를 자유롭게 오가는 영웅이나 마술사와
관련된 신화, 설화, 전설들은 온 세상에 퍼져 있다. 영적인 삶, 특히
엑스터시 체험과 지성의 힘에 연관된 일련의 상징들은 모두 새, 날
개, 비행의 이미지들과 연계되어 있다. 비행은 일상 체험의 세계 안

에서 일어난 파열을 상징한다. 그 파열의 이중 목적은 명백한데, 우리가 '비행'으로 얻는 것이 바로 초월인 동시에 *자유*라는 것이다.

우리가 다른 곳에서 행했던 분석을 여기서 반복할 계제는 아니다. 그러나 꿈, 활발한 상상, 신화적이고 민속적인 창조, 의례들, 형이상학적인 사변과 엑스터시적인 체험에 연관된 여러 차원에서, 상승의 상징은 항상 '경직되고' '가로막힌' 상황의 타개, 다른 존재 양식으로 건너갈 수 있는 계층 파열을 의미하며, 궁극적으로는 '움직일' 자유, 말하자면 상황을 변화시키고, 제약의 체계를 폐기할 자유를 뜻한다.

자신이 '비행의 본질'이라고 부른 것에 브란쿠시가 평생 사로잡혀 살았다는 점은 의미심장하다. 하지만 그가 *무거움*의 원형 자체, 대표적인 '물질'인 돌을 사용하여 그 상승하는 비약을 표현하는 데 성공했다는 것은 대단하다. 우리는 그가 '물질'의 변형을 수행했다고, 보다 정확히 말하면, 동일한 대상 안에서 '물질'과 '비행', 무거움과 그 부정이 일치한다는 점에서, 그가 상반의 일치를 이루었다고 말할 수 있을 것이다.

미르체아 엘리아데

1967년 6월

시카고 대학

 # 엘리아데 연보[*]

2004년 파리 옥수스(Oxus)에서 출판된 플로랭 투르카누(Florin Turcanu)의 『미르체아 엘리아데, 소설가』(*Mircea Eliade, romancier*)에 게재된 위젱 시미옹(Eugen Simion)의 전기 노트에 따라, 『미로의 시련』(*L'épreuve du labyrinthe*) 원판은 1978년 바사라브 니콜레스쿠(Basarab Nicolescu)의 벨퐁(Belfond)에서 나왔음을 밝힌다.

1907	**3월 9일:** 루마니아의 부쿠레슈티에서 아버지 게오르게 엘리아데(Gheorghe Eliade) 대위와 어머니 요안나 스토엔네스코(Joana Stoenesco)의 차남으로 출생.
1913	**10월:** 만툴리사(Mântuleasa) 거리 10번지의 초등학교에 입학.

---

* (원주) 엘리아데의 자세한 전기로, 플로랭 투르카누(Florin Turcanu)의 『미르체아 엘리아데: 역사의 포로』(*Mircea Eliade: Le prisonnier de l'histoire*)(Paris, La Découverte, 2003)를 읽을 것.

1917-1925	스피루-하렛(Spiru-Haret) 고등학교에서 공부.

1921　1월: 첫 논문 "나는 어떻게 철학자의 돌을 찾았는가?"(Comment j'ai découvert la pierre philosophale)를 《*Ziarul Stiintelor Populare*》에 발표.

1921-1923　《*Ziarul Stiintelor Populare*》, 《*Orizontul*》, 《*Foaia Tinerimii*》, 《*Lumea*》, 《*Universul Literar*》, 《*Adevarul Literar*》 등 다수의 잡지에 기고. 학술적 대중화 논문(곤충학, 연금술의 역사, 오리엔탈리즘, 종교사), 카르파티아 산맥과 다뉴브강 여행기, 단편소설, 문학비평 에세이.

1923-1925　파피니(Papini)와 비토리오 마키오로(Vittorio Macchioro)를 읽기 위해 이탈리아어를 배우고, 막스 뮐러(Max Müller)와 프레이저(Frazer)를 읽기 위해 영어를 배움. 미할체스쿠(Mihalcescu)의 교본으로 히브리어를, 이탈로 피치(Italo Pizzi)의 문법책으로 페르시아어를 공부하기 시작함.

1924-1925　출판되지 않은 자전적 소설 『어느 근시 청년의 이야기』(*Romanul adolescentului miop*)를 씀.

1925　10월: 대학입학 자격시험(Baccalauréa)에 합격, 부쿠레슈티 대학의 문학 및 철학과에 입학.

1926　1월: 《*Revist Universitara*》를 창간했으나, 이오르가(N. Iorga)의 책 『보편적 역사 평론』(*Essai d'histoire universelle*)에 대한 과도한 혹평 때문에 제3호로 정간.
11월: 일간지 《*Cuvântul*》에 정기적으로 기고하기 시작, 수년간 적어도 주 2회 이상 투고. 작가와 학자에 대한 소묘, 동양학·철학·종교사 저작 서평, 여행기 등.

1927　3-4월: 이탈리아를 처음 여행. 플로렌스에서 파피니(Papini)를 만나고, 로마에서 부오나이우티(P. Buonaiuti)·판지니(A. Panzini)·젠틸레(G. Gentile)를 만나고, 나폴리에서 마키오로를 만남.
7-8월: 오스트리아와 스위스를 여행.

1928　1월: 『어느 근시 청년 이야기』의 속편으로, 역시 출판되지 않은 『환희』

(Gaudeamus)를 씀.

4-6월: 로마에 머물며 학위논문 작업, "피치노(Marcilio Ficino)에서 브루노(Giordano Bruno)까지의 이탈리아 철학". 『인도 철학사』를 읽은 후, 다스굽타(Surendranath Dasgupta) 교수에게 캘커타 대학에서 공부하고 싶다는 편지를 씀. 다스굽타의 학창 시절 후원자였던 마하라자(Maharajah Manindra Chandra Nandy de Kassimbazar)에게도 편지를 보냄.

6월: 나폴리, 아테네, 콘스탄티노플을 거쳐 부쿠레슈티로 돌아옴.

9월: 다스굽타와 마하라자로부터 고무적인 답장을 받음. 인도 체류 기간의 장학금을 약속 받음.

10월: 철학사 학위를 받음.

11월 20일: 인도로 떠남.

11월 25일-12월 5일: 이집트 여행.

12월 17-20일: 콜롬보에 내려서 스리랑카를 방문.

12월 21일: 마드라스에 도착하여 다스굽타를 만남.

12월 26일: 캘커타에 도착하여 리폰(Ripon) 거리 82번지의 영국-인도 기숙사에 입주.

1929	**1-6월**: 다스굽타의 강의를 수강하고, 산스크리트어를 열심히 공부함.

1929

1-6월: 다스굽타의 강의를 수강하고, 산스크리트어를 열심히 공부함.

3월: 베나레스, 알라하바드, 아그라, 자이푸르를 여행.

7월: 다질링에 머물면서 시킴을 여행.

8월: 소설 『이사벨과 악마의 호수』(*Isabel si Apele Diavolului*)를 완성하여 이듬해 부쿠레슈티에서 출판.

9-12월: 다스굽타가 엘리아데에게 힌두교인들과 산스크리트어로 대화하는 데 익숙해지도록 학승과 함께 공부하기를 권함.

1930

1-9월: 보와니포레 지역의 바쿠발간(Bakubalgan) 거리 120번지, 다스굽타 교수의 자택에서 함께 기거함. 다스굽타의 지도하에 매일 아침 한 시간씩 문헌 분석(문법학자인 파탄잘리의 주석)을 공부함.

2월: 박사 학위논문의 주제를 선정, "요가 테크닉의 비교 역사".

6-7월: 다스굽타가 엘리아데에게 우파니샤드 철학에 대한 자신의 책을 구술함. 인도의 철학과 종교에 대한 첫 번째 연구논문을 《*Revista de Filozofie*》(부쿠레슈티)와 《*Ricerche Religiose*》(로마)에 게재.

9월: 다스굽타와 언쟁. 보와니포레를 떠나 히말라야 서부의 하드워로 감.

10월: 쿠티아르를 입고 리쉬케쉬에 거주하면서, 스와미 쉬바나난다 (Swami Shivanananda)의 지도 아래, 6개월 동안 요가를 수행.
12월: 락쉬만줄라의 요기를 방문하고, 바드리나트에서 돌아온 순례자들과 대화를 나눔.

1931   **1-3월**: 명상과 요가 수행.
4월: 캘커타로 돌아옴.
4-11월: 벵갈의 아시아학회 도서관에서 연구. 사서인 티베트학자 반 마넨(Van Manen)과 친해짐. 학위논문 작성을 시작.
12월: 병역 의무를 다하기 위해 부쿠레슈티로 떠남.

1932   **1-11월**: 부쿠레슈티의 방공포대(防空砲隊) 1연대에서 군사복무. 요가에 대한 영어 학위논문을 루마니아어로 번역하기 시작.

1933   **1월**: 미(未)출판 소설 공모에 『마이트레이』(*Maitreyi*) 원고를 제출.
3월: 『마이트레이』가 1등에 당선, 5월에 출간. 비평가들과 대중에게 큰 인기를 얻음.
6월: 철학박사 학위를 받음. 대학 위원회가 그의 논문을 프랑스어로 출간할 것을 권고하여 영어, 루마니아어와 약간의 산스크리트어를 아는 번역자를 구함.
11월: 논리학과 형이상학 교수인 내 이오네스코(Naë Ionesco)의 조교로 임명됨. "인도 철학에서 악의 문제"라는 강의를 시작.

1934   **1월**: 니나 마레스(Nina Mareş)와 결혼하여 디니쿠-골레스쿠(Dinicu-Golescu) 대로의 아파트를 임대.
경제적인 어려움에 대처하기 위해, 몇 개의 잡지사에서 일하며 4권의 책을 출간. 2권의 소설 『낙원에서 돌아오다』(*Intoarcerea din Rai*)와 『꺼져버린 불빛』(*Lumina ce se stinge*), 논문집 『오세아니아 기록』(*Océanogaphie*), 여행기 『인도』(*India*).
8월: 베를린에 체류하며, 학위논문을 손질.
11월: "동양 종교들의 구원"으로 강의를 시작.

1935   **겨울**: 쿠사의 니콜라스의 『무지의 지』(*Docta ignorantia*) 세미나를 인도.
봄: 인도 일기를 짧게 소설화한 『아시아의 연금술』(*Alchemia asiatica*)

과 『작업』(Santier)을 출간.

8월: 베를린에서, 바빌로니아의 우주론과 연금술에 대한 책을 수정.

11월: "우파니샤드와 불교" 강의를 개설.

1936
    겨울: 아리스토텔레스의 『형이상학』 제10권에 대한 세미나.

6월: 하스듀(B. P. Hasdeu) 선정 작품들의 비평적 편집 작업. 『요가: 인도 신비주의의 기원에 대한 논술』(Yoga: Essai sur les origines de la mystique indienne)(Paris-Bucharest, Paul Geuthenr et Fundatia Regala Carlo I) 출판.

7-8월: 런던, 옥스퍼드, 베를린을 여행.

1937
    "종교적 상징" 강의.

하스듀 선집 『문학적 · 도덕적 · 정치적 저술』(Scriere literare, morale si politice)을 두 권으로 출판하고, 『바빌로니아의 우주론과 연금술』(Cosmologie si alchimie babiloniana)을 출판.

여름: 스위스와 이탈리아를 여행.

1938
    "불교사" 강의. 페타조니(R. Pettazzoni), 프르질루스키(J. Przyluski), 아난다 쿠마라스와미(Ananda Coomaraswamy), 카를 클레멘(Carl Clemen), 헨체(C. Hentze), 로울랜드(B. Rowland) 등과 함께 《Zalmoxsis, revue des études religieuses》의 제1호를 준비.

11월: 소설 『하늘의 결혼』(Nunta în Cer)을 출간.

1939
    봄: 《Zalmoxsis》 제1호를 출간, 폴 괴드너 동양 문고(Librarie orientaliste Paul Geuthner)에서 배포.

여름: 《Zalmoxsis》 제2호 작업(1940년에 출간).

가을: 에세이 『단편』(Fragmentarium).

1940
    3월: 런던에 있는 루마니아 공사관의 문화 자문위원으로 임명됨.

4-9월: 런던.

9월: 옥스퍼드로 피신.

1941
    1월: 리스본에 있는 루마니아 공사관의 문화 자문위원으로 임명됨.

2월 10일: 리스본에 도착하여 1945년 9월까지 체류.

1942-1944	루마니아어로 쓴 네 권의 연구서와 《*Zalmoxsis*》 제3호를 부쿠레슈티에서 출간.

1942-1944 루마니아어로 쓴 네 권의 연구서와 《*Zalmoxsis*》 제3호를 부쿠레슈티에서 출간.

1943 『루마니아인, 동방의 로마인』(*Os Romenos, Latinos do Oriente*)을 리스본에서 출판.

1944 **11월:** 아내 니나(Nina)의 죽음.
12월: 리스본 근처의 어촌인 카스카에스(Cascaes)에 거주.

1945 루마니아어로 『종교사 서론』(*Prolégomène à l'histoire des religions*)을 씀. 이 책은 1940–1941년에 옥스퍼드에서 시작하였고, 1949년에 프랑스어로 『종교사 개론』(*Traité d'histoire des religions*)이라는 제목으로 나옴.
9월: 니나의 딸 아달지자(Adalgiza)와 함께 파리에 도착.
11월: 조르주 뒤메질(Georges Dumézil) 교수의 초청으로 고등연구원(Ecole des hautes études)에서 자유 강의, 『종교사 개론』의 처음 세 장을 이용.
12월: 아시아학회(Société asiatique)의 회원으로 선출.

1946-1949 바노(Vaneau)가(街)의 수에드(Suède) 호텔에 기거.
부쿠레슈티의 친구들인 시오랑(E. M. Cioran), 에우제네 이오네스코(Eugène Ionesco), 니콜라스 하레스쿠(Nicolas Harescu) 등을 만남. 《*Critique*》, 《*Revue de l'histoire des religions*》, 《*Comprendre*》, 《*Paru*》 등의 잡지에 기고.

1947 **봄:** 고등연구원에서 자유 강의, 『영원 회귀의 신화』(*Le Mythe de l'Eternel Retour*)를 이용.

1948 **봄:** 갈리마르(Gallimard) 출판사에서 『요가의 테크닉』(*Technique du Yoga*)을 출간.
6월: 파리에서 국제 동양학 학회에 참석.
8월: 루마니아 망명자들의 잡지 《*Luceafarul*》을 창간.

1949 **겨울:** 프랑스어로 『종교사 개론』 출판.

봄: 프랑스어로『영원 회귀의 신화』출판.

1950

1월 9일: 크리스티넬 코테스코(Christinel Cottesco)와 결혼.

봄: 아내와 함께 이탈리아로 여행.

3월: 페타조니 교수와 투치(G. Tucci) 교수의 초청으로 로마 대학에서 강연.

8월: 아스코나에서 열린 "에라노스" 첫 학회에 참석하여 융(Jung), 반 데 어 레우(G. van der Leeuw), 루이 마시뇽(Louis Massignon) 등을 만남.

9월: 암스테르담에서 열린 세계 종교학회에 참석.

1951-1955

뉴욕의 볼링겐(Bollingen) 재단으로부터 매달 200달러의 연구비를 받음. 라포르그 박사 부부(René et Délia Laforgue)와 고델 박사 부부(Roger et Alice Godel)가 엘리아데 내외를 초청하여 파리와 발도르의 자신들 집에 머물도록 함.

앙리 코르벵(Henry Corbin), 장 다니엘루(Jean Daniélou) 신부, 장 브루노(R. P. Jean Bruno), 장 구이야르(Jean Gouillard), 뤽 바데스코(Luc Badesco), 드올랭 부부(Christian et Marie-Louise Dehollain), 자클린 데자르뎅(Jacqueline Desjardin), 시빌 코테스코(Sibylle Cottesco), 지휘자 이오넬 펠레아(Ionel Perlea)와 그의 부인 리세테(Lisette)와 교분을 쌓음.

로마, 파도바, 슈트라스부르크, 뮌헨, 프라이부르크, 룬트, 웁살라의 대학들에서 강연.

주요 저술 프랑스어 출판.『샤머니즘』(*Le Chamanisme*),『이미지와 상징』(*Images et Symboles*),『요가』(*Le Yoga*),『대장장이와 연금술사』(*Forgerons et Alchimistes*), 그리고 알랭 귀에르무(Alain Guillermou) 출판사에서 루마니아 원고를 번역한 소설『금지된 숲』(*Forêt interdite*). 로마에서 열린 종교학회에 참석.

1956

9월: 미국으로 떠남.

10-11월: 시카고 대학에서 하스켈(Haskell) 강좌, "입문식의 패턴"(Patterns of Initiation). 이 내용은 영어『입문식의 의례와 상징: 탄생과 재생의 신비』(*Rites and Symbols of Initiation: The Mysteries of Birth and Rebirth*, Harper and Row 1958), 프랑스어『신비한 탄생』(*Naissances mystique*, Paris, Gallimard, 1959)으로 출판됨.

10월-1957년 6월: 시카고 대학의 종교학 "초빙 교수"(Visiting Scholar).

1957
3월: 시카고 대학 종교학과의 정교수 및 학과장, 사회사상 위원회(The Committee on Social Thought)의 교수직을 수락.

1958
1월: 시카고 대학에서 강의를 시작.
6월: 파리로 돌아옴.
8-9월: 도쿄에서 열린 세계 종교학회에 아내와 같이 참석하여, 그의 동료이자 친구인 기타가와(Joseph Kitagawa) 교수 부부와 함께 일본을 여행.
10월: 하와이와 샌프란시스코를 거쳐 시카고로 돌아옴.
네 권의 저서가 영어로 출판됨. 『*Patterns in Comparative Religion*』, 『*Yoga*』, 『*Rites and Symbols of Initiation*』, 『*The Sacred and the Profane*』.

1959
이제부터 시카고 대학에서 1년에 두 학기를 강의하고, 셋째 학기에는 학위논문을 지도하고, 여름방학은 유럽에서 보냄.

1960
9월: 마르부르크에서 열린 종교학회에 참석.

1961
에른스터 윙어(Ernst Jünger)와 함께 학술지 《*Antaios*》(Stuttgart: Klett Verlag, 1961-1972) 창간.

1963
토마스 알타이저(Thomas Altizer) 교수가 『엘리아데와 성의 변증법』(*Mircea Eliade and the Dialectics of the Sacred*, Philadelphia: Westminster Press) 출간.

1964
시카고 대학에서 "Sewell L. Avery Distinguished Service Professor" 칭호 수여.

1965
2-3월: 멕시코를 여행. 멕시코 대학(Collegio de Mexico)에서 인도 종교에 대한 강의.

1966	5월: 미국 인문 아카데미(American Academy of Arts and Sciences) 회원으로 선출. 6월: 예일(Yale) 대학에서 인문학 명예박사 학위.

1968 캐나다의 윈저(Windsor) 대학에서 "기독문화상"(Christian Culture Award) 금메달을 받음.

1969 『신화와 상징: 미르체아 엘리아데 연구』(*Myths and Symbols: Studies in Honor of Mircea Eliade*, University of Chicago Press) 출판.
4-5월: 아르헨티나를 여행. 플라타(Plata) 대학에서 강의.
5월 7일: 산살바도르(San Salvador) 대학에서 동양학과의 특별 교수직을 받음.
5월 18일: 위스콘신 리폰 대학(Ripon College)에서 신학 명예박사 학위.

1970 1월 7일: 시카고의 로욜라(Loyola) 대학에서 인문학 명예박사 학위.
7월 8일: 브리티시 아카데미(British Academy)의 객원 연구원(Corresponding Fellow)으로 임명.
8-9월: 스웨덴과 노르웨이를 여행. 스톡홀름에서 열린 세계 종교학회에 참석.

1971 6월: 보스턴 대학(Boston College)에서 종교학 명예박사 학위.

1972 5월 17일: 필라델피아의 라 살레 대학(La Salle College)에서 법학 명예박사 학위.
5월 21일: 오벌린 대학(Oberlin College)에서 인문학 명예박사 학위.

1973 5월 22일: 오스트리아의 철학-역사 학술원(Philosophisch-historischen Klasse) 객원 회원으로 선출.
8월: 핀란드를 여행, 투르쿠에서 열린 세계 종교학회에 참석.
가을: 뢱 바데스코가 루마니아어에서 프랑스어로 번역한 『일기』(*Fragments d'un Journal*)를 갈리마르에서 출판.

1974 『종교사상사: 석기 시대부터 엘레우시스 비의까지』(*Histoire des croyances et des idées religieuses: De l'âge de la pierre aux* *mystères d'Eleusis*) 제1권을 마침. 1976년 파요트(Payot) 출판사에서 간행.

1975 8월 16일: 영국 랑카스터(Lancaster) 대학에서 인문학 명예박사 학위.
9월: 벨기에 왕립 아카데미 회원으로 선출.

1976 파요트에서 『종교사상사』 제1권 간행. 엘리아데가 프랑스 지성계를 돌아봄.
2월 14일: 파리-소르본(Paris-Sorbonne) 대학에서 명예박사 학위.
미국에서 『비의, 요술, 문화적 유행』(*Occultism, Witchcraft and Cultural Fashions*) 출판.

1977-1982 프랑스어와 독일어로 번역되는 엘리아데의 문학 작품들이 급격하게 늘어남.

1977 루마니아어로 쓴 환상 문학 모음집 『디오니소스의 뜰』(*In curte la Dionis*)이 파리에서 출판됨.
『금지된 숲』이 미국에서 영어로 번역되어 나옴.
4월: 루마니아 아카데미 원장에게 편지를 보내 루마니아로 돌아오라는 초청을 거절하고, 루마니아 독재 반대자인 폴 고마(Paul Goma)와 관련하여 작가 클럽(PEN Club)의 미국 지부에서 니콜라이 차우세스쿠(Nicolae Ceausescu)에게 보내는 항의 서신에 서명.
6월: 『종교사상사』 제1권이 프랑스 아카데미의 부르뎅(Bourdin) 상을 받음.

1978 『종교사상사』 제2권과 대담 모음집 『미로의 시련』(*L'Epreuve du labyrinthe*) 출판. 레종 도뇌르(Légion d'Honneur) 훈장을 받고 여러 차례 《카이에르 드 레른》(*Cahiers de l'Herne*)에 전면적으로 실림.
봄: 이탈리아의 푸리오 예시(Furio Jesi) 교수가 『우파의 문화』(*Cultura di destra*)라는 책에서, 엘리아데의 세계대전 이전 정치적 선택을 비판하면서 이러한 선택과 학술 저작 사이의 불확실한 관계를 문제 삼음.

1979-1986 건강이 점차 악화.

1979	『종교 백과사전』(*The Encyclopedia of Religion*)의 편집 총책임을 맡음. 이 사전은 1987년에야 뉴욕 맥밀란(MacMillan) 출판사에서 나오기 시작.

1979　『종교 백과사전』(*The Encyclopedia of Religion*)의 편집 총책임을 맡음. 이 사전은 1987년에야 뉴욕 맥밀란(MacMillan) 출판사에서 나오기 시작.

1980　『자서전』(*Memorii*) 제1권을 갈리마르에서 출판. 환상 이야기 『열아홉 송이 장미』(*Nouăsprezece trandafiri*)를 루마니아어 원문으로 파리에서 출판.

1981　『일기』 제2권을 갈리마르 출판사에서 간행.

1982　**1월:** 엘리아데의 자서전 제1권이 영어로 번역되어 나오자,《종교학 리뷰》(*Religious Studies Review*)와 미국 종교학회(A.A.R.)의《종교 저널》(*Journal of Religion*)에서 그의 정치적 과거에 대한 언급을 유발.

1983　시카고 대학의 명예(Emeritus) 교수가 됨.
5월 9일: 엘리아데를 기념하여 시카고 대학의 신학교에서 대규모 국제 회담을 조직.
6월: 『종교사상사』 제3권이 나옴. 피에르 쇼뉘(Pierre Chaunu)는 이 엘리아데의 대작(opus magnum) 제3권 출판을 환영하면서, "미르체아 엘리아데는 집필의 즐거움을 고통으로 바꿔버리는 시력 약화와 난치성 관절염에 맞서 싸웠다. 우리는 항상 그 지성을 찬미했고, 그 기백 역시 존경한다."고 함.

1985　워싱턴(Washington) 대학의 명예박사 학위.
5월 15일: 시카고 대학의 신학교에 미르체아 엘리아데 석좌교수 직책이 생겼음을 공식적으로 선포.

1986　**2월:** 『집의 지붕 부수기: 창조성과 상징』(*Briser le toit de la maison: La créativité et ses symboles*)이라는 제목의 논문 모음집을 갈리마르에서 출판.
4월 22일: 시카고 대학 병원에서 뇌충혈로 사망.

역자 후기

20세기는 무엇보다도 세계의 문화들이 타문화를 본격적으로 만난 시대다. 종교학자 엘리아데는 바로 이 숙명적 만남을 서구 학자들에게 일깨우고, 동양과 원시 문화를 모두 포함하는 현대의 다원적 '세계문화 읽기'의 새 패턴을 구축하였다.

일상을 탈출하여 신나게 여행하고 돌아왔을 때, 우리는 흔히 말한다. "그래도 집구석이 제일이야." "우리나라가 최고야." 사실, 진리는 먼 발치에 있지 않고, 늘 우리 근처에 있기 마련이다. 다만 감추어져 있어서 모르고 지내기 일쑤다. 그런데 묘한 것은 그 가까이 있는 은밀한 진리를 꼭 머나먼 낯선 땅엘 가본 다음에야 비로소 깨닫는다는 사실이다. 각개 문화전통들의 표피적 도그마 때문에 가려진 자기 문화의 참모습을 보려면, 타문화를 경험해야 한다고 엘리아데는 역설하는 것이다.

　　물론 근대 이후 수많은 사상가들이 인류의 보편적 정신성을 전제로 하고 세계문화를 총체적으로 읽어 보려는 과감한 도전을 해왔다. 이들에 비해 엘리아데의 특징은 매우 구체적이고도 원초적이라는 점이다. 그는 ‘본질’의 환상을 추구해 온 서구사상의 ‘경험과 이성’ 같은 인위적 틀을 거부한다. 더구나 현상과 분석, 실존과 구조 등 낯설고 닫힌 개념들로 포장된 유행철학의 논쟁들에도 별 관심이 없다. 그렇다고 이들을 과감하게 모두 해체시키려는 그런 가상한 전략가도 아니다. 어차피 모두 국지적 서양문화의 유산 속에서만 헤적거리는 부질없는 노릇이기 때문이다.

　　오히려 엘리아데는 세계문화의 저변에 깔려 있는 더 근본적인 것, 즉 서양, 동양 그리고 심지어 원시의 문화를 모두 존재하게 하는 그 뿌리를 찾는다. 그것이 무엇인지는 모르고, 오직 주어질 뿐이다. 그래서 답답한 나머지 여러 문화에서는 신이 만든 것이라고도 한다. 하지만 분명한 것은 그것이 철학 이전, 역사 이전부터 있어 왔다는 사실이다. 엘리아데가 세계문화의 상징체계를 중시하는 것은 바로 이런 맥락에서다. 상징들은 사상의 형식 속에서 조작되기 이전부터 고유한 암호로 빛을 발해온 인류문화의 유전인자들이기 때문이다.

　　물론 세계문화의 모든 상징들에 단일한 해독원리를 강요할 수는 없다. 다만 그들은 마치 화엄의 경지나 하이퍼텍스트의 세계처럼 서로 연관되어 있고, 각개 상징들이 지닌 의미는 그 상호연관 속에서 잘 번득인다. 그러니까 그 상징들의 연결 그물망을 따라가 원형을 밝히고, 의미의 바다를 항해하는 약도를 그린 것이 엘리아데가 한 일이다.

왜 우리는 아무데나 묘를 쓰지 않는가? 문지방에 걸터앉지 말고, 또 아무데로나 다리 뻗고 눕지 말라고 하나? 풍수지리의 상징체계를 알았을 때, 비로소 우리는 그 의미를 알게 된다. 그런데 세계 도처에 있는 성산(聖山)들과 그들을 본떠서 지은 사원과 궁궐들, 그리고 바빌론, 예루살렘, 멕시코시티, 북경 등 세계 주요 도시들의 배치도 같은 논리인 것을 엘리아데는 보여 준다. 즉 모두 다 중심적인 곳에 공간적인 의미를 두고, 다른 곳과 구별을 한다는 것이다. 그러므로 중심은 성스럽고 다른 곳은 속되다.

결국 우리가 아무렇게나 사는 게 아니라, 세계문화의 근저에 상징적으로 참여하고 있음을 깨닫게 된다. 뿐만 아니다. 이렇게 보면 십자가와 만달라와 서낭당의 의미 지평도 서로 갈등 없이 만난다. 타문화들에서 사다리, 무지개, 은하수, 굴뚝의 모습으로 나타나는 세계의 배꼽과 연관된 상징들처럼, 모두 중심상징에서 비롯된 것이기 때문이다.

마찬가지로 세계 도처의 신화와 제의 속에 반복되는 수많은 상징들의 심층적 의미를 엘리아데는 상호 연관 속에서 살려낸다. 첨단 과학시대에 웬 신화, 상징 타령인가? 하지만 현대문화의 첨병으로 떠오른 페미니즘과 생태주의에서조차, 여성 일자리가 몇 개 더 생기는가, 일산화탄소량이 얼마인가는 피상적인 물음들에 불과하다.

여성과 생태계에 대한 인간의 인식이 진짜 중요한 것이다. 그래서 땅, 물, 달, 농경, 여성 등에 관련된 상징체계의 의미를 알아야 문제의 핵심에 이를 수 있다. 또 SF 영화의 모티프나 컴퓨터 가상현실의 장면이 진정 그럴법하게 보이는 것도 생짜 상상이 아니라,

그 원초적 상징의 그물망과 닿아 있기 때문이다.

이처럼 보편적 인류문화의 원초적 의미들을 깨닫게 되었을 때, 비로소 인간은 그 참모습(호모렐리기오수스)에 이르게 된다고 한다. 의미 있는 삶은 그렇지 못한 삶과 구별되고, 따라서 성스럽기 때문이다. 이것이 바로 20세기 '엘리아데 현상'의 슬로건, 즉 '새로운 휴머니즘'의 신화다.

이 책 『미로의 시련』은 바로 이런 엘리아데의 사상 편력을 그의 생애를 따라서 프랑스 문인 로케와 대화 형식으로 재구성해 놓은 것이다. 그래서 한 권의 책이지만 이것만 읽으면 20세기 최고의 종교학자로 일컬어져 온 엘리아데의 생애와 사상 및 그의 주요 저술의 핵심을 다 맛볼 수 있다. 그러면서도 대화체이기에 그리 어렵지 않게 엘리아데를 만날 수 있다는 점에서 충분히 '엘리아데 입문'의 역할을 할 수 있다고 본다. 그 엄청나게 많은 엘리아데 저술들의 알맹이를 엘리아데 스스로가 요약 정리해 놓은 셈이기 때문이다.

오늘날 엘리아데 저술 수십 종이 국내에 번역되어 있고, 심지어 종교학 외에도 문학이나 철학 및 동양학 등 다양한 학문적 관심에서 엘리아데가 지속적으로 읽히고 있다. 그러나 너무 많은 저술이 있다 보니 한두 가지만 읽고 엘리아데를 인도 학자 혹은 샤머니즘 연구가나 신화학자 또는 소설가로만 여기는 경우가 있다. 물론 엘리아데는 그 각각 분야에서 거의 모두 기념비적 업적을 이루었으므로 그렇게 볼 수도 있을 것이다. 그러나 엘리아데의 다양한 업적들을 포괄적으로 윤곽 잡으면서 특정 분야의 업적들을 바라본다면 그를 더욱 잘 이해할 수 있을 것이다.

사실 역자가 이 책을 만난 것은 1982년 미국 캘리포니아 대학에서 박사논문을 쓰던 중이었다. 그동안 읽었던 여러 엘리아데의 책들이 너무도 생생하게 다시 정돈되는 듯해서 실로 감탄하였던 것이 생각난다. 언젠가 이 책을 번역해야겠다는 막연한 생각을 그때 벌써 하였다. 그러다가 1997년 경 본격적으로 번역을 시작하였으나 사정이 여의치 못하였다.

번역이 이렇게 늦어진 데에는 우선 역자의 게으른 탓이 제일 먼저다. 그리고 오래 끌다보니 1978년 불어판(*L'Epreuve du labyrinthe: Entretiens avec Claude-Henri Rocquet*, Pierre Belfond, Paris)이 나오고 1982년에 영어 번역판(*Ordeal by Labyrinth: Conversations with Claude-Henri Rocquet*, The University of Chicago Press, Chicago)이 출판된 것을 기반으로 번역을 거의 끝냈지만, 중간에 원래 불어판 출판사의 판권이 다른 곳(Éditions du Rocher)으로 넘어가는 바람에 새로 계약을 맺는 데 시간이 더 걸리기도 했다. 그러나 무엇보다도 힘든 것은 역시 '번역은 반역'이라는 말처럼 다시 볼 때마다 아쉬움이 생겨 수도 없이 고치게 된 역자의 서툰 번역기술 때문이었다. 혹시라도 오해의 여지가 있다면 앞으로 수정해 나가겠다.

중간에 낯선 용어들에 역주를 달았고 엘리아데 종교학의 이해를 돕기 위해 이미 다른 데서 발표되었던 역자의 두 글을 일부수정하여 〈역자 부록〉으로 덧붙였다. 참고문헌 등은 독자들이 접하기 쉬운 영어판을 위주로 하였다.

출판에 앞서 윤문 및 원고정리 그리고 역주 등을 꼼꼼히 도와 준, 제자들이면서 이제 어느 덧 동료학자가 된 한충식, 김주실 그리고 방원일 세 분께 감사한다. 그리고 답보상태이던 이 번역 사업을 적극적으로 도와서 마무리하게 해준 서울대학교 인문학연구원 HK문명연구사업단의 지원에 감사한다. 끝으로 끈기 있게 긴 시간을 참고 기다려 준 북코리아의 이찬규 사장께도 고마움을 표하고 싶다.

관악산 연구실에서
김종서

역자 부록

1. 엘리아데 종교학의 이론적 기초 | 2. 엘리아데의 '종교적 재평가' 개념

 # 엘리아데 종교학의 이론적 기초[*]

1. 머리말

미르체아 엘리아데(Mircea Eliade, 1907-1986)의 이론적 배경은 지극히 복잡하다. 그에게 직접적으로 영향을 주었다고 분명히 말할 만한 정신적 스승도 없지만, 그렇다고 당시까지의 위대한 비교종교학자 중에서 엘리아데의 거대한 종교 연구에 간접적으로나마 연관되지 않은 인물도 없다. 엘리아데는 종교학사에서 실로 여러 가지 얼굴을 보여 주고 있다. 그는 종교현상학자로 분류되는가 하면, 종교사학자로도 불린다. 신화학자로 알려져 있기도 하고, 불행히도 융(Jung) 심리학파의 아류이거나 비학문적인 소설가라고도 일컬

---

*   "엘리아데 종교학의 이론적 기초", 『정신문화연구』 34(1988.5): 185-206.

어진다. 엘리아데의 자서전이나 일기 등에서 나타나는 이미지 또한 다양하다. 그는 외롭게 스스로를 훈련시킨 종교학자인 한편, 당대 지식의 환경에 있던 어떠한 것이든 다 섭취한 철저한 절충주의자로도 보인다.

그럼에도 이런 엘리아데의 복잡한 이론적 배경 때문에 그의 '종교학'(history of religions)[1] 이론들 자체가 모호해지는 것은 아니다. 그는 종교학에 많은 이론적 공헌을 했으나, 그의 근본적인 목표는 분명하다. 바로 종교 형태들과 그 역사적 전개의 의미를 이해하는 것이다. 더 구체적으로 말해서 이것은 ① 종교 경험의 본질, ② 종교 현상들의 형태학, ③ 종교상징에 기초한 해석학적 원칙들에 대한 탐구들로 분석될 수 있다. 여기서 우리는 현대 비교종교학의 주류와 연관하여 엘리아데의 이러한 탐구들을 이해하고자 한다.

조금 지나친 단순화의 위험을 무릅쓰고 말하자면, 현대 종교학의 가능성은 막스 뮐러(Max Müller, 1823-1900)[2]에 의해 성립되었으며, 종교 경험의 환원될 수 없는(irreducible) 본질에 대한 최초의 체계

---

1) 엘리아데에게 'history of religions'는 대체로 종교를 연구하는 종합적 학문원리를 뜻한다. 아마도 그것은 유럽에서 쓰이던 Religionswissenschaft의 대용어이거나, 또는 넓은 의미에서 'science of religion', 'comparative religion', 심지어 'phenomenology of religion'의 동의어라고 할 수도 있다. 그러나 엘리아데 자신은 이 용어를 "종교 현상들의 구조와 역사에 관한 연구"라는 의미로 사용하였다고 한다.

2) 청년 시절의 엘리아데는 현대 '종교학'(science of religion)의 창시자인 막스 뮐러를 종교 연구의 본보기적 인물로 생각했다. 그는 뮐러와 프레이저(J. G. Frazer)의 원전들을 읽기 위해서 영어를 공부했다고 말했다. *Ordeal by Labyrinth: Conversation with Claude-Henri Rocquet*, Chicago: The University of Chicago Press, 1982, passim. 뮐러의 종교들에 대한 '비교언어학적' 접근에 대한 엘리아데의 평가는, *The Quest: History and Meaning in Religion*, Chicago: The University of Chicago Press, 1969, p. 44; "Myth in the Nineteenth and Twentieth Centuries", In *Dictionary of the History of Ideas* III, N.Y.: Charles Scribner's Sons, 1973, pp. 307-308; 'Religions', *International Social Science Journal*, 29/4, 1977, pp. 615-616 참조.

적인 연구는 루돌프 오토(Rudolf Otto)의 『성스러움의 의미』(Das Heilige)[3]에서 시작되었다고 할 수 있다. 또한 반 데어 레우의 『종교현상학』(Phänomenologie der Religion)[4]은 종교 경험에 대한 현상학적 연구의 고전이 되었다. 마찬가지로 종교학사가 늘 해석학적인 이론들을 강조하기는 했지만, 엘리아데가 속하였던, 이른바 '시카고 학파'의 선구적 역할을 한 요아힘 바흐(Joachim Wach)만큼 창조적인 해석원리를 철저히 연구한 학자는 없다. 따라서 이들과 엘리아데 종교학의 관계를 먼저 검토하겠다.

물론 종교의 자율적 원리(autonomous discipline)에 기초한 주제 중심적 관점에서 보면 오토, 반 데어 레우, 바흐가 특히 중요하지만, 실제로 엘리아데는 다른 여러 학문에서도 특수한 종교적 자료들과 개념들을 빌려 온다. 어떤 의미에서 엘리아데는 전체적인 종교 현상들을 이해하기 위하여 종교에 대한 학제 간(interdisciplinary) 연구를 추구한 셈이다. 그래서 엘리아데의 종교이론을 이해하려면 그의 인류학적·역사적·심리학적 관심들을 빼놓을 수 없다. 또 그 개인의 종교적 배경과 문학적·철학적 관심들도 적절히 고려해야 한다.

2. 루돌프 오토

종교 경험을 다른 경험들로 환원될 수 없는 하나의 독특한

---

3)   R. Otto, *The Idea of the Holy*, trans. John W. Harvey, London: Oxford University Press, 1958.

4)   영어판은 G. van der Leeuw, *Religion in Essence and Manifestation*, N.Y.: Harper and Row, 1963.

경험으로 보는 견해는 이미 1913년판 해스팅스(J. Hastings) 편집의 『종교와 윤리의 백과사전』(*Encyclopedia of Religion and Ethics*)에서 나탄 죄더블롬(N. Söderblom)의 '거룩함'(holiness) 개념을 통해 강조된 바 있지만,[5] 종교라는 독특한 경험 범주가 널리 인정되기 시작한 것은 분명히 루돌프 오토(Rudolf Otto, 1869-1937)의 '거룩한 것'(the holy)의 개념에서부터이다. 복잡한 학문적 배경[6]에도 불구하고, 루돌프 오토는 '거룩한 것'을 종교를 구성하는 자율적이고(autonomous) 선험적인(a priori) 범주로 취급한 것으로 잘 알려져 있다.

그의 책 『거룩한 것의 의미』(*Das Heilige*)에서, 오토는 종교 경험의 비이성적(nonrational)인 성격을 철저히 주장한다.[7] 종교 경험은 비록 다른 경험들과의 상호 연관 속에 나타나지만, 다른 종류의(예컨대, 도덕적이거나 미적인) 경험들과는 구별된다. 그것은 완전히 독특하고

---

5) 죄더블롬과 오토 둘 다 슐라이에르마허(Schleiermacher)의 영향을 받았다고 볼 수 있지만, 죄더블롬의 'holiness'와 오토의 'the holy' 사이의 관계는 아직도 논란의 여지가 있다. 죄더블롬의 'holiness' 개념을 "뒤르켐의 'the sacred'보다는 더 가치론적이고 '비이성적'이며, 루돌프 오토의 'the holy'보다는 덜 철학적으로 합리화된 것"이라고 정리하는 바덴부르크(J. Waardenburg)의 주장을 참고해도 좋을 것이다(J. Waardenburg, *Classical Approaches to the Study of Religion*, The Hague: Mouton Publishers, 1973, p. 54). 나탄 죄더블롬의 종교 연구에 대한 일반적인 평가는 E. J. Sharpe, *Comparative Religion: A History*, N.Y.: Gerald Duckworth & Co. Ltd., 1975, pp. 154-161 참조. 하지만 오토에 대한 관심과는 대조적으로 엘리아데는 죄더블롬을 충분히 다루지 않았다(*The Quest*, pp. 28, 30).

6) Luther, Schleiermacher, Wundt 등에 대한 관심에서 유래하는 그의 심리학적 경향에 덧붙여, 오토는 종종 (리츨 학파의 이성적 신학에 대조되는) "종교사의 자료들을 직접 다루어 온 종교철학자"로 생각된다. 동서양 신비주의들을 '중개'하려 했던 오토의 노력과 그가 받은 칸트철학의 영향 또한 적절히 강조되어야 한다. 오토에 대한 일반적 이해를 위해서, Robert F. Davidson, *Rudolf Otto's Interpretation of Religion*, Princeton: Princeton University Press, 1947; J. Wach, *Types of Religious Experience*, Chicago: The University of Chicago Press, 1951, ch. VIII; J. Waardenburg, *op. cit.*, pp. 59-61; E. J. Sharpe, *op. cit.*, pp. 161-167 참조.

7) 그러나 오토 자신은 종교에서 '비이성주의자'로 간주되는 것을 원치 않았다(E. J. Sharpe, *op. cit.*, p. 161).

다른 어느 것으로도 환원될 수 없는 정신상태이다. 거룩한 것은 특수한 범주(Bewertungs-Kategorie)이므로, 그것을 위하여 오토는 초자연적인 실체를 뜻하는 라틴어 누멘(numen)에서 유래한 용어 '누미노스'(numinous, das Numinose)를 상정한다. 누미노스를 경험하는 것은 자신의 '피조물 됨의 느낌'을 감지하는 것이다. 무엇보다도 누미노스는 '완전히 다름'(das ganz andere), 두려움, 위엄과 힘의 감각들을 전달하는 신비로움 (mysterium)으로 표현된다. 하지만 그것은 양면적인 특징을 갖는다. 즉 신비로움은 두려움(tremendum)과 더불어 매혹(fascinans)과 함께 하는 것이다.

비록 엘리아데가 오토는 신화의 문제를 다루지 않았고, 거룩한 것의 개념이 비이성적(irrational)이라는 점을 비판하긴 하지만,[8] 엘리아데가 즐겨 쓰는 용어인 '성스러운 것'(the sacred)은 어떤 의미에서는 오토의 용어인 '거룩한 것'의 대체물로 이해될 수도 있다.[9] 즉 엘리아데에게 성스러운 것은 기본적으로 종교의 독특한 범주이다. 그것은 그저 주어지는 것이며, 어떤 인간적인 방법으로도 직접 다가갈 수 없다. 하지만 엘리아데의 성스러운 것의 개념이 오토의 거룩한 것의 개념을 그대로 따온 것만은 아니다.

엘리아데에 의하면, 종교학의 대상은 성스러운 것이다.[10] 그

---

8)   오토에 대한 엘리아데의 일반적 평가에 관하여 *The Quest*, p. 23 참조.

9)   오토의 'the holy'와 엘리아데의 'the sacred' 개념들의 상호관계에 대하여 *The Sacred and the Profane*, N.Y.: Harcourt, Brace and Company, 1959, pp. 8-10; *Myths, Dreams and Mysteries*, London: The Fontana Library of Theology and Philosophy, 1960, pp. 123-124 참조. cf. G. R. Welbon, "Some Remarks on the Work of Mircea Eliade", *Acta Philosophica et Theologica*, 2, 1964, pp. 467-468.

10)   종교학의 목표로서의 성스러운 것에 대하여 *Ordeal by Labyrinth*, p. 153 참조.

는 성스러운 것을 비범한 것, 강력한 것, 넉넉한 것, 의미 있는 것, 실재적인 것이라고 한다. 그것은 존재로 꽉 차있다.[11] 성스러운 것 자체는 항상 말로 표현될 수 없기 때문에 인간은 그 표현양식, 즉 히에로파니(hierophany)에 의해서만 그것을 감지하게 된다.[12] 엘리아데의 개념이 오토의 거룩한 것과 분명히 구별되는 내용은, 성스러운 것이 신적인 존재들에만 국한되지 않는다는 점이다.[13] 그것은 단순히 심리적이거나 신학적인 요소라기보다 오히려 존재론적이고, 실제적이고 의미있는 세계에 대한 의식의 구조적 요소이다.[14]

한편 엘리아데는 로제 카이와(Roger Caillois)[15]를 따라서, "성스러운 것에 대해 최초로 정의할 수 있는 것은, 그것이 속된 것(the profane)의 반대라는 것이다."[16]라고 말했다. 성과 속의 이분법은 인간의 종교생활에서 독특한 현상이다.[17] 이러한 성과 속의 이분법은[18] 히에로파니의 원리 때문에 나타난다. 일단 성스러운 것이 속

---

11) 성스러운 것의 여러 측면에 대하여 *The Sacred and the Profane*, pp. 11-13, 62-65; *Ordeal by Labyrinth*, pp. 153-155 참조.

12) 히에로파니에 대하여 *Patterns in Comparative Religion*, N.Y.: Sheed and Ward, 1958, pp. 7ff.; *The Sacred and the Profane*, pp. 11-12; *Myths, Dreams and Mysteries*, pp. 124-126 참조.

13) *Ordeal by Labyrinth*, p. 154.

14) 구조적 요소(또는 연관체계)로서의 성스러운 것에 관하여 *Patterns in Comparative Religion*, p. 8; *Ordeal by Labyrinth*, pp. 153-154 참조.

15) 엘리아데와 로제 카이와의 관계는 *Patterns in Comparative Religion*, p. xiv; *Ordeal by Labyrinth*, p. 91 참조. cf. R. Caillois, *Man and the Sacred*, N.Y.: The Free Press, 1959.

16) 속된 것의 반대로서의 성스러운 것에 대하여 *Patterns in Comparative Religion*, p. 1; *The Sacred and the Profane*, p. 10 참조.

17) 불변하는 성과 속의 이중구조에 대하여 "Structures and Changes in the History of Religion", C. H. Kraeling and R. M. Adams, eds., *City Invincible*, Chicago: The University of Chicago Press, 1960, p. 353 참조.

18) 엘리아데는 이러한 이중구조를 종종 '변증법'(dialectic)이라고 부른다(*Patterns in*

된 것을 통해 표현되면, 하나의 사물은 동시에 성스럽고 또 속되게 된다. "모든 히에로파니에서 대표되는 패러독스를 아무리 강조해도 지나치지 않는 것이다". "성스러운 것을 표현함으로써, 어떤 대상도 무언가 다른 것이 된다. 그러나 그것은 또한 그 자체로 계속 남아 있는 것이다. 왜냐하면 그 주변에 있는 우주적 환경에 계속 참여해야 하기 때문이다."[19]

물론 이와 비슷한 성과 속에 대한 이론은 이미 에밀 뒤르켐(Emile Durkheim)이 전개한 바 있다.[20] 그래서 조나단 스미스(Jonathan Z. Smith)는 "엘리아데가 뒤르켐이 개발한 성과 속의 다이내믹한 이중성을 계속 유지하면서, 뒤르켐의 중립적이고 평면적인 성스러움 개념 대신에 오토의 거룩한 것에 대한 표현들을 답습한 것"[21]이라고 한다. 필자는 이 견해가 근본적으로는 옳다고 본다. 하지만 엘리아데의 성스러운 것에 대한 개념은 뒤르켐처럼 사회적 맥락에서 정의되지 않았고, 또 오토의 거룩한 것에 대한 개념처럼 신학적이거나, 더 정확히 말하면 종교철학적이거나 심리적이지는 않음을 주목해야 한다. 오히려 엘리아데는, 비록 개인적으로는 인간이 성스러운 것의 표현에 이끌리게 되는 것은 무한한 하늘에 대한 생각

Comparative Religion, pp. 12-30). 그러나 성과 속의 관계는 변증법적이기보다는 역설적(paradoxical)이라고 해야 옳을 것이다. cf. M. L. Ricketts, "Mircea Eliade and Death of God", *Religion in Life*, XXXVI/1, 1967, p. 45.

19) 성과 속의 역설에 대하여 *Patterns in Comparative Religion*, p. 29; *The Sacred and the Profane*, p. 12 참조.

20) E. Durkheim, *The Elementary Forms of Religious Life*, ch. 1.

21) J. Z. Smith, "The Wobbling Pivot", *The Journal of Religion*, 52/2, 1972, p. 137.

을 통해서라고 믿고 있지만,[22] 성스러운 것이 시간이나 공간과 같
은 여러 구체적인 존재 양식들이라는 점에서 전체적으로 이해되어
야 한다고 주장한다. 그렇다면 어떻게 성스러운 것을 전체적으로
이해할 수 있는가? 이것은 종교 연구에서 범주로부터 방법론으로
의 전환을 요구한다.

3. 반 데어 레우

　　몇몇 다른 선구자들이 있긴 하지만,[23] 종교 현상들의 독특
한 의도를 방법론적으로 일반화시킨 이는 바로 반 데어 레우(Gerardus
van der Leeuw, 1890-1950)였다. 그의 전기나 지적 배경에서 나타나는 것
을 보면,[24] 반 데어 레우는 단지 종교현상학자라기보다는 다재다
능한 천재로 보인다. 하지만 그가 일생을 통해서 계속적으로 추구
한 목표는 무엇보다도 '이해'(verstehen)에 관련된 종교 연구였다. 그
는 종교들의 실제적인 모습들에는 별 관심이 없었고, 종교 현상들

---

22) *Ordeal by Labyrinth*, p. 162.

23) Chantepie de la Saussaye, Edvard Lehmann과 W. B. Kristensen이 아마도 중요한 선구자들일
　　것이다. 종교현상학의 발달과정에 대하여 Ä. Hultkrantz, "The Phenomenology of Religion:
　　Aims and Methods", *Temenos*, 6, 1970, pp. 68-88; E. J. Sharpe, *op. cit.*, ch. 10; J. Waardenburg,
　　Reflections on the Study of Religion, The Hague: Mouton Publishers, 1978 참조.

24) 반 데어 레우는 W. Dilthey, E. Spranger, K. Jaspers 등을 비롯하여 죄더블롬과 오토의 영
　　향을 받았다. 반 데어 레우의 전기와 지적 배경에 대하여, E. J. Sharpe, *op. cit.*, p. 230; J.
　　Waardenburg, *Reflections on the Study of Religion*, pp. 187-192. cf. M. Eliade, "Preface", In G. van
　　der Leeuw, *Sacred and Profane Beauty*, N.Y.: Holt, Rinehart and Winston, 1963, pp. v-ix 참조.
　　한편 반 데어 레우가 E. Husserl 의 영향을 별로 받지 않았다는 것은 잘 알려져 있다(E. J.
　　Sharpe, *op. cit.*, p. 230).

을 그것들의 '일반적인' 모습 속에서 이해하고 또 직관적으로 그들의 본질을 숙고하려 했다. 따라서 그의 방법론은 근본적으로 현상학적이었다고 할 수 있다.[25]

　　반 데어 레우의 종교현상학에 대한 기본 개념들은 그의 책 『종교현상학』의 '맺는말' 부분에 잘 요약되어 있다.[26] 하나의 현상은 "나타나는 것이다". 그리고 "현상학은 나타나는 것에 대한 체계적 논의이다". 종교적 표현을 현상학적으로 연구하기 위해서 현상에 대한 분류와 공감적 경험에 덧붙여, 현상학자는 그 현상을 진리문제라는 점에서 일단 판단정지(epoché)해야만 한다. 어떤 점에서 보면 이것은 그 대상에 대한 자기희생적 몰두이며, 동시에 '직관적 추상'을 위한 시작을 의미한다. 그리고 인접한 경험적 상황과 현상학적으로 명백해진 본질, 양자의 의미 깊은 전체인 '구조연관'(verständliche Zusammenhänge)을 통해서 일련의 현상들 가운데 있는 그 현상을 이해하기 위한 '이상형'(ideal types)을 찾아내는 절차가 요구된다. 그 다음의 종교현상학적 단계는 해석학(hermeneutics), 즉 이상형들에 기초하여 그 현상에 대한 경험적 검토와 설명을 하는 것으로 전개

---

25)　반 데어 레우 자신은 자기의 방법을 '심리학적'이라고 생각했는데, 물론 '실험 심리학'이 아니라 '형태 및 구조 심리학'이라는 점에서이다(G. van der Leeuw, *Religion in Essence and Manifestation: A Study in Phenomenology*, N.Y.: Macmillan, 1938, p. 686. cf. J. Waardenburg, *Reflections on the Study of Religion*, pp. 225, 227). 그러나 그는 또 넓은 의미에서는 자기의 방법이 '현상학적'이라고 불릴 수 있다고 보았다(Ibid., p. 687). 한편 본질적으로 신학적 평가들과는 별 상관이 없는 반면에 종교현상학은 신학을 위한 예비지식의 한 형태로 간주된다(*Ibid.*, p. 688. 또 E. J. Sharpe, *op. cit.*, p. 233과 J. Waardenburg, *Reflections on the Study of Religion*, pp. 228, 235-238 참조). 어떤 의미에서 보면 "반 데어 레우의 종교현상학은 인간의 종교를 종교적으로 제시하려는 '실험적 과정'이었다"라고 말할 수 있을 것이다(J. Waardenburg, *Classical Approaches to the Study of Religion*, p. 58).

26)　G. van der Leeuw, *Religion in Essence and Manifestation*, pp. 671-695.

된다.[27]

　　방법론적으로 엘리아데는 보통 현상학자로 분류된다.[28] 엘리아데에 의하면 종교 연구는 역사적으로 주어진 현상, 즉 자료(data)에 대한 탐구만으로 만족될 수는 없는 것이다. 종교학자는 자료 이면에 있는 의도(intentionality)를 연구해야 하고, "인간의식을 비진화론적 견해로", 즉 "통시적이기보다는 공시적 틀에서" 보아야 한다.[29] 반 데어 레우처럼, 엘리아데는 종교 현상의 역사적 특수성이 아니라 그 일반성에 관심이 있다. 그는 종교 현상의 '구조'(structures)[30]에 대해서 말하며, 대부분의 종교 현상의 밑바닥에 깔려 있다고 확신했던 종교 현상의 본질적 원형(archetype)을[31] 중시한다.

　　그러나 위에서 언급한 그의 방법론의 현상학적(또는 형태론적, morphological)[32] 특성들에도 불구하고, 엘리아데는 반 데어 레우처럼

---

27) 현상학적 절차에 관하여 Ibid., pp. 674-678. cf. J. Waardenburg, *Reflections on the Study of Religion*, pp. 225-226, 230-232 참조.

28) 엘리아데의 현상학적 방법에 대하여 *Patterns in Comparative Religion*, Foreword & ch. I 참조. cf. D. Allen, "Mircea Eliade's Phenomenological Analysis of Religious Experience", *The Journal of Religion*, 52/2, 1972, pp. 170-186; Idem, *Structure and Creativity in Religion*, The Hague: Mouton Publishers, 1978, Chapters 4-6; Idem, "Phenomenological Method and Dialectic of the Sacred", In N. J. Girardot and M. L. Ricketts, eds., *Imagination and Meaning*, N.Y.: Seabury, 1982, pp. 70-81.

29) 공시적 틀에 관하여 "The Sacred in the Secular World", *Cultural Hermeneutics*, 1/1, 1973, p. 104 참조.

30) 둘 다 Dilthey를 거쳐 Herder와 Goethe의 형이상학적 이상주의의 영향을 받았기 때문에, 엘리아데의 구조 개념은 반 데어 레우의 것과 유사하다. cf. 엘리아데는 특히 "Dumézil, Propp과 Goethe 등에 의해 제기되었던 구조주의"에 관심을 가졌다. 한편 그는 Lévi-Strauss는 자기에게 별 도움이 안 되었다고 말하고 있다(*Ordeal by Labyrinth*, p. 42). 또 N. J. Girardot, "Introduction", In N. J. Giradot and M. L. Ricketts, eds., *op. cit.*, pp. 3-4 참조.

31) 현상학적 관점에서 보았을 때, 엘리아데의 '원형' 개념은 반 데어 레우의 '이상형' 개념과 유사하다. 둘 다 개개의 종교 현상들을 위한 해석 모델로서 기능하기 때문이다.

32) 엘리아데는 자신의 책 Patterns in Comparative Religion에서 자기의 방법론을 '현상학적'

철저한 현상학자는 아니다. 그는 역사적 또는 경험적 사실들과 실존적 특수현상들에도 관심이 있다. 그리고 엘리아데는 반 데어 레우가 "종교적 구조들의 역사에 관심이 없었다"라고 비판하기도 한다.[33] 엘리아데에 의하면, 어떠한 종교 현상도 플라톤적 의미에서의 순수한 현상은 아니다. 즉 종교 현상은 항상 역사적으로 표현되고, 그러므로 역사적으로 조건지어진다.[34] 엘리아데는, 종교 연구에서 '현상학'과 '역사'의 상호보충성(complementarity)을 강조 했던 라파엘 페타조니(Raffaele Pettazzoni)처럼,[35] '현상학자'와 '역사학자' 사이의 긴장은 더 나은 통합적 해석을 가져오는 창조적인 것이 될 수 있다고 주장하는 것이다.[36]

그럼에도 엘리아데는 종종 '반역사주의자'(anti-historian)로 평가된다.[37] 이것은 엘리아데가 종교의 역사적 연구의 필요성을 오

이라기보다 '형태론적'이라고 말하기를 더 좋아한다고 밝혔다. 또 실제로 이 책의 각 장(章)에는 "하늘과 천신(天神)들", "태양과 태양숭배" 등의 제목이 붙어 있다.

33) 엘리아데의 반 데어 레우 평가는 *The Quest*, p. 35 참조.

34) 종교 현상의 역사성에 관하여 *Images and Symbols: Studies in Religions Symbolism*, N.Y.: Sheed and Ward, 1961, p. 31; *Shamanism: Archaic Techniques of Ecstasy*, N.Y. and London: Routledge and Kegan Paul, 1964, pp. xvi-xvii 참조.

35) 현상과 역사 사이의 상호보충성에 대한 페타조니의 이론에 대하여 Pettazzoni, R., "The Supreme Being: Phenomenological Structure and Historical Development", In Eliade, M and J.M. Kitagawa, eds., *The History of Religions: Essays in Methodology*, Chicago: The University of Chicago Press, 1959, p. 66. idem, *Essays on the History of Religions*, Leiden: E.J. Brill, 1967, pp. 215-219. cf. The Quest, pp. 9, 30 참조. 페타조니에 대한 엘리아데의 개인적 관계에 대하여 *No Souvenirs: Journal*, 1957-1969, N.Y.: Harper & Row, 1977, pp. 62,85 *Ordeal by Labyrinth*, p. 21 참조.

36) 엘리아데의 현상과 역사의 긴장에 대한 개념은 *The Quest*, pp. 8, 36; "Historical Events and Structural Meaning in Tension", *Criterion*, 6/1, 1967, p. 30 참조.

37) 베어드는 엘리아데의 방법론을 "비역사적"이라고 생각한다(R. D. Baird, *Category Formation and the History of Religions*, The Hague: Mouton Publisher, 1971, p. 153). 엘리아

직 종교 현상의 '초역사적'(trans-historical) 의미들을 발견하려는 목적
에 대한 수단으로만 강조하기 때문이다. 엘리아데가 '종교학'을 개
별 종교전통들의 전문화된 연구들과 구별되는 하나의 일반적 학문
원리로서 제시하는 것은, 바로 이런 종교 현상들에 대한 '초역사적'
(또는 영적) 의미들에 대한 관심에서 비롯된다.

4. 요아힘 바흐

요아힘 바흐(Joachim Wach, 1898-1955)는 '종교학'(Religionswissenschaft)
에서 오늘날의 이른바 '시카고 학파'의 '종교학'(history of religions)을 자
의식적 방법론을 지닌 하나의 자율적 학문원리로 미국 종교학계에
주로 소개하였다. 철학, 신학 및 사회과학들에 대한 그의 폭넓은 관
심에도 불구하고,[38] 바흐는 일생 동안 계속해서 종교학에 몰두했다.
　　비록 바흐가 "종교 경험의 모든 표현은 이론적(theoretical) 표현,
실천적(practical) 표현 및 사회적(sociological) 표현의 세 부류에 해당된
다."[39]고 말했지만, 바흐의 종교학은 특히 해석학과 종교사회학에

데의 '반역사주의' 논의에 대하여 G. Dudley, III, "Mircea Eliade as the 'Anti-Historian' of
Religions", *Journal of the American Academy of Religion*, 44/2, 1976, pp. 345-359; Idem, *Religion
on Trial: Mircea Eliade and His Critics*, p. 148 참조.

38)　바흐의 종교적 · 지적 배경에 대해서는 J. M. Kitagawa, "Introduction: The Life and Thought
　　of Joachim Wach", In J. Wach, *The Comparative Study of Religions*, N.Y.: Columbia University
　　Press, pp. xiii-xviii 참조.

39)　바흐의 종교경험의 세 가지 표현은 J. Wach, *Types of Religious Experiences: Christian and Non-
　　Christian*, Chicago: The Univercity of Chicago Press, 1951, p. 34 참조. cf. Idem., *Sociology of
　　Religion*, Chicago: The University of Chicago Press, 1944, pp. 1-2.

초점이 맞추어져 있다. 해석학적 관점에서 바흐는 '이해'는 근본적으로 '주어지는 것'이고, 인간은 본질적으로 종교적인 성향이 있다고 가정한다. 그래서 인간은 종교를 이해할 수 있는 선천적 능력을 소유하고 있다고 그는 확신한다. 하지만 종교를 이해하는 것이 종교를 믿는 것을 방해하지는 않는다. "바흐는 '이해'와 '신앙' 양자를 모두 잡으려 했다."[40] 그리고 종교를 이해한다는 것이 단순히 그것을 어떤 기존의 학문적 원리에 환원시키는 것을 뜻하지는 않는다. 종교가 여러 가지 (예컨대, 역사적 · 심리적 · 사회적인) 인간적 문화맥락 속에서 조건지어지더라도, 그것이 그냥 하나의 문화현상으로 설명되어버릴(explained away) 수는 없는 것이다. 따라서 해석이론으로서의 그의 종교학은 종교 경험 그 자체를 이해하려 한다.

바흐가 종교사회학을 종교사학, 종교현상학 및 종교심리학과 더불어 그의 종교학의 네 분야 중 하나로 간주했던 것은 바로 이런 의미가 있다. 그는 "종교 연구와 사회과학들 사이에 존재하는 간격에 다리를 놓으려" 했던 반면에, 인간의 종교생활이 사회구조의 부수현상이라는 극단적인 견해에는 반박했다. 간단히 말해서 바흐는 '종교학'이라는 용어로 비교종교적 연구의 자율성을 유지하면서, 종교에 대한 하나의 학제간적 연구를 제시했던 것이다.

바흐의 초대로 시카고 대학의 하스켈(Haskell) 강좌를 맡았던 엘리아데는 바흐가 죽은 뒤에, 바흐의 제자였던 키타가와(J. M.

---

40) 이런 점에서, 그는 Religionswissenschaft가 규범적 학문원리들과 순수 기술적(記述的) 학문원리들 사이를 연결 짓는 것으로 생각한다. 그래서 독일어 Religionswissenschaft를 영어의 "Science of Religion"으로 옮기는 것을 못마땅하게 생각했다(J. Wach, *Understanding and Believing*, N.Y.: Harper and Row, 1968, passim). cf. 그는 또 종교학과 신학 사이의 밀접한 협조의 중요성을 강조한다.

Kitagawa), 볼(K. W. Bolle) 등의 새 선생이자 동료가 되었다.[41] 바흐처럼 엘리아데도 종교 연구에서의 해석학을 강조한다. '종교학자'는 "의미에 대한 관심 때문에 현상학자"가 되어야 한다.[42] 그리고 종교학자가 되는 것은 많은 문헌언어들을 마스터하기보다는 오히려 종교적 자료들을 하나의 일반적인 관점 속으로 통합·정리할 수 있을 때 가능한 것이다.[43] 즉 종교적 자료의 일반화는 엘리아데의 해석학의 핵심이다. 그렇다면 종교 현상은 어떻게 일반화될 수 있는가? 종교 현상은 근본적으로 주어지는 것이지만, "척도는 현상을 창조한다". 종교 현상은 종교적으로 이해되어야 하는 것이다. 그렇게 하기 위하여, 엘리아데는 환원 불가능성(irreducibility)을 주장한다.[44] 하나의 기도가 아무리 사회적으로, 심리적으로 또는 역사적으로 이해될 수 있다 하더라도, 그러한 해석들은 종교 현상으로서의 기도에 하등의 영향을 주지 않는다. 한 종교 현상의 환원 불가능성은 어떤 의미에서 그 이해를 위한 현상학적 판단정지를 요구하는 것이다.[45]

그러나 이러한 종교 현상의 환원 불가능성이 종교 연구에서 다른 학문 분야의 공헌을 거부하는 것은 아니다. '종교학'은 전체적 해석학을 목표로 한다. "종교학은 종교 현상에 접근하는 다양한 방

---

41) J. Wach 및 '시카고 학파'와 엘리아데의 관계는 *No Souvenirs*, p. 79; *Ordeal by Labyrinth*, pp. 105-106 참조. cf. 엘리아데의 바흐 평가는 *The Quest*, pp. 18-19 참조.

42) "The Sacred in the Secular World", p. 101.

43) 엘리아데의 일반화의 개념에 대하여 *The Two and One*, London: Harvill Press, 1965, pp. 193-195; *The Quest*, p. 59 참조. cf. *No Souvenirs*, p. 202.

44) 종교 현상의 환원 불가능성은 *Patterns in Comparative Religion*, 서문: "Historical Events and Structural Meaning in Tension", p. 30; *The Quest*, pp. 7-8 참조. cf. *No Souvenirs*, p. 201.

45) cf. Allen, D., "Mircea Eliade's Pheomenological Analysis of Religious Experience", p. 174.

법들로 얻은 결과들을 사용하고, 통합 정리하며 또 명료하게 해야
한다는 점에서 전체적 학문원리(a total discipline)가 되어야 한다."[46] 즉
종교에만 독특한 범주를 전체적 맥락에서 이해한다는 것은 전체적
인 방법론을 요구하는 것이다. 실제로 엘리아데는 여러 다른 학문
분야의 종교 연구에 대한 공헌들을 그 자신의 연구 속에 통합시켰다.

5. 인류학적 관심

타일러(E.B. Tylor) 이후 많은 인류학자들이 현대 종교학 이론
에 공헌해 왔다. 엘리아데도 이들에 주의를 기울여 왔다.[47] 엘리아
데는 수십 년이 지나서도 저작들이 계속 읽혔던 프레이저(J. G. Frazer,
1854-1951)를 특히 존경했다. 어떤 의미에서 보면 프레이저는 엘리
아데의 청년 시절 본보기적 존재였다.[48] 그럼에도 엘리아데는 타
일러나 프레이저 같은 인류학자들의 "혼돈된" 입장도 잘 알고 있

---

46) 전체적 해석학의 일반적 개념에 관하여 *The Quest*, p. 8.

47) 인류학에 관한 엘리아데의 견해는 Luyster, R., "The Study of Myth: Two Approaches", *The Journal of Bible and Religion*, 34(1966) :pp. 235-243. Ricketts, M. L., "In Defence of Eliade: Toward Bridging the Communications Gap between Anthropology and History of Religion", *Religion: A Journal of Religion and Religions*, 3/1(1973) :pp. 13-34. Saliba, J. A., *'Homo Religiosus' in Mircea Eliade*, Leiden: E. J. Brill, 1976 참조.

48) 프레이저에 대한 엘리아데의 존경은 *Autobiography/Mircea Eliade: Vol.I, Journey East Journey West*, 1907-1937, San Francisco: Harper & Row, 1981, pp. 85, 94. *Ordeal by Labyrinth*, pp. 14,17. cf. *Patterns in Comparative Religion*, Passim 참조. 한편 많은 인류학자들은 엘리아데가 지나친 일반화와 수박 겉핥기의 '프레이저식 태도'를 가지고 있다고 비난하기도 하였다. Lessa, W. A., "Review of: Patterns in Comparative Religion", *American Anthropologist*, 61, 1959, pp. 122-123, Raglan, L., Review of: Patterns in Comparative Religion, *Man*, 59(1959) : p. 3. cf. Altizer, T., *Mircea Eliade and the Dialectic of the Sacred*, Philadelphia: Westminster Press, 1963, p. 41.

었다. 프레이저의 어마어마한 영향에도 불구하고 그의 『황금가지』 (*The Golden Bough*)는 종교 현상의 역사적 맥락을 무시했다고 엘리아데는 주장한다.[49] 엘리아데의 종교 형태의 역사에 대한 관심은 영미 인류학보다는 오히려 그레브너슈미트(Gräbner-Schmidt)와 프로비니우스옌센(Frobenius-Jensen)의 독일 역사 인류학을 중시한다. 엘리아데의 종교학사에서 비중 있게 취급되고 있는[50] 빌헬름 슈미트(W. Schmidt, 1868-1954)는 타일러, 프레이저 및 다른 대부분의 인류학자들의 비역사적 접근들에 강하게 반발했다. 살아있는 화석들에 근거하여 원초적 종교(primordial religion)를 재건시키려는 그의 노력은 특히 엘리아데에 의해 중요하게 평가된다. 하지만 앞서 말한 것처럼 엄밀히 말해서 엘리아데는 역사 자체에 관심이 있는 것이 아니라, 종교의 역사적 형태들 속에 있는 초역사성에 관심이 있다. 그래서 엘리아데는 슈미트의 저술들 속에 있는 역사−합리주의적(historico-rational) 접근 또한 반박한다.[51] 슈미트의 '원일신론'(Urmonotheismus)과는 대조적으로 엘리아데는 인간의 종교생활이 태초부터 꽤 복잡했고, 또 '정교화된' 사상들이 '낮은' 형태의 신앙과 예배와 공존했다고 주장한다. 결국에 역사편찬(historiography)은 엘리아데의 주요 목표가 아니다. 그는 인류학적이고 민족사학적 업적들 속에 묻혀 있는 영적 문서(spiritual documents)들에 관심이 있다.[52]

---

49) 엘리아데의 프레이저 평가는 *Images and Symbols*, p. 175. The Quest, p. 14 참조.

50) 슈미트의 역사적 방법에 대한 엘리아데의 비판은 *Ibid.*, pp. 23-28. "Religions", pp. 617-618 참조.

51) 슈미트의 대표적 저술은 *The Origin and Growth of Religion: Facts and Theories*, London: Methuen, 1931일 것이다.

52) 이것은 많은 인류학자들이 그의 연구를 지나친 '일반화'라거나 '비이성적'·'비경험

비록 엘리아데가 많은 인류학적 자료들을 인용하였지만, 결코 그 자료들에 대한 어떤 완전한 이론을 전개하거나 자신을 순수 인류학자라고 여겨 본 일은 없다. 그의 제의(ritual)에 대한 연구가 그 한 예이다. 엘리아데는 자신이 연구했던 제의들에 대해 직접 철저한 현지답사를 하거나, 또는 그들을 '과학적으로' 분석해 본 일이 없다. 오직 그들의 종교적 측면만이 중요하다. 엘리아데에게 "모든 제의는 하나의 신적인 모델, 즉 원형(archetype)을 가지고 있다". 그리고 "그것은 신, 영웅 또는 조상에 의해 태초에 수행되었던 어떤 행위를 정확히 반복하고 있는 것이다". 어떤 의미에서 보면 "제의는 속되고 연대기적인 시간을 폐지해 버리고, 성스러운 신화적 시간을 재생시키는 것이다."[53]

엘리아데는 비록 피의 희생제의에서부터 천년왕국 운동에 이르는 다양한 제의로부터 자료를 끌어내고 있지만, 성년제의가 가장 종교적이므로 중요하다고 한다. 엘리아데에 의하면, 성년식은 미성년이 성년으로 되는 단순한 사회적 통과의례가 아니다. 그 핵심은 인간의 존재론적 지위에 완전한 변화를 부여하려는 노력에 있다. 따라서 비밀결사에의 입문제의, 몇몇 무당의 수련 및 요가 수련 등도 성년의식이라고 해석된다. 성년식은 자궁(womb)의 원형

적' · '규범적' 그리고 '존재론적' 접근이라고 비판하게 된 이유일지도 모른다. Leach, E., "Sermons by a Man on a Ladder", *New York Review of Books*, 7/6, 1966, pp. 28-31. cf. Baird, R.D., "Normative Elements in Eliade's Phenomenology of Symbolism", *Union Seminary Quarterly Review*, 24/4, 1970, pp. 505-516. 그럼에도 불구하고, 엘리아데는 자기 스스로를 변호해 본 일은 한 번도 없다. 또 그는 자신을 정신적 스승(guru)이라고 결코 생각지 않는다 (Ordeal by Labyrinth, p. 188).

53) 제의에 대한 엘리아데의 견해는 *Cosmos and History: The Myth of the Eternal Return*, N.Y.: Harper and Row, Torchbooks, 1955, pp. 21-22. *Myth and Reality*, N.Y.: Harper & Row, 1963, p. 140 참조.

적 상징으로 이해된다. 죽음으로부터 삶으로의 상징적 통과가 중심적인 것이기 때문이다.[54] 결국 성년식은 현대인에게는 '개심'(改心, conversion)과도 같은 것으로 생각될 수 있다.[55]

6. 역사적 관심

종교의 역사[56]와 인류학적 연구는 모두 엘리아데에게 자료에 불과하므로, 역사에 대한 그의 견해는 그의 인류학에 대한 견해와 유사하다. "역사 바깥에 존재하는 '순수한' 종교적 자료와 같은 것은 없다". 하지만 이것이 종교가 단지 역사적 현상이라는 것을 뜻하지는 않는다. 오히려 엘리아데는 인간의 종교생활을 근본적으로 '비역사적'(ahistorical)이라고 생각한다.[57] 엘리아데에게 모든 역사는 하나의 '타락'이고, 또 그것은 인도철학에서 우주적 환상을 뜻하는 마야(màyà)와 동일시된다.[58] 그래서 그 유명한 '역사의 공포'(terror

---

54) 성년제의에 대한 엘리아데의 많은 저술이 있다. *Rites and Symbols of Initiation*, N.Y.: Harper and Torchbooks, 1965이 가장 잘 된 요약이다. 이외에도 *The Sacred and the Profane*, pp. 184-201. *Myths, Dreams and Mysteries*, ch. VIII. *The Quest*, ch. 7. *Australian Religion: An Introduction*, Ithaca and London: Cornell University Press, 1973, chapters 3, 4 참조.

55) *Rites and Symbols of Initiation*, p. 135.

56) 엘리아데에 있어서 'history'라는 용어는 꽤 혼돈스럽다. 때로 그것은 신화와 대조되는 인류의 이야기를 뜻하고, 또 때로는 현상학에 대조되는 하나의 학문원리를 의미하기도 한다. 특히 후자는 종종 그의 종교학에 대조되는 모든 세속학문에까지 확대되기도 한다.

57) *Shamanism*, p. xix. 또 Cain, S., "Mircea Eliade: Attitudes toward History", *Religious Studies Review*, 6/1, 1980, pp. 13-16. cf. 이런 점에서, 앞에서 언급되었듯이 엘리아데는 '반역사주의자'라고 비판을 받는다.

58) màyà로서의 역사 개념은 *Yoga: Immortality and Freedom*, N.Y. and London: Routledge and Kegan Paul, 1958, p. xviii. *Myths, Dreams and Mysteries*, ch. 9 참조.

of history)라는 말로 엘리아데는 "더 이상 종교적이지 않고, 그러므로 역사의 드라마 속에서 어떤 궁극적 의미도 발견할 희망을 갖지 못하고, 또 그들의 의미를 파악하지 못한 채 역사의 범죄를 겪어야 하는 인간이 경험하는 감정"을 표현하고 있다.[59] 요약하면, 역사에 관한 엘리아데의 입장은 양면적이라고 할 수 있을지 모른다. 즉 종교 현상의 역사적 맥락은 결코 무시될 수 없는 반면에, 그것은 또 그 '진정한' 의미(즉 다른 초인간적 세계로부터의 계시로 평가되어지는 의미)에 대한 이해를 위하여 초월되어야 하는 것이다.

그러한 종교 현상들의 초역사적 의미를 이해하려는 엘리아데의 관심이 그 당시 구조주의의 지도적인 옹호자였던 뒤메질(G. Dumézil)과의 친분을 만들어 주었는지도 모른다.[60] 뒤르켐계열의 인도유럽 신화학자인 뒤메질은 본래 인도 유럽 사회는 세 부분의 이데올로기(즉, 군주, 권력과 풍요)로 특징지어진다고 주장해 왔다. 그런데 초기 인도유럽 신화나 서사시들을 연구해 보면, 이들의 핵심 요소들은 그 사회의 후세대들에게 전수되어 왔던 것이다.[61]

역사를 초월하려는 엘리아데의 의도는 그가 역사를 신화와 대조시켜 고려할 때 더욱 분명해진다. 엘리아데에 의하면 신화는 (실재들과 연관되므로) 절대적으로 진실이고, (초자연적인 존재들의 업적을 이야기해주

---

59) '역사의 공포'에 대해서는 *Cosmos and History*, ch. 4. *Images and Symbols*, pp. 71-73. ch. 5. *Ordeal by Labyrinth*, pp. 126-128 참조.

60) 뒤메질에 대한 엘리아데의 관심과 평가는 *Images and Symbols*, passim, *The Quest*, pp. 32-34. *A History of Religious Ideas*, Vol. I, Chicago: The University of Chicago Press, 1978, pp. 432-433. Vol. II, pp. 450-451. *Ordeal by Labyrinth*, pp. 87, 141-142 참조.

61) 뒤메질의 이론들에 대한 일반적 논의는 Littleton, G. Scott, *The New Comparative Mythology: An Anthropological Assessment of the Theories of Georges Dumézil*, Berkeley: University of California Press, 1966 참조.

므로) 성스럽다.[62] "신화는 항상 '창조'에 연관된다". "그것은 무언가가 어떻게 존재하게 되었는가, 또는 하나의 행동양식, 제도 등이 어떻게 형성되었는가를 말해준다". 따라서 엘리아데는 우주창생 신화들을 제일 중요하게 여긴다.[63] 이것은 또 신화가 모든 의미심장한 인간 행위의 모범을 구성하고 있는 이유이기도 하다. 신화는 하나의 본보기적 가치를 지니고 있다. "그것은 초역사적인 모델이다". 달리 말해서, 신화는 히에로파니들에게 종교상징들로서 계속 기능할 수 있도록 영속성을 부여한다.[64] 초자연적 존재들이 세계를 창조했던 성스러운 시간에 다시 살기 위해서 인간은 신화를 영원히 반복하기만 하면 되는 것이다. 그래서 고대인들은 신화를 충실히 반복함으로써 실로 신화를 살았다. "기독교인들에게 '복음'이 중요하듯이 원시인들에게는 신화가 없어서는 안 될 것이다".[65]

그러나 신화는 현대 역사적 인간들에 의해 타락하여 왔다. 신화는 오늘날 더 이상 성스러운 역사가 아니다. 신화는 이제 서사시적 전설, 발라드, 전기소설 등이 되는 경향이 있다. 하지만 이것은 신화 속에 있던 성스러운 것이 완전히 사라져 버린 것을 뜻하지는 않는다. 성스러운 것은 없어지는 것이 아니라 다만 가려질

---

62) 엘리아데의 신화 이해에 대해서는 *Myth and Reality*가 가장 중요하다. 또 *The Sacred and the Profane*, pp. 95-113. "Archaic Myth and Historical Man", *McCormick Quarterly*, 18, 1965, pp. 23-26. "Myth" *In Encyclopedia Britannica*, vol 15, 1967, pp. 1132-1140. "Myth in the Nineteenth and Twentieth Centuries", pp. 307-318 참조.

63) 우주창생 신화의 중요성에 관하여 *Cosmos and History, passim,.Myth and Reality*, ch. 2. *The Quest*, ch. 5 참조.

64) 신화의 기능에 대하여 *Myth and Reality*, ch. 1. "A Conversation with Mircea Eliade", *Encounter*, 54(1980) :p. 24 참조.

65) "The Sacred in the Secular World", p. 102.

(camouflaged) 뿐이다.[66] 아직도 여러 신화적 요소들이 현대 미술, 영화, 소설 등에 살아남아 있다.[67] 따라서 엘리아데에게 비신비화 (demystification)는 오직 환상에 불과하다. 그는 오히려 비신비화를 거꾸로 바꾸어 놓으려 하고 있다.[68] 간단히 말해서, 그에게 신화는 아직도 '살아 있는 증언'(living testimony)이다.[69] 신화는 현대인에게 계속 역사를 초월하는 성스러운 것에 대한 '신앙고백'(confession)으로 기능하고 있는 것이다.

7. 심리학적 관심

심리학은 엘리아데 종교학의 또 다른 중요한 보조학문이다. 많은 인류학적 비판들에도 불구하고, 인간의 무의식적(unconscious) 영역의 존재와 정신분석학(psychoanalysis)의 방법을 발견해 낸 것은 프

---

66) 신화의 타락은 *Myth and Reality*, chapter 8, 9 참조.

67) 현대세계의 신화에 대하여 *Myths, Dreams and Mysteries*, ch. 1. *Myth and Reality*, pp. 181ff. 참조.

68) 엘리아데에게 있어서 '비신비화'라는 용어는 포괄적 의미를 지니고 있다. 즉 이것은 '비신비화'(demythicization 이나 Bultmann 의 demythologization)와 거의 비슷하게 쓰이는데 신화 속에 있는 성스러운 신비들을 제거함 등을 다 뭉뚱그려 말하고 있다. *Myth and Realith,* ch. 8. *No Souvenirs*, pp. 165, 211, 229-230, 263, *Ordeal by Labyrinth*, pp. 135-139 참조. 어떻게 보면, 엘리아데는 비신비화하려는 현대사회의 경향에 반대하여 역사를 신화적 맥락 속으로 '재신화화'하고 싶어 한다(cf. Dudley, G. III., *Religion on Trial*, p. 152. Ray, R.A., "Is Eliade's Metapsychoanalysis an End Run Around Bultmann's Demythologization?" In Gibbs, L. W., and W. T. Stevenson, eds., *Myth and Crisis of Historical Consciousness*, Missoula, Mont: Scholars Press, 1975, pp. 57-74).

69) cf. Beane, W. C., "Understanding Mircea Eliade as Historian of Religions", In Beane, W. C., and Doty, W. G., eds., *Myths, Rites, Symbols: A Mircea Eliade Reader*, N.Y.: Harper and Row, 1975, p. xxviii.

로이트(S.Freud, 1856-1939)였다.[70] 이 "무의식의 발견은 상징과 신화연구를 고무시켰고, 부분적으로는 고대 및 동양 종교들과 신화들에 대한 현대인의 관심을 가져온다".[71]

종교를 비판했던 프로이트와는 달리, 융(C. G. Jung, 1875-1961)은 종교 경험이 환원주의에 의해 설명되어서는 안 되는 의미와 목표를 지니고 있음을 확신했다.[72] 그는 무엇보다도 그가 '집단 무의식'(the collective unconscious)이라고 불렀던 인간정신의 심층 속에 있는 초인격적(transpersonal)이고 보편적인 힘들이 존재함에 특히 감명을 받았다. 즉 집단 무의식은 융이 '원형'(archetypes)이라고 부르는 상징적 생각이나 상상에 영향을 주는 힘들의 저장고인 것이다. 융에 의하면, 현대인은 완전히 '의식적'이거나 이성적인 삶만 살려고 함으로써 그 존재의 절반인 무의식으로부터 스스로 차단되어 있다. 그러나 무의식은 완전히 제거될 수는 없는 것이다. 오히려 그것은 현대인의 의식에 계속적으로 영향을 끼치고 있다. 그러므로 융의 정신치료법(psychotheraphy)은 무의식을 의식 속으로 다시 통합시키는 것을 목표로 한다. 융이 '개체화'(individuation)라고 부르는 이 과정은 결국에는 융에게 가장 중요한 원형인 자아(the self)를 깨달음을 의미한다. 왜냐

---

70) 현대 종교 연구에서 프로이트의 공헌은 Waardenburg, J., *Classical Approaches to the Study of Religion*, pp. 50-51. Sharpe, E. J., *op. cit.*, pp. 198-203 참조.

71) 프로이트에 대한 엘리아데의 일반적 평가는 *Images and Symbols*, 서문. *The Quest*, pp. 19-22, 49-50. cf. *Myth and Reality*, pp. 76-69. "Myth in the Nineteenth and Twentieth Centuries", p. 312. *Occultism, Witchcraft and Cultural Fashions: Essays in Comparative Religions*, Chicago: The University of Chicago Press, 1976, pp. 3-5. *No Souvenirs*, passim. *Autobiography*, pp. 75, 232-233 참조.

72) 현대 종교 연구에서 융의 공헌은 Waardenburg, J., *op. cit.*, pp. 65-66. Sharpe, E.J., *op. cit.*, pp. 203-209 참조.

하면 자아는 인간의 전체성에 대한 다른 표현이라고 할 수 있기 때문이다.[73]

비록 엘리아데는 융의 분석심리학(analytic psychology)에 상당한 공감을 나타냈지만, 결코 융의 이론에 자신의 이론이 종속되지는 않는다고 주장하였다.[74] 융처럼 엘리아데는 무의식의 존재와 그를 발견한 것의 중요성은 인정한다.[75] 그러나 무의식이 태고적의 실존적 상황들로부터 유래하기 때문에 비록 "그것이 종교적인 기미(氣味)는 지니고 있지만" 그렇다고 종교가 단지 무의식의 투사일 수는 없다는 것이다.[76] 융의 무의식과는 달리 구별되는 종교적 정신영역을 나타내기 위해서 엘리아데는 더 높은 정신적 종교단계, 즉 이른바 '초(월)의식'(transconsciousness)을 제시해 왔다.[77] 이 용어에 대한 그의 불명확한 사용에도 불구하고, 이 초월의식은 특히 요가수행자의 삼매(三昧, samadhi, 초월적 궁극 상태) 경지에서 잘 예증되어 온 것으로서,

---

73) 엘리아데의 융에 대한 일반적 이해는 *The Quest*, p. 22. 또는 *The Forge and the Crucible*, N.Y.: Harper and Brothers, 1962, pp. 221-226; "Myth in the Nineteenth and Twentieth Centuries", pp. 312-313. *No Souvenirs*, passim, cf. Ricketts, M.L., "The Nature and Extent of Eliade's 'Jungianism'", *Union Seminary Quarterly Review*, 25/2, 1970, pp. 211-234 참조.

74) 융의 용어들을 많이 사용하는 것에 덧붙여, 엘리아데는 1950년 이후 스위스 아스코나에서 매년 열린 융학파의 에라노스(Eranos) 학회에 정기적으로 참여해 왔다. 융과의 개인적 관계에 대해서는 *Ordeal by Labyrinth*, pp. 162-164 참조.

75) *The Sacred and the Profane*, p. 209. *The Two and One*, passim, "The Sacred in the Secular World", p. 112.

76) *The Sacred and The Profane*, pp. 209-210. *The Quest*, p. 68. cf. *Rites and Symbols of Intiation*, p. 128. 그럼에도 불구하고, 엘리아데가 무의식이라는 용어를 사용하는 방법이 애매한 것도 사실이다. 종종 그는 무의식을 종교상징의 저장고라고 쓸데없이 말함으로써 혼돈을 가져오고 있다(*The Sacred and the Profane*, passim, *Images and Symbols*, passim).

77) 엘리아데의 초월의식 개념은 *Patterns in Comparative Religion*, pp. 450-454. *Yoga*, pp. 99,226. *Images and Symbols*, pp. 17, 37, 119-120. *The Forge and the Crucible*, p. 223. *No Souvenirs*, p. 83. 참조.

이것은 적어도 '통합과 축복'에 기초한 해방의 신비적 영역에 해당되기 때문에 결코 무의식과 동일시될 수는 없는 것이다. 엘리아데가 융학파에 속한다고 종종 오해되는 또 하나의 이유는, 그가 '원형'(archetype)이라는 융이 사용했던 용어를 그대로 쓰고 있기 때문인지도 모른다. 그러나 융에게 원형은 집단무의식의 구조들인 반면에, 엘리아데는 원형이라는 용어를 플라톤(Plato)과 성 아우구스티누스(St. Augustin)의 개념들과 연관을 지어가면서 '본보기적 모델'(exemplary model)이나 '모범'(paradigm)에 대한 동의어로서 사용하고 있다.[78] 물론 엘리아데의 이런 용어 사용에는 종종 혼돈스러운 애매모호함이 있다.[79] 하지만 엘리아데에게 원형 개념이 상징의 이해를 위하여 근본적으로 계도적(heuristic) 역할을 하고 있다는 것은 분명하다.[80] 결론적으로 엘리아데는 융의 개념과 용어를 비롯하여 관심주제 측면에서도[81] 융에 공감하는 점이 많지만, 그래도 심리학자가 아니라 종교학자이고 싶어하는 것이 분명하다. 구태여 심리학적으로 말한다면, 아마도 '초월심리학'(trans-psychology)에 관심이 있다고 하겠다.[82]

현대 종교학에 미친 심층심리학(depth-psychology)의 중요한 공헌

---

78) 엘리아데의 '원형' 개념은 *Patterns in Comparative Religion*, passim, *Cosmos and History*, p. XV. *Ordeal by Labyrinth*, p. 164. 참조.

79) 엘리아데는 종종 융이 원형이라는 용어를 다양한 의미로 사용하고 있음을 인정한다. 또 그는 심지어 "융의 원형의 세계는 플라톤의 이데아의 세계와도 비슷하다"고 생각한다 (*Myths, Dreams, and Mysteries*, p. 54, *The Quest*, p. 22). 그가 융을 만났던 1950년 이후 이러한 애매함은 더 심화된다.

80) cf. Marino, A., "Mircea Eliade's Hermeneutics", In Girardot, N.J. and M.L. Ricketts, eds., *op. cit.*, p. 39.

81) cf. Ricketts, M.L., "The Nature and Extent of Eliade's 'Juanianism'", pp. 230-232.

82) '초월심리학'의 용어는 *The Forge and the Crucible*, p. 222 참조.

은 종교상징들의 기능을 깨닫게 한 데 있다고 평가돼 왔다.[83] 융처럼 상징은 기본적으로 이성적이거나 추상적인 용어들로 표현될 수 없는 의미들을 가지고 있다고 엘리아데는 생각한다. 그러나 상징들이 단지 심리학적 자료들로만 환원되지는 말아야 한다. 엘리아데에게 "상징들은 실재적인(real) 무엇이나 또는 세계양태(World-pattern)를 가리키기" 때문에, 그들은 늘 독립적(autonomous)이지만 동시에 종교적이게 된다. 본래 성스러운 것은 '완전히 다른'(wholly other) 것이기 때문에, 그 자체에 직접 접근할 수는 없다. 성스러운 것은 반드시 신화와 제의 속에 있는 상징들을 통해서만 나타나는 것이다. 이러한 상징들은 특히 그들의 다원적 의미(multi-valance) 때문에 중요하다. 즉 그들은 다양한 실재들이 하나의 '체계'(system) 속으로 통합 정리되는 관점을 제시할 수 있고, 또 다른 어떤 방식으로도 표현될 수 없는 모순적 상황들을 표현할 수가 있는 것이다.[84]

그러나 신화들처럼 상징들도 점차 합리화되고, 타락하며 또 '유치화된다'(infantilized). 이것은 다시 말하면 상징들이 종종 그들의 원형들로부터 분리된다는 것을 뜻한다. 하지만 상징들이 완전히 그 원형들로부터 분리될 수는 없다. 따라서 상징들은 정도의 차는 있어도 항상 성스러운 것과 인간 사이를 교통하는 매개수단이 되

---

83) 심층심리학과 상징의 관계는 "Encounters at Ascona", In Campbell, J., ed., *Spiritual Disciplines*, N.Y.: Pantheon Books, 1960, pp. xviii-xx. *Images and Symbols*, pp. 12-16. *The Two and One*, p. 189. cf. Megel, W.D., "The Function of Myth and Symbol in the Psyche: A Critical Evaluation and Comparison of the Contributions of Sigmund Freud, Carl Jung, and Mircea Eliade toward the Psychological Study of Religion", Unpublished Ph.D. dissertation, Graduate Theological Union, 1979 참조.

84) 엘리아데의 상징이론에 관하여 *Patterns in Comparative Religion*, ch. 13. *Images and Symbols*, passim, *The Two and One*, pp. 201-208 참조.

는 것이다. 그래서 엘리아데는 종교 연구는 어떤 점에서 보면 우주, 인간 생활 및 천국 등에 연관된 다양한 종교상징의 연구가 된다고 하였다. 또 이러한 상징적 표현에 대한 관심 때문에 엘리아데가 문학적 상상의 세계에 접근하게 되었는지도 모른다.

8. 문학적 관심

문학작품과 학문(예컨대, 종교학) 사이의 차이를 인정은 하지만,[85] "초창기부터 나는 그 둘을 다 써왔"고 "나의 연구는 언젠가는 잊혀진 문학적 영감의 자료들을 재발견하려 했던 시도로서 생각될 것이다"라고 엘리아데는 말했다.[86] 루마니아에서 대중소설 작가로 잘 알려졌던 젊은 시절과는 대조적으로, 엘리아데는 1945년 이후 계속 종교학에만 몰두해왔다.[87] 그럼에도 불구하고, 그는 늘 그

---

85) 문학작품과 학문과의 차이점은 *Two Tales of the Occult*, N.Y.: Herder and Herder, 1970, p. xiii 참조. 그리고 엘리아데의 일기들은 종종 이 둘 사이에서 그가 고민스러운 갈등을 겪고 있음을 보여 주고 있다. "나는 문학과 학문의 이 두 정신적인 세계들 속에 동시에 존재할 수가 없다. 내 근본적인 약점은 바로 여기에 있는 것이다. 나는 깨어 있으면서 꿈과 연극의 세계에 살 수가 없는 것이다. 내가 '문학작품'을 쓰게 되자마자, 나는 또 다른 세계 속에 있게 된다. 나는 그 세계가 또 하나의 시간적 구조를 가지고 있고 등장인물들과 나의 관계는 상상적이며 결코 비판적이 되지 않기 때문에 그 세계를 꿈 같다(oneiric) 고 한다(cf. Cain, Seymour, "Poetry and Truth: The Double Vocation in Eliade's Journals and Other Autobiographical Writings", In Girardot, N.J. and M.L. Ricketts, eds., *op. cit.*, p. 90)." 또 Ordeal by Labyrinth, p. 171도 참조. 이것은 또 그의 딜레탕티슴(dilettatism)과 학문적 경향 사이의 관계와도 연관된다(Doeing, Dennis A., "The Spiritual Itinerary of Mircea Eliade, 1926-1928", Unpublished Paper, read at the Symposium in Honor of Professor Mircea Eliade, Institute of Religious Studies, University of California, Santa Barbara, 1974, pp. 12-13).

86) *Ibid.*, p. 165. "Autobiographical Fragment", In Girardot, N. J. and M. L. Ricketts, eds., *op. cit.*, p. 119 cf. *Autobiography*. passim

87) 그가 학문에만 몰두하게 된 두 가지 이유가 있다. 생활하기 위해서 그는 '시장'이 있는

가 '문학적 귀신'(literary demon)이라고 불렀던 묘한 충동에 종종 시달려 왔다.[88] 책의 모습으로 나온 그의 소설 『뱀』(The Snake)을 다시 보고서, 엘리아데는 다음과 같은 결론에 이르기도 했다.[89] 즉 ① "이론적 행위는 문학적 행위에 의식적이고 자발적으로 영향을 줄 수가 없다", ② 반면에 "문학적 창조의 자유행위는 어떤 이론적 의미들을 계시할 수 있는 것이다"라고.

또 그는 문학적 창조의 보편적이고 본보기적인 중요성을 이해하는 것이 곧 종교 현상의 의미를 회복시키는 것과 같다는 것을 말한다.[90] 그래서 엘리아데는 항상 신화를 진실로 실재적인 것의 상상적 표현이라고 생각했던 반면에, 또 현대 소설을 신화의 현대적 양식 중 하나로 보아왔다.[91] 엘리아데에게 궁극적으로 문학작품과 학문은 "결국 동일한 문제에 도달하는 것이다". 즉 "역사 속에

활동에 집중해야만 했다(*Ibid.*, p. 122). 또 실재적인(real) 것을 찾기 위하여, 그는 종교학을 통해 문학으로부터 해방되어야 했다(*No Souvenirs*, pp. 193-194). 한편 이러한 이유들은 그가 옛날에 썼던 문학작품들까지도 그가 영어로 열심히, 그리고 서둘러서 번역을 하려고 하지 않았던 이유가 되었다(*Two Tales of the Occult*, p. viii).

88) "Autobiographical Fragment", p. 121.

89) *Ibid.*, p. 123.

90) 종교학을 위한 문학적 상상력의 중요성에 대하여 *No Souvenirs*, pp. ix, 119. "Literary Imagination and Religious Structure", *Criterion*, 17, 1978, pp. 30-34. Stewart, M. Z., "The Royal Road toward the Center: Fictional Hermeneutic and Hermeneutical Fiction in Eliade's 'Two Tales of the Occult'", *Ohio Journal of Religious Studies* 6, 1978, pp. 29-44 참조.

91) 엘리아데의 신화의 한 형태로서의 소설개념은 *Myths, Dreams and Mysteries*, pp. 35-36. *The Forbidden Forest*, Notre Dame: University of Notre Dame Press, 1978, p. viii. *The Tales of the Sacred and the Supernatural*, Philadelphia: The Westminster Press, 1981, p. 12. *Ordeal by Labyrinth*, pp. 165-166 참조. 그리고 엘리아데는 소설을 포함하는 모든 이야기, 즉 문학작품의 존재론적 기능과 구원적 기능을 주장한다(cf. Ierunca, V., "The Literary Work of Mircea Eliade", In Kitagawa, J. M. and C. H. Long, eds., *Myths and Symbols*, Chicago: The University of Chicago Press, 1969, p. 361; Simion, E., "The Mythical Dignity of Narration", In Girardot, N. J. and M. L. Ricketts, eds., *op. cit.*, p. 136).

가려진 초월적인 것이 '인식될 수 없음'(unrecognizability)이 문제시 된다."[92] 그 둘의 차이에도 불구하고, 문학작품과 학문 양자는 엘리아데에게 공존한다. 그는 학문적 연구와 상상적 문학, 이 두 가지 행위가 모두 그의 '영적 균형'(spiritual equilibrium)에 꼭 필요하다고 한다.[93] 어떻게 보면 그의 삶은 학문과 문학 양자라는 점에서 모순의 일치(coincidentia oppositorum)로 보일 수 있을지도 모른다.

　　한편 엘리아데의 문학과 종교학의 대부분의 저술들은 "시간의 출현에 의해 야기된 파괴와 그에 부수적으로 꼭 일어났던 '역사 속으로의 타락'에 대한 똑같은 중심적 신비를 벗기려는" 것이었다고도 할 수 있다.[94] 공간[95]과 시간은 실로 그의 저술에서 가장 중요한 주제들이었다.[96] 그에 의하면, 종교적인 인간은 속된 시간과는 대조적인 성스러운 시간 속에 산다. 속된 시간은 일시적이고 역사적이라고 생각된다. 즉 그것은 환상적인 것에 불과하다. 한편

---

92) 엘리아데의 문학작품과 종교학을 위한 공통문제로서 '기적의 인식 불가능성'(the unrecognizability of miracle)의 개념은 *No Souvenirs*, p. 191; "Autobiographical Fragment", p. 124 참조. cf. "The Sacred and the Modern Artist", *Criterion*, 4, 1965, pp. 22-24.

93) "A Conversation with Mircea Eliade", p. 27. *The Forbidden Forest*, p. vi. cf. Cain, S., "Poetry and Truth: The Double Vocation in Eliade's Journals and Other Autobiographical Writings", p. 89. 비록 엘리아데는 동시에 이 두 세계에 머무를 수는 없었지만, 그의 생애의 동일한 기간 동안 이 양자의 세계 속에 살았다. 예컨대 Ricketts, M. L., "Mircea Eliade and the Writing of The Forbidden Forest", In Girardot, N. J. and M. L. Ricketts, eds., *op. cit.*, pp. 104-112 참조.

94) "Autobiographical Fragment", p. 124.

95) 엘리아데의 공간개념은 인간과 성스러운 것 사이의 교통할 수 있는 점으로서 '성스러운 장소' 개념에 초점이 맞추어져 있다(*Patterns in Comparative Religion*, ch. X). 또 그의 중심 상징에 관한 연구도 참조할 것(*Cosmos and History*, pp. 12-17. *The Sacred and the Profane*, pp. 36-47. *Images and Symbols*, ch. 1).

96) 이런 점에서 조나단 스미스는 엘리아데에 있어서의 후기 칸트적 경향을 지적하고 있다(Smith, J. Z., "The Wobbling Pivot", p. 137).

성스러운 시간은 우주창조에 연관된 태초의 신화적 시간이다. 반복적이고(또는 거꾸로 흘러 갈 수 있고, 순환적이며, 회복될 수 있으며) 또 축제적이기(festive) 때문에, 성스러운 시간은 존재론적으로 실재하며 또 영원하다. 그래서 (불변하는) 파르메니데스의(Parmenidean) 시간이라고 불린다. 따라서 속된 시간은 폐지되어야 하고, 그렇게 됨으로써 인간은 환상적인 '역사의 공포'로부터 구원될 수 있는 것이다. 이것이 바로 엘리아데의 시간이해의 핵심이다.[97] 『금지된 숲』(*The Forbidden Forest*)과 『만툴리사 거리』(*The Old Man and the Bureaucrats*)와 같은 그의 거의 모든 문학작품의 주제는 이 성스러운 시간의 추구라고 쉽게 요약할 수 있다.[98]

9. 철학적 · 신학적 관심

마지막으로 엘리아데를 그의 영적 배경에서부터 이해하기 위하여 사상가로서 그리고 신자로서 생각해 볼 필요가 있다. 엘리아데는 자신을 종교사학자라고 부르지만, 종교의 순수 역사적 자료보다는 그들의 영적 차원에 관심이 있다.[99] 철학적으로 말해서

---

97) 엘리아데의 시간개념에 대해서는 *Patterns in Comparative Religion*, ch. XI, *The Sacred and the Profane*, ch. II. *Cosmos and History*, ch. II. *Images and Symbols*, ch. II. *Myth and Reality*, ch. V 참조.

98) *The Old Man and the Bureaucrats*, Notre Dame: The University of Notre Dame Press, 1979. cf. *Ordeal by Labyrinth*, pp. 173-177, 180-184. 그리고 엘리아데는 "시간을 구해내려는 열망이 내가 일기를 쓰는 또 하나의 이유이다"라고 한다(*Ibid.*, p. 178).

99) 엘리아데 저술의 철학적 의미에 대하여 Beane, W. C., "The Work of Mircea Eliade: Implications for a Philosophy of Humankind", In Beane, W. C. and W. G. Doty, eds., *op. cit.*, vol. II, pp. 461-465 참조.

그가 본질에 대한 플라톤적 존재론에 관심을 둔 것은 종교들에 대한 이런 깊은 차원의 관심에서 비롯된 것이다.[100] 그러나 엘리아데는 많은 종교철학자들처럼 단순히 종교들을 철학적으로 설명하려 하지는 않는다. 오히려 그는 종교적 관심으로부터 종교적 자료의 철학적(더 정확히 말해서, 상징적) 의미를 이해하려 한다. 그래서 인도의 요가에서 "그 목표가 구원이 아닌 어떤 지식도 무가치하듯이" 비록 존재론은 종교 현상에 대한 그의 모든 해석들에 깔려 있는 셈이지만, 그것이 구원론(soteriology)에 연관되지 않는다면 쓸데없게 된다고 말하는 것이다.

한편 종교적 자료들 속에 있는 근본적인 것들에 관한 그의 관심은 고전들을 중심으로 서양문화를 재해석하려 시도했던 르네상스 정신에 대한 연구의 동기가 된다.[101] 또 그는 그 르네상스 정신을 서양의 고전전통은 물론 인도철학, 샤머니즘 및 원시종교들까지를 포함하는 모든 인간문화의 정수를 탐구하는 데까지 확장시킨다. 그의 해석학적 창조에 인도의 요가전통이 끼친 영향은 특히 널리 발견된다.[102]

---

100) 엘리아데의 플라톤적 전통에 대한 관심은 *Cosmos and History*, passim, *Myths, Dreams and Mysteries*, pp. 51-53. *Australian Religion*, p. 138. "The Sacred in the Secular World", p. 107. *No Souvenirs*, p. 182. *A History of Religious Ideas*, Vol. II, pp. 197-202 참조.

101) 엘리아데는 부쿠레슈티 대학의 학생시절 이탈리아에 여러 번 여행을 간 적이 있다. 그리고 "Marsilio Ficino에서부터 Giordano Bruno에 이르는 이탈리아 철학"에 대한 학사 학위논문을 썼다. *Autobiography*, pp. 121-128,143-146. *Ordeal by Labyrinth* pp. 21-23. cf. *No Souvenirs*, pp. 16-18, 213 참조.

102) 엘리아데는 1928년부터 1931년까지 인도에서 Surendranath Dasgupta 등의 지도하에 요가를 공부했다. 그리고 요가에 대한 것으로 박사논문을 썼으며, "인도철학에 있어서의 악의 문제"라는 제목으로 최초 대학 강의를 시작했다(*Autobiography*, Part II, p. 270. *Ordeal by Labyrinth*, pp. 33-64). 그의 요가 연구에 관해서는, 그의 책 『*Yoga*』가 가장 잘 정리되어 있다. 또 "Yoga and Modern Philosophy", *Journal of General Education*, 15, 1963, pp. 124-137;

　　대조적으로, 엘리아데의 기독교에 대한 입장은 간단히 설명하기 어렵다. 그의 가정이 동방교회(Eastern Christianity)의 배경을 가지고 있음에도,[103] 젊은 시절의 엘리아데는 예배중심적인 종교생활에는 별 관심이 없었다. 그는 자신의 전통 안에서만 기독교의 진정한 의미와 메시지를 발견하는 것은 매우 어렵다는 것을 느꼈다. 이것은 그가 계속해서 '진정한' 기독교에 대한 관심을 표명하면서도, 한편으로 여러 종교전통들을 연구하게 되었던 이유이다. 아무튼 엘리아데에게 (예컨대, 성육신 같은) 기독교의 독특성이 절대적인 것은 아니었음이 분명하다. 심지어 엘리아데는 "기독교는 명백히 타락한 인간의 종교인 셈이다"라고 말하기도 한다. 그러나 이러한 것이 그가 반기독교적(anti-Christian) 학자임을 뜻하지는 않는다. 사실 엘리아데의 개인적 신앙은 그의 저술들 속에 철저히 괄호쳐져(bracketed) 있다. 자세히 살펴보면, 그는 기독교뿐만 아니라 모든 종교의 가장자리에 서 있었는지도 모른다.[104]

Patanjali and Yoga, N.Y.: Funk and Wagnalls, 1969. cf. Dudley, G. III., *Religion on Trial: Mircea Eliade and His Critics*, ch. 4 참조.

103) 몇몇 엘리아데의 해석자들은 그의 동방정교적 배경을 지나치게 강조해 왔지만(Altizer, T. J. J., *Mircea Eliade and the Dialectic of the Sacred*, p. 37. Saliba, J. A., '*Homo Religiosus*' in Mircea Eliade, p. 115), 사실상 이것은 그다지 중요하지가 않다. 오히려 엘리아데는 자신의 종교전통을 꽤 무시해 왔다고 종종 말해 왔다(*Ordeal by Labyrinth*, p. 18. *Autobiography*, p. 133).

104) 엘리아데의 개인적 신앙에 관해서는 Cioran, E. M., "Beginnings of a Friendship", In Kitagawa, J. M. and C. H. Long, eds, *op. cit.*, p. 413. cf. Ricketts, M. L., "In Defence of Eliade", pp. 27-29 참조.

10. 맺음말

이제까지 우리는 엘리아데 종교학이 성립되는 데 그 이론적 기초가 될 만한 것들을 두루 살펴보았다. 1986년 그가 타계할 때까지 그의 종교 연구는 진정 폭넓게 수행되어 왔다고 할 수 있다. 그리고 그는 몇몇 종교학사에 관한 논문을 스스로 쓴 적도 있지만,[105] 분명히 단순한 관찰을 넘어서 거대한 학사의 주류에 직접 뛰어들었다고 말할 수 있다.

초창기 종교학자들이 지적했듯이, 종교학이 신학을 비롯한 각개 종교전통들의 종교 연구들로부터 해방되기 위해 출현한 학문이었다면, 엘리아데의 종교학도 역시 그러한 전제 위에서 시작한 셈이다. 개별 종교들의 역사를 무시한 것이 아니라, 적어도 판단정지를 통하여 세계적·비교적 맥락에서 종교 현상들을 검토하고 있기 때문이다. 그러나 엘리아데가 더욱 강조했던 것은 종교적 가치의 환원 불가능성이었다. 즉 전통적 신학들에서 해방되기 위해서 종래의 종교학은 여러 세속학문들(앞에서 언급되었던 인류학, 역사학, 심리학 등)을 끌어들였지만, 이제는 이러한 보조과학으로서의 세속학문들의 환원주의로부터의 해방이 필요했던 것이다. 그래서 그의 저술들은 계속적으로 종교현상학적 연구들과의 연관성을 강조해야 했고, 더불어 다른 세속학문들에서 이루어진 종교 연구들을 모두 자료로서는 인정하면서도 항상 비판적으로 수용해왔다. 이러한 엘리아데의 이론적 경향은 분명히 현대 종교학이 하나의 독립된 인문과학으로

---

105) 예컨대 *The Quest*, ch. 2, "Comparative Religion: Its Past and Future", In Ong, W. J. S. J., ed., *Knowledge and the Future of Man*, N.Y.: Holt, Rinehart and Winston, 1968, pp. 245-254 등 참조.

서의 자리를 굳히는 데 중요한 공헌을 한 것이다.

그러나 본 논문을 끝내며, 우리는 2000년대에도 종교학이 신학이나 세속학문들로부터의 해방만을 계속 주장해야 할 것인가 하는 문제 다시 숙고해야 될 것 같다. 그렇게 판단정지나 환원 불가능성만을 주장하여 순수 종교현상학적 전통만을 강조하여 배타적으로 흐른다면, 끝내는 종교학의 이미지 자체를 너무 작게 만드는 것이 아닌가 생각되기 때문이다. 이런 맥락에서, 그래도 종교학사는 해방의 역사였음을 앞으로도 상기해야 한다면, 이제 마지막으로 종교학자들은 자기 스스로에게서 해방되어야 하지 않겠는가 생각된다. 즉 종교학이 스스로 서는 데 너무도 많은 장애물들이 있었다는 피해의식 그 자체로부터 말이다.

 # 엘리아데의 '종교적 재평가' 개념[*]

1. 머리말

엘리아데에게 "'창조적 해석학'(creative hermeneutics)은 종교학의 왕도로 생각되어 왔다."[1] 종교적 재평가(religious revalorization) 개념은 바로 이 '창조적 해석학'의 핵심적 주제이다. 그러므로 엘리아데가 종교학에 한 수많은 공헌들은 종교적 재평가의 개념 주변에 집중되는 셈이다. 그런데 엘리아데는 언제나 '종교'를 논할 때 성스러움(the sacredness)과의 관련 속에서 했다. 그리고 그에게 성스러움은 무엇보다도 존재론적 현상(ontological phenomena)이다. 따라서 무언가를 '종

---

[*] "엘리아데의 '종교적 재평가' 개념", 『정신문화연구』 84(1990.1): 107-125.

[1] Eliade, M., *The Quest: History and Meaning in Religion*, Chicago: University of Chicago Press, 1969, p. 62.

교적으로' 재평가한다는 것은 우선 존재론적으로 설명하는 것이다.

한편 우리의 세계에 대한 진정한 존재론적 이해는 구원론적(soteriological)인 것이다. 왜냐하면 진정한 존재론은 세계에 대한 우리의 환상적 차별의식으로부터 우리를 해방시켜 주기 때문이다. 즉 우리의 세계는 근본적으로 '원초적 통일성'(Primordial Unity)으로 특징지어진다. 이런 점에서 '상반의 일치'(coincidentia oppositorum)는 엘리아데에게 가장 주된 관심이다.

간단히 말해서, 엘리아데의 종교적 재평가 개념은 궁극적으로 세계의 구조적 통일성에 근거하여 현대인을 위한 존재론적 구원에 공헌하고 있는 것이다. 그리고 이런 존재론적 구원은 결과적으로 우리가 호모렐리기오수스(homo religiosus)임을 깨닫게 해 준다.

2. 창조적 해석학으로서의 종교적 재평가

주의 깊게 검토해 보면, 엘리아데 종교학 속에 있는 모든 원칙들은 마치 인도의 비유에서 인드라망(Indra's Net) 속에 있는 보석들처럼 '상호연관'(intercommunicated)되어 있다. 달리 말하자면, 그것들은 단순히 직선적이고 인과론적인 설명이 아니라, 우리가 그 관련성을 지나쳐 버린다면 그저 좀 괴팍한 동어 반복(tautologies)이거나 기껏해야 프레이저(Frazer) 전통에서 보이는 순수한 언어 연상(verbal association), 즉 말꼬리잡기(catch-words) 정도로 생각될지도 모르는 끊임없는 관련성의 표현들이다.[2]

게다가 엘리아데의 원칙들이 구성하는 망은 매우 포괄적이다. 그는 현대 종교학의 거의 모든 영역에서 나온 자료들을 자신의 망 속에 포함시킴으로써, 문자 그대로의 일반 종교학(Allgemeine Religionswissenschaft)을 시도해 왔다. 엘리아데의 업적들을 해석하는 사람들이 실제 그 강조하는 바가 매우 다른 것도 이런 이유에서이다.[3] 그러나 이 해석자들이 서로 연관이 없다는 말은 아니다. 오히려 그들의 해석에는 실로 많은 공통된 내용들이 있다. 엘리아데 종교학 속에 있는 모든 원칙과 사실들은 궁극적으로 상호 연관되기 때문이다.

하지만 그런 원칙들의 상호연관으로 특징지어지는 종교학의 이미지가 반드시 엘리아데의 목표가 애매모호함을 뜻하지는 않는다. 엘리아데 종교학의 목표는 오히려 꽤 간명하다. 즉 "인간과 성스러움의 연관을 연구"한다는 것이 그의 종교학이 목표로 하는 바이다. 종교학자가 현대문화 속에서 그의 역할을 성공적으로 수행해 내는 것은 무엇보다도 그가 자신의 자료들을 영적 메시지 속으로 얼마나 잘 변환시켜 넣느냐 하는 것에 달려있다.[4] 물론 우리는 성스러움에 직접적으로 접근할 수는 없다. 성스러움은 인간과

---

2) 특히 Leach, E 등을 중심으로 한 인류학적 비판들에서 그렇게 취급된다.

3) 수많은 해석자들이 있었으나, 엘리아데를 포괄적으로 다루고 있는 학자는 아주 적다. Altizer는 성과 속의 변증법을 강조하고, Bean과 Doty는 신화, 제의 및 상징이라는 점에서 엘리아데의 주요 주제들을 편집한 바 있다. Dudley III는 엘리아데의 원리들을 반역사주의, 고대적 존재론과 구원론이라고 특징 지우고, 반면에 Allen과 Silva는 엘리아데를 종교현상학자로 간주한다. 더구나 Saliba는 호모렐리기오수스 개념에 근거하여 엘리아데를 인류학적으로 평가하고 있다.

4) 엘리아데 종교학의 목표에 대하여, *Ibid*, p. 36; *No Souvenirs: Journal*, 1957-1969, N.Y.: Harper & Row, 1977, p. 83; *Ordeal by Labyrinth: Conversation with Claude-Henri Rocquet*, Chicago: The University of Chicago Press, 1982, p. 48 참조.

는 완전히 동떨어져 있는 '완전히 다른'(wholly other) 것이다. 성스러움
은 상징들을 통해서 신화와 제의 속에 나타난다. 그러므로 엘리아
데에게 성스러움에 대한 연구는 신화와 제의 속에 있는 상징체계
의 연구를 의미한다. 여기서 우리는 종교학자가 단순한 자료의 집
성을 초월해야 하는 이유를 알게 된다. 종교학자는 오히려 자료의
상징적 의미를 파악하려고 노력해야 한다. 그래서 해석학이 중요
해진다. "해석학 없이는 종교학은 단지 또 다른 역사에 불과한 것
이다."[5]

　　엘리아데는 해석학을 "주어진 종교적 사상이나 현상들이 시
간이 경과함에 따라 지니게 되는 의미의 연구"[6]를 뜻한다고 했다.
그리고 엘리아데는 그의 원칙을 하나의 '총체적 해석학'이라고 부
르고 있다. 왜냐하면 그의 해석학은 "선사시대부터 오늘날까지 모
든 인간과 성스러움의 만남을 다 해독해낼 수 있어야 한다"고 생각
하기 때문이다.[7] 그래서 방법과 자료에서 종합이나 일반화가 강조
되어 왔다.

　　그러나 엘리아데가 궁극적으로 목표하는 바는 바로 창조적
해석학이다. "진정한 해석학은 사람들을 변화시키기 때문이다." 또
진정한 종교적 의미의 이해는 단순한 탐구의 과정을 넘어서, 존재

---

5)　　"The sacred in the Secular World", *Cultural Hermeneutics*, 1/1, 1973, p. 106, cf. *No souvenirs*, pp. 69-70, 162-163, 233.

6)　　엘리아데의 해석학에 관하여, *The Quest*, pp. 57-62; "The Sacred in the Secular World", pp. 106, 109; "A Conversation with Mircea Eliade", *Encounter*, 54, 1980, p. 24; *Ordeal by Labyrinth*, pp. 128-129 및 Marino, A., "Mircea Eliade's Hermeneutics", In Girardot, N. J. and M. L. Ricketts, eds., *Imagination & Meaning: The scholarly & Literary Worlds of Mircea Eliade*, N.Y.: Seabury, 1982, pp. 19-69 참조.

7)　　엘리아데의 전체적 해석학의 개념에 관하여, *The Quest*, pp. 57-59 참조.

의 구조 자체를 변화시킬 수 있는 영적 기술(spiritual technique)이다. 즉 "종교적 창조성은 다른 사람들이 사물을 제대로 볼 수 있게 함을 뜻한다." 더욱 구체적으로 말하자면, 엘리아데의 '창조적 해석학'의 개념은 "타인의 삶 속에서 행해질 수 있는 반복가능한 모델의 정립"을 의미한다.[8] 그렇다면 우리는 그런 본보기적 모델을 어떻게 정립할 수 있을까? 엘리아데에 의하면 모든 문화는 그의 '신화들'이나 특수 이데올로기에 대한 일련의 해석들로 구성된다. 그러나 그 모든 문화적 해석들이 다 우리가 반복할 만한 것들은 아니다. 그들 중 많은 것들은 비현실적이기 때문에 종종 환상적이다. 그렇다면 과연 우리의 세계에 대한 현실적이고도 진정한 해석들은 무엇인가? 우리는 어떻게 환상들로부터 해방될 수 있을까? 이것이 바로 엘리아데의 종교적 재평가의 개념이 목표로 하는 바이다.

어원적으로 영어의 '평가'(valorization)라는 어휘는 가치의 유지를 뜻한다. 웹스터 사전은 이 단어를 "일상용품 등에 정부가 개입하여 나름대로의 시장가치나 가격을 매기려 하는 것"이라고 정의하고 있다. 또 '재평가 한다'(revalorize)는 것은 "인플레를 뒤따르는(자산이나 통화의) 가치를 변화시킴"으로 정의된다.[9] 하지만 엘리아데의 해석학적 맥락으로부터, 우리는 '재평가'라는 용어가 가치의 유지

---

8) 엘리아데의 창조적 해석학의 의미에 관하여, *Ibid.*, pp. 61-64; "The Sacred in the Secular World", p. 109; *Ordeal by labyrinth*, pp. 128-129 및 *No Souvenirs*, p. 310 참조.

9) 영어의 'valorization'이라는 용어의 경제적 의미에 덧붙여, 불어의 'valorisation'은 철학적 또는 심리학적 맥락에서의 가치의 투자를 뜻한다. 그리고 엘리아데의 'revalorization'이라는 용어는 종종 재평가나 재해석으로 생각될 수 있지만 그 내포가 오직 가치론적이거나 해석학적 의미에만 국한될 수는 없다. 어떤 점에서 보면, 엘리아데는 'revalorization'을 그의 '종교학'을 위한 독특하고도 전문적인 것으로 제안하기도 한다.

를 위한 재해석(reinterpretation for value-maintenance)[10]을 지시한다고 할 수 있을 것이다. 즉 상징적 표현으로서의 종교현상은 문화에 따라 다양하게 주어지고, 또 때에 따라 계속적으로 변화된다. 따라서 그들은 해석상 끊임없는 인간의 응답을 요청하고 있는 셈이다. 문제는 우리가 그것들을 어떻게 해석할 수 있느냐 하는 것과 과연 어떤 가치가 유지될 수 있는가이다.

실제로 엘리아데조차도 '평가'라는 용어를 종교적 해석만을 위해서 사용하는 것은 아니다. 예컨대 "인간 존재에 대한 어떤 형이상학적 '평가'라는 말"도 있다.[11] 그러나 엘리아데에게 '현실적이고 진정한' 가치는 궁극적으로 성스러움에 연관된다. 즉 유지되어야 하는 가치는 주로 성스러움이라고 말할 수 있는 것이다. 그러므로 엘리아데에게 진정한 재평가라는 것은 결국 종교적인 것이고, 또 성스러움의 유지를 위한 재해석을 뜻하게 된다.

엘리아데에 의하면, 재평가는 근본적으로 다이내믹한 과정이다. 역사적 순간마다 있었던 어떠한 재평가도 완전할 수는 없다. 모든 상징이나 원형(archetype)은 그 표현들 전체를 통해서 동일한 기본적 형식을 유지하며 또한 점차 더 나은 평가들과 의미들의 역사를 흔히 갖는다. 그러므로 모든 역사적 재평가들이 비록 중요하고 또 적절히 고려되어야 하지만, "우리는 어떤 이미지라는 것은 반드시 그 의미의 완성을 기다리고 있다는 것을 말할 수 있는 것이다."

---

10)	재해석으로서의 revalorization 개념은 Bean, W. C. and W. G. Doty, eds., *Myths, Rites, Symbols: A Mircea Eliade Reader*, N.Y.: HArper & Row, 1953, p. 451 참조.

11)	*Cosmos and History: The Myth of the Eternal Return*, N.Y.: Harper & Row, Torchbooks, 1955. p. ix.

즉 재평가의 논리는 축적적이다.[12] "모든 새로운 평가는 항상 그 이미지의 실제적 구조에 의해 조건지어져 왔다."

다시 말하자면, 역사는 계속해서 상징에 새 의미를 덧붙여 왔다. 그러나 이들이 그 상징의 근본적인 구조를 파괴하지는 않는다. "물에 관한 '내재적'이고 보편적인 상징체계는 지방적이고 역사적인 유태-그리스도교적인 침례상징에 대한 해석들의 결과로 깨지거나 분해되지는 않았다." 원형적 이미지에 대한 새로운 평가들은 예전의 것들을 결코 파괴하지 않는다. 오히려 새로운 평가는 옛 평가를 잘 장식하고 또 완성시킨다. 즉 "십자가에 의해 계시된 '구원'은 철저한 혁신(renovatio)을 의미하는 두드러진 상징인 기독교 이전에 존재한 세계나무(the Tree of the World)의 가치를 없애 버리는 것이 아니다. 오히려 십자가는 그 모든 예전의 가치와 의미들을 완성시키게 된다.[13]

비교종교학의 전통은 항상 구체적인 예들을 적절히 제시하는 방식을 가르쳐 왔다. 사실상 엘리아데의 수많은 업적들은 일련의 종교적 재평가들에 대한 시도들로 생각될 수 있다. 그러나 다음의 예들만으로도 우리의 목표에는 충분하다.

종교사적 지평 위에서 보았을 때, 태초 농경의 출현은 상당한 혁신을 의미한다. 하지만 이것은 농경적 종교의 근본요소들(예컨대, 땅의 생산력이 지니고 있는 여성과 성행위의 '비밀', 피의 희생제의, 죽음과 부활 제의를 통

---

12) 재평가의 논리에 관하여, *The Sacred and the Profane*, N.Y.: Harcourt, Brace and Company, 1959, p. 137; *Images and Symbols: Studies in Religious Symbolism*, N.Y.: Sheed and Ward, 1961, pp. 159-164; *Ordeal by labyrinth*, p. 133 참조.

13) *Images and Symbols*, pp. 161-164; *A history of Religious Ideas*, Vol. II, Chicago: University of Chicago Press, 1982, pp. 401-402.

한 정기적 재생 등과의 신비적 연대감)이 농경시대에 처음으로 출현했음을 뜻하는 것은 아니다. 농경종교의 그러한 원형적 요소들은 농경 이전 사회들에도 존재했었다. 그러나 농경의 발견과 더불어 이런 요소들은 생생한 양식으로 새로운 가치와 의미를 부여받는 것이다. 물론 수렵채취 단계로부터 초기 농경단계로의 발달결과로서 주변적 상황들(특히 경제적이고 사회적인 영역에 있어서)에서 생겨난 혁신적 변화들은 세계에 대한 새로운 종교적 평가들을 조건지었다. 그러나 엘리아데에 의하면, "그들은 결코 결정론적인 의미에서 그런 변화들을 '원인지운' 것은 아니었다." 그들은 오직 조건지우기만 했을 뿐이다. 그렇다면 어떻게 해서 인간은 농경세계를 확실히 새롭게 재평가해낼 수 있었을까? "농경구조의 신화–종교적 제도가 출현하는 것은 자연적인 식물성장의 현상이라기보다는 오히려 인간과 식물생활 사이의 신비적 연대감의 발견에 연유하는 종교적 경험에서 유래한다"고 엘리아데는 주장한다. 과연 아주 옛날 원예학자들의 신화에 의하면, "동물들이 저절로 생겨나지 않았듯이, 식용식물들은 세상에 저절로 주어진 것이 아니다." 그것은 태초 살인의 산물이다. 신화시대에 신적인 존재가 그의 몸으로부터 식용식물이 자라날 수 있도록 희생되었다. "고대의 경작자들은 영양 있는 식물을 만들어내기 위해서는 인간이나 가축을 희생제물로 삼거나 성행위 및 주신제 등을 행할 필요를 느꼈었다." 즉 수확을 위하여 살인은 이런 식의 종교적 이데올로기를 통하여 정당화된다. 그리고 농경의 발달과 더불어 수많은 신화와 제의들이 이런 식물신의 죽음과 부활의 제의적 시나리오로 대표되는 우주적 성체의 정기적 재생사상 주변에서 생겨나게 된다. 결과적으로 엘리아데는 식용식물들이 신

적 존재의 몸에서 유래하므로 성스럽다는 것을 주장하고 있는 셈
이다. "결국 인간은 스스로 먹고 살기 위해서 신적 존재를 잡아먹
었다."

　　그러므로 농경세계에 대한 올바른 재평가는 궁극적으로 태
초 희생에 관한 신화와 제의들 속에 상징적으로 보전되어 온 성스
러움을 해독해 내는 것이다. 즉 그것은 종교적이어야 한다. 물론 그
런 농경세계에 대한 종교적 재평가가 인간과 그의 세계 사이의 신
비적 연대감에 근거한 농경 이전 시대의 세계관을 파기하는 것은
아니다. 오히려 그것은 식물의 생명에 대한 인간의 새로운 연대감
을 덧붙임으로써 앞선 종교적 평가를 완성해 내고 있는 것이다.[14]

　　기독교의 여러 원형적 이미지들에 대한 재평가 이외에도,[15]
엘리아데는 역사적 시간이 기독교의 새로운 가치에 연관되었음을
주장하고 있다. 종교학적 관점에서 보았을 때 유태기독교 전통은
역사적 사건이 성현(hierophany) 속으로 유입되었음을 나타낸다. 반면
에 기독교인들은 신이 역사적으로 조건 지어진 존재로 살아 보려
고 직접 역사적 존재로 생육신되었다고 한다. 복음서들이 제시하
는 태초는 역사적 시간(즉 폰티우스 빌라도가 유대의 총독이었던 시간)으로서 분
명히 정의되어 왔다. 역사는 기독교인들에 의해 인간의 이야기가
아니라 신의 역사하심의 이야기로 성스러워지고 있는 것이다.

---

14)　농경세계의 재평가에 관하여, *Patterns in Comparative Religion*, N.Y.: Sheed and Ward, 1958,
ch. 9, "Structures and Changes in the History of Religion", In Kraeling, Carl, ed., *City Invincible*,
Chicago: The University of Chicago Press, 1960, pp. 358-359; *Myths, Dreams and Mysteries*,
London: The Fontana Library of Theology and Philosophy, 1960, pp. 189-191; *Zalmoxis the
Vanishing Souvenirs*, p. 250; *A History of Religious Ideas*, vol. I, pp. 37-40; *Ordeal by labyrinth*, pp.
57-59, 120 참조.

15)　기독교의 재평가에 관하여, *Images and Symbols*, ch. 5 참조.

그러나 (역사적) 시간에 적응하는 그 가치관에도 불구하고, 기독교는 역사주의가 아니라 역사의 신학을 일으킨다. 역사주의는 기독교 해체의 산물이다. 그것은 우리가 역사적 사건의 초역사적 진실에 관한 믿음을 상실했을 때에서야 비로소 생겨나는 것이다.[16] 기독교는 역사를 폐기시키기 위해서 역사 속으로 들어왔음을 명심해야 한다. 기독교인의 가장 큰 소망은 모든 역사를 끝내 버리는 그리스도의 재림이다. 그리스도에 의해 공표된 재림의 시간은 이미 접근할 수 있고, 그것을 복귀시키는 사람에게 역사는 더 이상 존재하지 않는다.

그럼에도 기독교인들은 역사를 완전히 무시하지는 않는다. 역사적 시간은 아직 그들에게 중요하다. 기독교는 역사를 구하려 노력한다. 기독교인들에게 역사적 사건은 그것이 현재의 그것으로 남아 있는 동안 초역사적 메시지를 전달할 수 있기 때문이다. 요약하면, 역사적 시간은 기독교인들에 의해 성스러워지고, 반면에 그것은 그 초역사적 진실을 위해 역설적으로 폐기되어야 한다. 하지만 이러한 역사적 시간과 초역사성에 대한 역설적 평가는 기독교에서만 독특한 것은 아니다. 엘리아데에 의하면, 우리는 힌두교에서도 비슷한 개념과 상징체계를 만날 수 있다.[17]

---

16)   더구나 헤겔은 유태기독교 이데올로기를 취해서 전체적 보편사에 그것을 적용한다. 그러므로 보편정신은 역사적 사건들 속에서만 계속해서 나타난다. 역사 전체는 결과적으로 신현(theophany)이 된다. 엘리아데에 의하면, 시간과 역사에 대한 모든 새로운 평가들이 신학이 아니라 철학사에 속하게 된다는 것은 이런 이유에서이다(*Cosmos and History*, pp. 90-91, 148-149, *The Sacred and the Profane*, p. 112).

17)   역사적 시간에 대한 기독교적 재평가에 관하여, *Cosmos and History*, pp. 102ff, 159-162; *The Sacred and the Profane*, pp. 111-113; *Images and Symbols*, pp. 168-172; "Archaic Myth and Historical Man", *McCormick Quarterly*, 18, 1965, pp. 31-33 참조. cf. 구약성서 예언자들에 의한 역사에 대한 종교적 재평가에 대해서는 *A History of Religious Ideas*, vol. I, pp. 354-356 참조.

현대인의 불안은 기본적으로 그의 역사 의식에서부터 온다. 우리는 이것을 무엇보다도 사료 수집을 향한 현대의 열정과, 현대 서양철학이 인간을 역사에 의해 조건 지어지고 결국 창조되는 역사적 존재로 정의하려는 경향 가운데서 잘 파악할 수 있다. 엘리아데에 의하면, 고대 또는 비유럽 문화들의 본보기적 모델로서의 역사 개념과는 달리, 현대문화의 사료 수집을 향한 이런 정열은 닥쳐오는 인간의 죽음을 미리 알리는 신호로 특징 지어지고 있다. 즉 불안이라는 것은 본래 죽음의 상징체계에서 나타난다. 달리 말해서 죽음의 징후는 현대인에게 그들의 유산을 역사화하도록 재촉하는 것이며, 결과적으로 불안을 가져오는 것이다. 그렇다면 우리의 미래는 과연 비관적일 수밖에 없는가?

엘리아데에게 이러한 불안은 사실 환상적인 것이므로 종교적으로 재평가되어야 한다. 현대인은 죽음을 허무(Nothingness)와 당면하게 되는 불안에 연관시키는 반면에, 진정한 신앙인이나 고대인은 죽음은 오직 하나의 통과의례일 뿐이므로 부활이 뒤따라야 한다고 생각했다.[18] 그리고 현대 유럽인들이 역사성을 발견한 것은 인도인들이 그들의 허무에 대한 경험인 마야(Maya)에서 자신들의 상황을 오래전부터 불러왔던 것이나 사실 마찬가지이다. 이런 인도적 사고에서 보면, 죽음은 오직 우리 자신의 마야의 죽음이지 결코 우리가 참여하고 있는 존재의 죽음이 아니다. 결국 그것은 환상의 죽음이다.

현대 불안의 또 다른 원천은 세계의 종말에 대한 우리의 어

---

18)　*Yoga: Immortality and Freedom*, N.Y. and London: Routledge and Kegan Paul, 1958; passim, *Rites and Symbols of Initiation*, N.Y.: Harper and Torchbooks, 1965, passim.

렴풋한 예감이다. 그러나 엘리아데에 의하면 세계 종말의 신화는 이미 원시부족들에게서조차 발견된 세계 보편적 현상이다. 즉 우주 재난의 불안은 종교적으로 그리고 문화적으로 극복되어 왔다. 세계의 종말은 결코 절대적이지 않으며 늘 새롭게 재생된 세계의 창조가 뒤따른다. 생명과 영혼은 본래부터 세계에 독특한 것이기 때문이다. 결과적으로 그 원형적 이미지로서의 생명과 영혼은 결코 분명히 사라질 수는 없다.[19] 더 많은 예를 나열할 필요는 없다. 올바른 재평가는 원형적 이미지들에 대한 신화와 제의들 속에 상징적으로 담겨 있는 진정한 실재를 찾아내는 것이다. 즉 그것들은 문화 속에 숨겨진 성스러움에 대한 재해석이므로 종교적이 되는 것이다.

3. 창조적 재평가의 존재론적 측면

성스러움이 해석들 속에 담겨야 하는 이유는 여러 차원에서 거의 모든 엘리아데의 해석학적 업적들을 통해 검토될 수 있다. 그럼에도 그 중심적 주제는 간단하다. 오직 성스러움에 연관된 것만이 진실로 존재한다고 말하는 것으로 충분하다. 엘리아데에 의하면, 무엇보다도 "성스러움은 힘에 해당되며, 결국 실재이다. 성스러움은 존재에 젖는다(saturated)."[20]

---

19) 현대인의 불안에 대한 재평가에 관하여, *Myths, Dreams and Mysteries*, ch. 9 참조.

20) '진실된 것'으로서의 성스러움에 관하여, *The Sacred and the Profane*, p. 12 참조. 그러나 '진실된 것'이 실제적으로 무엇을 뜻하는가? 이에 대하여 엘리아데는 "그것은 자명한 것 같

상징의 경우에, 원형적 상징 속에 있는 성스러움의 구
조는 지방적 상징들 가운데 나타난다.[21] 즉 우리의 초월의식
(transconsciousness)을 통해서 인지되는 것은 원형적 상징과 지방적 상
징 속에 있는 이중적 구조의 성스러움이다. 지방적 상징들이 존재
하는 것은 이런 식으로 성스러움의 구조가 표명되기 때문이다.[22]
지방적 상징들은 자발적으로 존재하지는 못한다. 적어도 그것들은
원형적 상징에 연관된 앞서 존재하고 있는 어떤 형식의 진화이거
나 모방에서 유래한다. 그러나 원형적 상징과 지방적 상징들 사이
의 관계는 단순히 일방적으로 나타나는 것만은 아니다. 이것은 또
다른 변증법적 상관작용인, 지방적 상징들이 그들의 원형들이 되
려는(또는 접근하려는) 경향을 가진다. 달리 말하자면, 지방적 상징은
계속 그의 주변맥락(예컨대, 역사적 환경)으로부터 따로 떨어져서 영원
하고 보편적인 원형과 같아지려 한다고 말할 수 있다. 예컨대 '세계
의 중심'에 있는 성스러움의 구조는 여러 마을들에서 나타나는 반
면에, 어떤 마을이라도 또한 '세계의 중심'이 될 수가 있는 것이다.
이런 지방적 상징들의 원형이 되려는 경향이 바로 종교적 재평가
의 근본적 동기이다. 존재론적으로 말하자면, 지방적 상징들은 성
스러움의 구조를 그들 속에서 표명함은 물론 원형의 실현(또는 원형에

다. 그리고 만약 자명하지 않다면, 그것은 분명히 긴 증거를 요한다"고 대답하고 있다
(*Ordeal by labyrinth*, p. 189).

21) 지방적 상징들에 비해서, 원형적 상징들은 주로 *Patterns in Comparative Religion*에서 논의
되는 중심, 지모 등과 같은 보편적 상징들을 뜻한다.

22) 성스러움의 나타남을 지시하기 위해서 엘리아데는 '히에로파니'(hierophany)라는 용어
를 제안한 바 있다.

로의 복귀)을 통해서 진정한 의미에서 존재하게 된다.[23]

　　이것은 또 '원시'(또는 고대의) 존재론적 개념이 엘리아데의 저작들 가운데서 중요한 이유이기도 하다. 고대 존재론의 관점에서 보면, "하나의 사물이나 행위는 그것이 원형을 모방하거나 반복하는 한에서만 참다워진다." 본보기적 모델이 없는 것은 모두 참다움을 잃기 때문에 '무의미'하다. '원시' 존재론은 어떤 점에서 보면 플라톤적 구조를 지니고 있다. 그러므로 고대인은 초인간적(extrahuman) 모델과 일치해서, 또 원형들과 일치해서 살고 싶어한 것이다. 그들은 자신이 스스로이기를 그만 두고, 다른 존재(즉 신적인 존재)의 몸짓을 흉내내고 반복하는 데 만족하는 만큼만 참답게 되는 것이다. 달리 말하자면, 고대인은 역설적으로 스스로에게 참다워진다.

　　이런 점에서, 고대 신화와 제의 속에서 발견되는 핵심적 특징은 또한 반복이라는 결론이 나온다. 예컨대 모든 희생제의는 태초의 희생제의의 반복이고 그와 일치한다. 고대인은 "원형들이 처음 계시되었던 신화적 시기 속으로 던져진다." 역사적 또는 속된 시간은 원형들의 모방과 모범적 몸짓들을 통해서야 폐기된다. 그는 비반복적이고 직선적인 역사가 시작되기 전인 태초(illud tempus)에 도달하려 하는 것이다.[24]

　　그러나 지방적 상징들은 그들의 원형이 되려는 경향과 또 계속적인 그들의 원형 반복들에도 불구하고, 항상 정의에서 보이는 것처럼 그들의 지방적 (주변)맥락(즉 역사, 사회 등)에 의해 조건 지어

---

23)　지방적 상징들이 그들의 원형으로 되려는 경향에 관하여, *Images and Symbols*, pp. 120-121 참조.

24)　원형의 반복에 관하여, *Cosmos and History*, pp. 34-35, 89-92 참조.

진다. 그들은 성스러움을 잃는다. 엘리아데는 이것을 '종교 경험의 진부화'(banalization)라고 부른다.[25] 그것은 지방적 상징들이 상황적으로 조건지어짐에 따라서, 원형(즉 성스러움)에로의 복귀 경향은 감소하기 때문이다. 예컨대 "하나의 신화는 서사시적 전설, 민요나 전기소설로 전락하거나, 형식이 약화된 '미신', 관습, 노스텔지어 등으로만 잔존할 수도 있다." 다시 말해서, 썩게 되는 것이다.[26] 더 이상 '성스러운 이야기'를 뜻할 수 없다. 상징이라는 점에서 보았을 때 "두 가지 흔한 경우가 있다. 즉 하나는 어떤 '잘 알려진' 상징체계가 낮은 사회계층에서 사용됨으로써 끝나고, 그 결과 본래 의미가 타락하게 되는 경우이다. 또 하나는 상징이 유치한 방식으로 지나치게, 구체적으로 그리고 그것이 속한 의미체계와는 동떨어져서 쓰이게 되는 경우이다." 후자의 경우를 엘리아데는 '상징의 유치화'(infantilization)라고 불렀다.[27]

아무튼 세계가 이렇게 성스러움을 잃게 된다는 것은 자연을 포함해서[28] 세상의 어떤 것도 결국에는 그 본래 의미와는 분리될 수밖에 없음을 뜻한다. 그런데 지방적 상징들 속에 있는 성스러움은 그 상황적 진부화를 겪으면 그들의 존재 자체를 위협받게 된다. 지방적 상징들은 그들의 원형들로부터 완전히 분리되어서는 존재할 수가 없는 것이다. 그들은 종교적으로 평가절하 되었다고도 말

---

25) *Myth and Reality*, N. Y. : Harper & Row, 1963, p. 201.

26) 신화들의 부패에 관하여, *Patterns in Comparative Religion*, pp. 431-434 참조.

27) 상징의 유치화에 관하여, *Ibid.*, pp. 443-446 참조.

28) 자연의 성스러움 상실에 관하여, *The Sacred and the Profane*, pp. 151-155; *A History of Religious Ideas*, vol. 1, p. 355 참조.

해진다.

　물론 그렇게 성스러움을 잃는다는 것이 성스러움을 완전히 상실하는 것을 뜻하지는 않는다. 성스러운 것은 항상 살아남기(survive) 마련이다. 다만 그것은 감추어(camouflage)진다. 심지어 희랍 종교와 신화조차도 근본적으로 세속화되고 비신비화(demythcized)되었지만, 문학이나 예술작품들로 유럽 문화 속에 살아남아 있다.

　어떤 점에서 보면, 기독교 선교사는 이방종교의 잔존 역사이다. 교부들이 영지주의의 비(질서적)우주주의(acosmism)와 밀교주의(esotericism)에 대해서 끊임없이 싸웠지만, 기독교는 요한복음과 바울서신들 및 몇몇 기초 문헌들 가운데 영지주의적 요소들을 지니고 있다. "박해에도 불구하고, 영지주의는 완전히 뿌리 뽑히지 않았다. 다소 감추어진 형식으로 영지주의적 신화들은 중세의 구전 문학과 문서들 속에서 다시 나타났다." 중세 유럽의 기독교 선교사들은 살아있는 대중 종교들을 만나서 큰 어려움을 겪었다고 말한 바 있다. 계속적인 기독교의 동화(assimilation)에도 불구하고, "기독교 이전 유럽의 일부 대중 종교는 감추어졌든 변형되었든 어찌되었든 간에 교회력의 축제와 성인 의례운동 등에 살아남아 있다고 말할 수 있을 것이다." 동유럽에서 "농민들의 독특한 종교 경험은 '우주적 기독교'(cosmic Christianity)라고 할 수 있는 것에 의해 풍부해졌다."[29] 물론 동유럽의 농민들에게 이것은 결코 기독교의 '이단화'(paganization)가 아니라 그들의 조상들이 믿어왔던 종교의 '기독교화'(Christianization)를 뜻한다. 그러나 그것은 사실상 기독교 신앙 속에 감

---

29)　'우주적 기독교'의 개념에 관하여, *Myth and Reality*, pp. 170-174; *Zalmoxis the Vanishing God*, pp. 251-252; *No Souvenirs*, pp. 189-190, 261; *A History of Religious Ideas* vol. II, p.405 참조.

추어진 농업사회의 '이상들'이 종교적으로 표현된 것이다.

이와는 대조적으로 많은 기독교 이데올로기들이 다른 문화들 속에 살아남아 온 것은 말할 필요가 없다. 기독교의 종말론적 주제는 대표적인 예가 될 수 있다. 분명히 중세의 종말론적 개념들과 계몽주의 시대와 19세기의 산물인 여러 '역사 철학들' 사이에 연속이 있다. 현대 전제주의 운동의 창시자와 지도자들이 하는 역할과 임무도 상당히 종말론적이고 구원론적인 요소들을 포함하고 있다고 엘리아데는 주장하고 있다. 그리고 심지어 마르크스 공산주의도 그 종말론적이고 천년왕국주의적 구조들을 잘 지적해 왔다.

사실상 태양 아래 새로운 것은 없다. 어떤 의미에서 보면, 세상에 있는 모든 것은 살아남음의 결과이다. "유럽의 과학적 천재성과 기술적인 창안성이 인류의 역사에 독특한 성취를 나타낸다 하더라도, 유럽의 종교적 창조들은 전체적으로 살펴보면 적어도 신석기 시대의 유산과의 연속을 보여 주고 있다. 그리고 신석기 시대의 유산들은 아직도 아시아, 아프리카와 남아메리카의 시골 지역에 살아 있음을 우리는 항상 명심해야만 한다." 살아남음과 감추어짐은 모든 문화에 근본적이다. 현대의 소설에 대한 열정조차도 성스러움을 잃거나 단순히 '속된' 형식 아래 감추어진 아주 많은 '신화적인 이야기들'을 들어보려는 욕망을 표현하는 것이라고 엘리아데는 말한다.[30] 기독교적 관점에서 보았을 때, '신의 죽음'(the death of God)이라는 주제는 마지막 설명이 될지도 모른다. 엘리아데에 의하

---

30) 살아남음과 감추어짐에 관하여, *Myth and Reality*, Chapters 8, 9, "History of Religions and 'Popular' Cultures", *History of Religions*, 20, 1980, pp. 1-26, cf. Tissot, G., "Camouflage et Meconnaissance", *Sciences Religieuses*, 10/1, 1981, pp. 44-58.

면 그것은 숨겨진 신(deus otiosus), 즉 게으른 신의 개념이 재생된 것이
다. 다시 말해서 세상을 만들어 놓고도, 스스로 변화되게 내버려 두
는 신의 개념이 다시 상기된 셈이다. 따라서 '사신' 신학의 궁극적
단계는 철저한 감추어짐의 상태에 도달하거나, 더 정확히 말하자
면 '속됨'과 완전히 동일화되는 '성스러움'을 보여 주는 것이다. [31]
달리 말해서, 엘리아데에게 신들은 (성스러움을 잃지 않기 때문에) 죽지 않
는다. 그들은 단지 우주적 성스러움의 원천으로부터 그들의 점진
적인 분리를 의미하는 '인간화'(humanization)의 과정을 겪고 있는 것
이다. 그렇다면 그들이 성스러움에서 완전히 분리된다면 어떻게
될까? 그들은 무의미해질지도 모른다. 즉 그들은 죽은 것과 다름이
없게 된다.

　　그러므로 지방적 상징들 속에 있는 성스러움의 살아남음에
도 불구하고, 성스러움을 상실하는 것(즉 성스러움에서의 분리)의 중요성
은 아무리 강조해도 지나칠 수 없다. 모든 상징은 성스러움으로부
터 동떨어지면 무의미해진다. 그것은 그대로 존재할는지도 모르지
만 참으로 존재하는 것이 아니다. 따라서 세상에 있는 모든 것은 성
스러움과 연관된 의미 없이는 진정한 의미에서 '살' 수가 없다. 이
것은 바로 종교인들만이 '세계' 자체를 그들이 사는 친숙한 공간,
즉 성스러운 의미가 개인적으로 주어지는 '그들의 세계'로 만들 수
있는 이유이기도 하다. 혼돈이 아니라 질서 있는 우주 속에 살기 위
하여, 종교적 인간(homo religiosus)은 스스로 성스러운 공간을 향한다.
즉 세계는 성스러움과 연관되었을 때에야 비로소 (참되게) '우주화'

---

31)　'사신신학'(死神神學)의 주제에 관하여, *Ordeal by labyrinth*, pp. 151-152 참조. cf. Altizer, T. J.
　　J., "Mircea Eliade and the Death of God", *Cross Currents*, 29/3, 1979, pp. 257-268.

(cosmicized)(즉 살 만한 공간으로 변화)된다. 엘리아데에 의하면 이러한 '우주화'는 무엇보다도 다음과 같은 근본적인 사상 틀에 의해 특징지어진다. 첫째, "어떤 '우주', 즉 초자연적 존재에 의해 창조된 모범적인 '세계'를 닮은 땅에 살아야 할 필요가 있다." 둘째, 신화적 시대에 신들에 의해 성취된 우주창조(cosmogony)는 인간의 우주화의 모델이 되고 또 영원히 제의적으로 반복된다. 셋째, 하나의 장소를 '우주화' 한다는 것은 기본적으로 그것을 신성하게 만드는 것을 뜻한다. 넷째, 그래서 "하나의 장소는 그것이 신들의 세계와 교통이 가능하게 되었을 때 진정 신성하게 된다." 구체적으로 그것은 하늘을 향해 열리게 되는 일종의 '개벽'(rupture)을 의미한다.

요약하자면, 혼돈에 반대되는 질서 있는 우주는 절대적으로 참된 것으로 보인다. 질서 있는 우주를 향한 모든 종교인의 추구는 기본적으로 '존재론적 갈구'로부터 유래한다. 즉 인간의 '우주화'를 위한 신화와 제의에는 그 밑바탕에 존재론이 깔려 있다. 한편 "참되게 존재하는 무언가에 대한 사상, 그리고 결과적으로 인간 존재에게 의미를 부여하는 절대적이고 접근할 수 없는 가치들이 있다는 생각을 일어나게 하는 것이 바로 성스러움의 경험, 즉 초인간적 실재와의 만남이다." 다시 말해서, 존재론은 성스러움의 경험에 기초하고 있다.[32] 그러므로 엘리아데에게 우주론은 궁극적으로 성스러운 경험들에 대한 학문으로 좁혀진다.

인간의 태초 시간에 대한 동경심은 존재론적 구조라는 점

---

32)　'우주화'에 관하여, *Cosmos and History*, pp. 10-11; *The Sacred and the Profane*, Ch. 1, "Structures and Changes in the History of Religion", pp. 361-366; *Occultism, Witchcraft and Cultural Fashions: Essays in Comparative Religions*, Chicago: University of chicago Press, 1976, Ch. 2 참조. cf. 공간에 대한 종교적 재평가에 관하여, *A History of Religious Ideas*, vol. I, pp. 42ff. 참조.

에서 '우주화'와 아주 비슷하다. 태초라는 것은 회복될 수 있고, 반복될 수 있는 시간이다. 그것은 존재론적이고 (불변하는) 파르메니데스적 시간이다. "그것은 항상 동일하다. 변화하지도 소모되지도 않는다." 궁극적으로 그것은 참되다. 태초의 시간은 신의 우주창조적 행위들에 의해 특징지어지기 때문이다. 그러므로 태초 시간에 대한 인간의 동경심은 성스러움에 기초한 참된 시간을 살려는 욕망을 뜻한다.[33]

　　결론적으로 세상에 있는 모든 것은 성스러움과 동떨어지게 되면 무의미해진다. 무의미한 것은 진정으로 존재할 수가 없다. 성스러움을 상실한 모든 것이 진정한 의미에서 존재하기 위해서는 '우주화'된 태초 시간의 반복이든 무슨 수단을 써서라도 '다시 성스러워져'야(resacralized) 한다. 적어도 성스러움이 아직 보존되어 있으므로 적절히 재평가되어야 한다. 이것은 인간적 조건을 초월하는 또 다른 존재 양식을 충당시키는(appropriating) 것에 해당한다.[34] 엘리아데의 종교적 재평가의 존재론적인 측면은 바로 이것이다. 즉 종교적 재평가는 원형들(특히 원형들 속에 있는 성스러움의 구조)에 대한 우리 세계의 잊혀진 관계를 상기시켜 주는 것이다. 성스러움의 구조를 기억해 내는 것은 진정한 의미에서 세계를 존재할 수 있게 한다.

---

33) 태초 시간에 대한 동경심에 관하여, *The Sacred and the Profane*, pp. 68-95; *Images and Symbols*, p. 169; *Occultism, Witchcraft and Cultural Fashions* pp. 89-92; *No Souvenirs*, p. 15 참조.

34) *Yoga*, p. 4.

4. 종교적 재평가의 궁극적 목표 : 통일성에 근거한 구원론

　　지금까지 종교적 재평가가 존재론적으로 이해되어 왔지만, 이것은 종교적 재평가가 오직 우리의 경험에 대한 형이상학적 반영에 불과하다는 것을 의미하지는 않는다. 종교는 실천적인 것이다. 엘리아데에게 종교에 대한 중심적 관심은 넓은 의미에서 보면 구원에 있다. 그래서 '종교학'은 '구원의 원리'이다.[35] 엘리아데의 종교적 재평가의 개념은 존재론적일 뿐만 아니라 또한 궁극적으로 구원론적인 것이다.

　　그러나 엘리아데의 구원 개념은 기독교의 구원 개념과는 사뭇 다르다. 세계는 성스러움과 동떨어져서는 무의미해진다고 존재론적으로 말해져 왔다. 그리고 무의미한 것은 진정한 의미에서는 존재할 수가 없다. 한편 엘리아데에 의하면, 성스러움을 상실하거나 무의미해지는 것은 구원론적으로 '타락한'(fallen) 상황을 뜻한다. 기독교적 관점에서 보면, 그것은 인간의 새로운 '타락'(fall)에 해당될지도 모른다. 최초의 '타락' 후, 우리 조상은 여태껏 적어도 종교(즉 신)에 대한 기억을 보전해 왔다. 그러나 제2의 '타락' 후의 오늘날 그것은 훨씬 더 타락하여 무의식의 심층에까지 떨어져 의식의 차원에서는 완전히 '잊혀져'(forgotten) 왔다.[36]

　　적어도 인간의 이런 새로운 타락은 오직 새로운 구원 방식에 의해서만 극복될 수 있다. 물론 이것은 엘리아데의 구원 개념이

---

35)　'구원적 원리'로서의 '종교학'에 관하여, *No Souvenirs*, p. 296 참조.

36)　새로운 '타락'의 개념에 관하여, *The Sacred and the Profane*, p. 213 참조.

기독교적 개념을 포함하는 모든 전통적 구원 개념들을 무시했다는 것은 아니다. 오히려 구원에 대한 각개 편파적인 개념들을 초월하여, 구원 개념을 완성해 내고 있다고 말할 수 있다. 즉 엘리아데의 구원 개념은 진정한 의미에서의 비교종교적 관점에서 제시되어 왔다. 따라서 엘리아데에게 기독교적 구원 개념은 끊임없는 혁신과 우주적 재생, 세계의 생산성과 신성함 그리고 절대적 실재와, 마침내 불멸에 대한 개념을 단지 반복하고 완성시키고 있는 셈이다.[37] 이것은 사실상 인간을 역사적 존재로부터 해방시키려는 요가의 수련법과[38] 또 황홀경에 이르는 기술로서의 샤머니즘의 목표[39] 등과 아주 똑같은 것이다. 그리고 엘리아데가 여러 저술들 속에서 강조하고 있는 성년식(initiation)의 주제 또한 분명하고도 전체적인 개혁(renovatio), 즉 원형적 이미지를 상징적으로 반복함으로써 삶을 변화시킬 수 있는 재생을 수행하는 것이다.[40] 궁극적으로 엘리아데에게는 구원이 상황을 초월하는 원형들의 반복, 즉 상황적 환상으로부터의 해방인 것이다.

그러한 상황적 환상들은 존재론적으로 말하면 원형들(또는 성스러움)로부터 지방적 상징들이 분리되었기 때문이라고 볼 수 있다. 한편으로 이것은 구원론적으로 말하면 세계에 대한 우리의 차별을 뜻한다. 즉 세상에 있는 모든 것은 원형들을 반복하는 것일 뿐이

---

37) *Images and Symbols*, p. 163.

38) 해방으로서의 요가 수법에 관하여, *Yoga*, 특히 1, 4장. *Patanjali and Yoga*, N.Y.: Funk and Wagnalls, 1969, pp. 44-50, 115-121 참조.

39) 황홀경의 고대적 수법으로서의 샤머니즘에 관하여, *Shamanism: Archaic Techniques of Ecstasy*, N.Y. and London: Routledge and Kegan Paul, 1964 참조.

40) 이것은 바로 그의 책 Rites and Symbols of Initiation의 중심 주제이다.

라는 점에서 원형들 앞에 다 동등하다. 어느 특정 신화나 이데올로기에 지나치게 집착하는 것은 모두 환상일 뿐이다. 궁극적으로 엘리아데에 의하면 그에 대한 인간 경험이 아무리 다양하게 분화된다 하더라도, 세계 속에 있는 모든 것 속에는 '태초의 통일성'이 있다. 따라서 종교적 재평가에 의한 구원은 결과적으로 분화된 것들을 초월하는 그 태초의 통일성을 해독해 내는 것을 뜻한다. 엘리아데는 이것을 "반대되는 것의 합일"(union of opposites)이라는 원리로 표현해 왔다. 그러므로 상반의 일치(coincidentia oppositorum)는 엘리아데에게 가장 주된 관심의 상징이다.

니콜라스 쿠사누스(Nicholas of Cusa)에게서처럼,[41] 엘리아데에게도 상반의 일치는 신성의 가장 기본적인 정의이다. 그것은 신성적 실재의 패러독스를 표현하는 가장 기본적 방식이다. 그래서 우리가 신성적 '형식'들을 고찰해 보면 마침내 이 형식으로 돌아오게 되는 것이다.[42] 따라서 상반의 일치를 구현하는 상징들은 비록 정도의 차는 있어도 항상 초월적이다. 근본적으로 그들은 종교적이게 된다.[43] "모든 상반되는 것들이 그 속에서 화해가 이루어지고 (또는 오히려 초월되고) 하는 이 개념은 사실상 신성의 가장 기본적인 정의

---

41) 니콜라스 쿠사누스에 대한 엘리아데의 관심에 관하여, *Autobiography/ Mircea Eliade: Vol. I, Journey East Journey West*, 1907-1937, San Francisco: Harper & Row, 1981, p, 292; *Ordeal by Labyrinth*, p. 21, cf. *The Two and One*, London: Harvill Press, 1965, pp. 80-81 참조.

42) 신성에 대한 가장 기본적 정의로서 상반의 일치에 관하여, *Patterns in Comparative Religions*, p. 419 참조.

43) 이것은 특히 엘리아데의 상반의 일치 개념과 융(Jung)의 개념을 구별시켜 준다. 즉 엘리아데는 융의 개인화(individuation) 과정을 '일종의 상반의 일치'로 언급하지만, 그럼에도 불구하고 상반의 일치를 심리학적 과정 이상의 무엇으로 생각하고 있다. *The Two and One*, p. 81; Ricketts, M. L., "The Nature and Extent of Eliade's 'Jungianism'", *Union Seminary Quarterly Review*, 25, 1970, p. 232 참조.

를 구성하고, 또 그것이 얼마나 철저하게 인간성과 다른 것인가를 보여 주지만, 그럼에도 상반의 일치는 일정한 타입의 종교인들과 또 종교 경험이 차지하는 일정한 형식들의 원형적 모델이 된다.”[44] 그러므로 엘리아데는 인간적 관심에서부터 종교학의 전 분야를 두루두루 거치면서 상반의 일치의 의미를 탐구하려 한다.

　　구원론적으로 말해서 상반의 일치라는 상징은 인간 개인의 실제 상황, 즉 인간적 조건이라고 하는 것에 대한 깊은 불만을 반영한다.[45] 인간은 성스러움으로부터 단절되었다고 느낄 때, 종종 그의 속세적 조건들 속에 있는 갈등들의 본질을 스스로에게 적절히 설명하는 것이 어렵다는 것을 알게 된다. 인간은 적절히 이해되지 않는 상황 속에서는 진정으로 존재할 수는 없다. 왜냐하면 그런 상황에서는 의미가 없기 때문이다. 그것은 반드시 유태기독교적 의미에서는 아니더라도 온 인류에게 치명적인 재난이요, 또 세계의 구조 속에 있는 존재론적 변화를 뜻하므로 분명히 ‘타락’이라고 할 수 있을 것이다. 그러므로 ‘타락한’ 인간들은 항상 태초 타락 이전의 미분화된 세계의 상태를 회복시키려 하는 것이다. 즉 그들은 부단히 실낙원을 향한 동경심, 다시 말해서 역설적인 상태를 향한 동경심을 표현한다. 그 속에서는 상반되는 것들이 갈등 없이 나란히 존재하고, 또 그것들의 증가는 신비스러운 통일성의 측면들을 형성하기 때문이다.

---

44)　원형적 모델로서의 상반의 일치에 관하여, *Patterns in Comparative Religions* p. 419 참조.

45)　따라서 화해되고 초월되는 상반된 것들이 속세적 · 역사적 존재의 상황들이다. 물론 이것은 Altizer가 그랬듯이 성과 속의 양자를 포함하도록 확대될 수는 없다. cf. Ricketts, M. L., “Mircea Eliade and the Death of God”, *Religion in Life*, 1967, p. 49 참조.

결국 상반의 일치라는 상징들은 상반되는 것들을 하나의 일원적 실재의 상호 보충적 측면들로 생각하게 하면서, 상실된 (태초의) 통일성을 반복적으로 보여 주고 있는 것이다. 인간은 상반의 일치라는 상징들로 인해서 그의 특수한 삶의 상황이 지니는 한계들로부터 해방되고, 또 초인간적 삶의 양식을 다시 획득할 수가 있는 것이다.[46]

물론 인간의 종교생활은 아주 고대 단계의 문화에서도 복잡하게 나타난다. 종교생활의 복잡성은 이후 외부 영향의 결과가 아니다. 어떤 면에서 보면, 종교 경험의 다양성은 태초부터 인간 조건과 공존해 왔다.[47] 그러한 인간의 종교 경험의 다양성에도 불구하고, 엘리아데에게 여러 종교 경험들의 구조는 항상 똑같다. 모든 신화, 제의와 상징은 다양하게 특징지어지는 조건들의 주어진 체계를 폐기하고 '전체적 존재'(total being)의 양식에 도달하기 위해서 특수한 상황으로부터 나오려는 인간의 욕망들을 반영하고 있다. 엘리아데에 의하면, 이러한 '전체성'은('주신제'나 '혼돈'에서처럼) 태초의 미분별의 상태나 자신의 영혼 속에 있는 나라에 도달한 사람이 느끼는 자유와 축복(jivan mukta)의 상태로 대표될 수 있다.[48] 그러나 사실상 인간의 종교 생활에 대한 모든 도식화는 전체화를 요하는 일종의 종합 작용을 전제한다.[49] 이것은 성과 속, 이분법에 의해 특징지어지는

---

46) 상반의 일치에 대한 구원론적 의미에 관하여, *The Two and One*, pp. 122-123 참조.

47) 종교생활의 근본적인 복잡성에 관하여, "Structures and Changes in the History of Religion", pp. 351-352; *Myths, Dreams and Mysteries*, p. 133 참조.

48) *Yoga*, passim, *Shamanism*, p. 413; *Occultism Witchcraft and Cultural Fashions*, p. 103.

49) 전체성에 관하여, *Yoga*, passim, *The Two and One*, p. 123; *The Quest*, pp. 80-81 참조.

모든 인간의 종교 경험들의 구조가 현상 세계에 있는 다양성과 분할의 환상에 맞서 있는 전체성, 즉 통일성에 관한 초월의식적 지식에 뿌리박고 있기 때문이다. "어떠한 차원에서 실현되든 간에, 상반된 것들을 접속시키는 것은 현상세계를 초월하고 이중적인 것에 대한 모든 경험을 폐기하는 것을 뜻한다."^(오늘날까지 전통적으로) 쓰인 이미지들은 태초 미분화의 상태로의 복귀를 암시한다." 예컨대 일단 '우주화'가 성취되면, 성년제의에 참여하는 젊은이는 "해와 달을 통일시키고 전체로서의 우주를 경험하는 데 온 정력을 다 쏟아 넣는다. 그는 세계가 만들어지기 전에 있었던 태고의 통일성을 혼자 힘으로 자신 안에 다시 만들어 내는 것이다." 태초에는 아무도 손대지 못한 전체성이 있었다. 수많은 창조신화들은 기원적 상태(즉 '혼돈')를 어떠한 (별도의) 모습으로 구별될 수 없는 꽉 차고 동종인 덩어리로 나타내고 있다. 그러나 혼돈의 상태는 사실상 어떠한 (별도의) 모습들이 창조되기 이전에 존재했던 것이 아니라, 모든 모습들이 합병되는 미분화의 존재 상태를 의미한다.[50]

달리 말해서 종교 상징들에 대한 연구는 세계의 통일성을 발견하게 해주고, 또 세계를 통합시키는 일부분으로서의 자신의 적절한 운명을 노출시킨다. 즉 종교 상징은 동일화(homologization)의 가장 중요한 역할을 수행하는 것이다. 종교의 상징체계는 근본적으로 "다원적 의미성(multivalence), 즉 즉흥적 경험의 차원에서는 그 통일성이 분명하지 않은 여러 의미들을 동시에 표현할 수 있는 능력"

---

50) 이런 점에서, 태초 미분화 상태로의 복귀는 과거로의 단순한 퇴행으로 이해되지 않아야 한다. 오히려 이상적인 상태로의 변증법적 진보를 뜻할지 모른다. 태초의 미분화 상태에 관하여, *Patterns in Comparative Religions*, p. 420; *Yoga*, pp. 267-270; *The Two and One*, p. 114 참조.

으로 특징지어진다. 특히 그것은 "다른 어떤 방식으로도 표현될 수 없는 궁극적 실재의 역설적 상황이나 독특한 양태"를 표현해낼 수가 있는 것이다.[51] 이것이 바로 상반의 일치의 원리이다. 사실상 "그것들이 주요 철학적 개념이 되기 이전에, 일자(the One), 통일성 그리고 전체성은 신화와 신앙들 속에서 계시되고, 제의와 신비적 수법들 속에서 표현되었던 욕망들이다". "인간정신이 발견했던 것들 중 가장 중요한 것은 몇몇 종교상징들을 통해서 인간이 양극적인 것들과 이율배반적인 것들이 하나의 통일된 것으로 표명될 수 있다고 추측하게 되었을 때 참신하게 예견되었다. 그 이후로 우주와 신들에 대한 부정적이고 잘못된 측면들이 정당화될 수 있었을 뿐 아니라, 모든 진정한 실재와 성스러움이 통일되게 모여진 일부로서 나타나게 된다."[52] 요약하자면, 특정한 부족집단이나 독특한 종교의 창조성을 재평가한다는 것은 태초의 통일성을 향한 상반의 일치의 상징들 속에 축적된다는 것이다.

사실상 신성의 양면성(ambivalence)은 온 인류 종교사에 지속되어 온 주제이다. "인도사상은 이러한 양면성을 신성의 이중성 가운데 있는 통일성, 즉 상반의 일치로 해석하려 노력해 왔다." 그리고 신과 부정의 정신 사이의 '공감'(sympathy)과 또 신과 악마들이 그 속에서 형제로 되는 신화들은 잘 알려진 예들이다.[53] 모든 특성들이

---

51)   종교상징의 원리로서의 상반의 일치에 관하여, *Ibid.*, pp. 203, 205-206 참조.

52)   엘리아데의 통일성 개념에 관하여, *Patterns in Comparative Religions*, passim, *Yoga*, passim, *The Sacred and the Profane*, p. 63; *The Two and One*, ch. 2. *The Quest*, pp. 159-163, 169-173 참조.

53)   신성의 양면성에 대한 더 자세한 예는 *The Two and One*, pp. 78-94; *The Quest*, pp. 159-173 참조.

사라지고 상반적인 것들이 합병되었을 때만이 인간과 우주의 재통합은 생겨난다. 이것은 아주 초보적인 수준의 종교생활에도 혼돈적인 주신제(orgy)가 있는 이유이다. 주신제는 형체가 없고 분별이 없는 태초의 상태로의 복귀를 상징한다. 마찬가지로 고행자, 성인 및 인도나 중국의 '신비가'들은 그의 경험과 의식으로부터 모든 '극단적인 것'을 없애버리고 완전한 무관심과 중도적인 상태에 도달하려고 노력하는 것이다. "이렇게 고행과 명상을 통해 극단적인 것들을 초월하려 하는 것은 또한 '상반된 것들의 일치'를 초래하게 된다."[54]

궁극적인 초월상태를 뜻하는 삼매(三昧, samadhi)를 통하여 요가 수행자는 상반된 것들을 초월하고, 공과 과다, 삶과 죽음 및 존재와 비존재(無)를 통합시킨다. "삼매는 단일한 양상 속에 있는 진실된 것의 여러 모습이 재통합된 것, 즉 창조 이전의 분화되지 않은 완전성이라고 할 수 있는 태초의 통일성의 상태에 해당되는 것이다."[55] 탄트리즘에서도 비슷한 주제가 발견된다. 탄트리즘의 절대적 실재도 그 자체에 이중적인 것과 양극적인 것을 포함하고 있으나 절대적 통일성의 상태 속으로 재통합된다. 탄트라 전통에서는 창조가 태초의 통일성을 부수는 것을 의미한다. 모든 고통, 환상 그리고 '굴레'는 이러한 태초의 통일성이 분화되었기 때문이다. 인간이 모든 불행으로부터 해방되려면, 그의 몸속에 있는 양극적 원리

---

54) 인간과 우주의 재통합에 관하여, *Patterns in Comparative Religions*, p. 420; *The Two and One*, p. 179 참조.

55) 삼매에 관하여, *Yoga*, passim, *Patanjali and Yoga*, pp. 52, 90-100, 109-121 참조.

들이 재통합되어야 하는 것이다.[56] "신성의 남녀양성적임(androgyny)은 신성의 이중적 통일성(bi-unity)을 보여 주는 초보적 형식일 뿐이다. 즉 신화적이고 종교적인 사상은 형이상학적 용어나 이론적 용어로, 신성이 가진 하나 가운데 있는 둘(two-in-oneness)과 같은 개념을 표현하기 전에는 생물학적인 양성(bisexuality)의 용어들로 그것을 우선 표현했었던 것이다." 이것은 통일성(즉 전체성) 속에서의 상반된 것들의 공존을 의미한다. 이러한 신성의 남녀양성적임에 대한 신화들은 또한 인간 행위의 본보기적 모델들을 제시한다. 최초 인간의 양성적임은 유대기독교 전통에 있는 아담의 이미지에서 구현되었던 반면에, 그것은 또 오스트레일리아나 태평양 군도에 있는 원시인들은 물론 플라톤과 영지주의적 인간학에서도 발견된다. 또 이것은 인간성의 완벽한 표현으로 생각되는 태초의 상태로 정기적으로 복귀하기 위한 일련의 의례들이 생겨나게 된 이유이기도 하다. 더구나 남녀양성적임은 성년식에서 행해지는 외과적 수술, 주신제 및 '옷 바꿔 입기'와 같은 제의들에서만이 아니라, 연금술의 방법(예컨대, 현자의 돌 'the Philosopher's Stone'의 방식), 독일의 낭만주의, 성적 결합과 사랑 등에서도 달성될 수 있다고 엘리아데는 주장한다.[57]

인간 경험에 대한 종교적인 재평가가 상반의 일치에서 절정에 이르게 되었을 때 모든 문화는 근본적으로 통일성, 즉 전체성을

---

56) 탄트리즘의 절대성, 통일성에 관하여, Yoga, p. 206 참조.

57) 남녀양성적임에 관하여, Patterns in Comparative Religions, pp. 420-425; Myths, Dreams and Mysteries, pp. 176-177; Rites and Symbols of Initiation, pp. 25-26; The Forge and the Crucible, N.Y.: Harper & Brothers, 1962, passim, Shamanism, p. 352; The Two and One, pp. 98-114 참조.

향하여 상호 연관된다.[58] 인간의 종교 경험의 다양성에도 불구하고, 종교들의 기본적 구조는 항상 단일하다. 따라서 원형적 이미지에 대한 관계라는 점에서 다양한 인간 정신의 발달 단계들 속에는 연속성이 있다. 무엇보다도 이렇게 종교들의 기본적 구조가 다르지 않다는 사실은 인간적 조건의 통일성을 노출시켜 줄지도 모른다. 아무튼 엘리아데에게는 이러한 통일성은 결코 신화라고 추방될 수가 없는 일종의 계시이다. 또 엘리아데는 상반의 일치에 의해 대표되는 이러한 통일성이 새로운 초역사적 세계로의 '열림'(openings)을 제공할 수 있다고 확신한다.

　　　이미 기독교에 의한 유럽의 통일에 대해서 많은 것이 언급되어 왔다. 기독교화라는 사실로 인해서, 온 유럽의 신들과 성스러운 장소들은 공통된 이름을 수용하고, 그들 자신의 원형들과 보편적 가치들을 재발견해 왔다.[59] 그러나 진정한 의미에서의 '일치'(ecumenical) 운동을 위해서 서양은 이제 비유럽적 종교들과의 대화를 받아들이지 않을 수 없다. 유럽의 문화적 국지주의가 궁극적으로 초월될 수 있는 길은 결국 '이국적인' 상황을 이해하는 것이다. 그래서 마침내 그것은 근본적인 우주 리듬 속에 있는 성스러움의 표현인 비교파적 종교까지도 일으킬지 모른다. 우리는, 유태교가 출현하기 이전에 세계를 지배했고 아직도 '원시' 및 아시아의 사회 속에 살아 있는 종교 경험 형태인 '우주적 종교성'(cosmic religiosity)과 같은 무언가를 다시 기대할 수도 있다. 엘리아데에 의하면, 이러한 '우

---

58)　문화적 통일성에 관하여, *Ordeal by Labtrinth*, pp. 56, 122, 137 참조.

59)　기독교적 통합에 관하여, *Images and Symbols*, pp. 174-175. cf. 앞에서 언급된 엘리아데의 '우주적 기독교'의 개념은 또한 이런 의미에서 이해되어야 한다.

주적 종교'는 제의의 매개를 통하여 세계를 재창조하기 위하여 세계 자체를 폐기하는 것으로 특징지어진다.[60]

그러므로 종교적 재평가의 마지막 목표는 인간 존재 자신일지도 모른다. 이것은 우리의 편파적인 종교의식을 문화 국지주의를 넘어서 새롭게 '지구화된' 인간 이해로 계속 발전시킴으로써 성취될 수 있다. 이러한 의미에서, 엘리아데의 호모렐리기오수스(homo religiosus) 개념은 아주 중요하다. 오직 '전인'(total man)의 이상에 의해 특징지어지는 호모렐리기오수스만이 보편적인 문화 형태를 정교하게 성립시키는 데 공헌할 수가 있는 것이다.[61] 인간 존재의 종교적 재평가는 보편적 차원으로서의 성스러움을 이해할 것을 요청한다.[62] 결과적으로 엘리아데에게 인간이 본질적으로 인간적인 것과 접할 수 있는 궁극적인 길은 성스러움에 연관되어야 하는 것이다. 인간이 문화적으로 인간적인 것을 부정하고 속된 역사적 존재로 머무는 데서 해방되었을 때, 새로운 (진정한) '인간적인' 존재가 창조될 수 있게 된다.[63] 즉 종교적 재평가에 의한 구원은 새로운 철학적 인간학을 열어 놓은 '신인간주의'(new humanism)에서 절정에 이른다. 그것은 개별 종교전통들의 인간주의를 넘어서 보편적 인간(즉 호모렐

---

60) '우주적 종교'의 개념에 관하여, "The Sacred and the Modern Artist", *Criterion*, 4, 1965, pp. 23-24; *No Souvenirs*, p. 286; *A History of Religious Ideas*, vol. I, p. 355; *Autobiography*, p. 202; Ordeal by Labyrinth, p. 56.

61) 호모렐리기오수스의 개념에 관하여, *The Quest*, p. 8; *Occultism, Witchcraft and Cultural Fashions*, p. 30, cf. Saliba, John, *'Homo Religiosus' in Mircea Eliade: An Anthropological Evaluation*, Leiden: E. J. Brill, 1976 참조.

62) 보편적 차원으로서의 성스러움에 관하여, *The Quest*, p. 9 참조.

63) 본질적으로 인간적이 되는 것에 관하여, *Ordeal by Labyrinth*, p. 148 참조.

리기오수스)의 개념이 실현되는 것으로 요약될 수 있을지도 모른다.[64]

그러나 이것은 여러 문화들 속에 있는 지방적인 인간들이 그들 자신의 종교적 유산을 무시해야 한다는 말은 아니다. 오히려 호모렐리기오수스는 역설적으로 개별 종교맥락 속에 산다. "종교들은 많으면 같아질 것이다. 그러나 그들은 하나이므로, 서로 달라진다. 그래서 '종교들'의 통일성은 결국 인간들이 신에게 접근하는 자신의 방법을 가지게 될 때에야 비로소 보이게 될 것이다."[65] 따라서 엘리아데의 종교적 재평가 개념은 다원적 종교현실을 인정하면서 그 속에 깔려 있는 통일성을 추구하는 것이라고 요약될 수 있다.

---

64) '신인간주의'의 개념에 관하여, *The Quest*, Ch. 1 참조.

65) "Concerning the 'Unseen God' and Other Fragments(from Soliloquies)", In Girardot, N. J. and M. L. Ricketts, eds., *op. cit.*, p. 184.

참고문헌

● 엘리아데의 영어판 저서

A History of Religious Ideas. Vol. I: *From the Stone Age to the Eleusinian Mysteries.* Vol. 2: *From Gaumtama Buddha to the Triumph of Christianity.* Vol. 3: *From Muhammad to the Age of Reforms.* Chicago: University of Chicago Press, 1978, 1982, 1985. [《세계종교사상사1: 석기시대에서부터 엘레우시스의 비의까지》, 이용주 옮김, 이학사, 2005;《세계종교사상사 2: 고타마 붓다에서부터 기독교의 승리까지》, 최종성 & 김재현 옮김, 이학사, 2005;《세계종교사상사 3: 무함마드에서부터 종교개혁의 시대까지》, 박규태 옮김, 이학사, 2005.]

Australian Religions: An Introduction. Ithaca and London: Cornell University Press, 1973.

Autobiography: Vol. 1. Journey East, Journey West, 1907-1937. Translated by Mac Linscott Ricketts. New York: Harper & Row, 1981. *Autobiography: Vol. 2. 1937-1960, Exile's Odyssey.* Translated by Mac Linscott Ricketts. Chicago: University of Chicago Press, 1988.

Bengal Nights. Novel. Translated by Catherine Spencer. New Delhi: Rupa & Co.,
    1993; Chicago: University of Chicago Press, 1994. [《벵갈의 밤》, 이재룡 옮김,
    세계사, 1990.]

Birth and Rebirth: The Religious Meanings of Initiation in Human Culture. Translated
    by Willard R. Trask. New York: Harper & Bros.; London: Harvill Press, 1958.
    Reprinted as Rites and Symbols of Initiation. New York: Harper Torchbooks,
    1965.

Cosmos and History. See The Myth of the Eternal Return. [《宇宙와 歷史: 영원회귀의
    신화》, 정진홍 옮김, 현대사상사, 1976.]

Fantastic Tales, (with Mihai Niculescu) Translated and edited by Eric Tappe, London
    and Boston: Forest Books, 1990, First published by Dillons, London, 1969,
    Includes Eliade's "Twelve Thousand Head of Cattle" and "A Great Man". 「거
    인」,《숲 속의 동화 외: 세계문학총서 5. 루마니아 편》, 김성기 옮김, 한국외국어대학교
    출판부, 1995.

From Primitives to Zen: A Thematic Source Book on the History of Religions.
    London: Collins; New York: Harper and Row, 1967. Reprinted in 1974 in four
    volumes: *Gods, Goddesses, and Myths of Creation; Man and the Sacred;
    Death, Afterlife, and Eschatology; and From Medicine Man to Muhammad*.

Images and Symbols: Studies in Religious Symbolism. Translated by Philip Mairet.
    New York: Sheed & Ward; London: Harvill Press, 1961. [《이미지와 상징: 주술적
    -종교적 상징체계에 관한 시론》, 이재실 옮김, 까치, 1998.]

*Journal 1, 1945-1955; Journal 2, 1957-1969; Journal 3, 1970-1978; Journal 4,
    1979-1985*. Chicago: University of Chicago Press, 1990, 1989, 1989, 1990.

Mephistopheles and the Androgyne: Studies in Religious Myth and Symbol.
    Translated by J. M. Cohen. New York: Sheed & Ward, 1965. Also published
    as *The Two and the One*. London: Harvill Press, 1965. [《메피스토펠레스와 양성
    인》, 최건원 & 임왕준 옮김, 문학동네, 2006.]

Metallurgy, Magic and Alchemy. Cahiers de Zalmoxis, no. I. Paris: Librairie
    orientaliste Paul Geuthner, 1938.

"Midnight in Serampore." See Two Tales of the Occult.

Myth and Reality. Translated by Willard R. Trask. New York: Harper & Row, 1963;
    London: Allen & Unwin 1964. [《신화와 현실》, 이은봉 옮김, 한길사, 2011.]

Myths, Dreams, and Mysteries. Translated by Philip Mairet. New York: Harper &
    Bros.; London: Harvill Press, 1960. [《신화 · 꿈 · 신비》, 강응섭 옮김, 숲, 2006.]

No Souvenirs: Journal, 1957-1969. Translated by Fred H. Johnson, Jr. New York: Harper & Row, 1977. See Journal 2.

Occultism, Witchcraft, and Cultural Fashions: Essays in Comparative Religions. Chicago and London: University of Chicago Press, 1976.

Ordeal by Labyrinth: Conversations with Claude-Henri Rocquet. With an Essay on Brancusi and Mythology (Chicago: University of Chicago Press, 1982).

Patañjali and Yoga. Translated by Charles Markmann. New York: Funk & Wagnalls, 1969.

Patterns in Comparative Religion. Translated by Rosemary Sheed. New York and London: Sheed & Ward, 1958. [《종교형태론》, 이은봉 옮김, 한길사, 1996;《종교사개론》, 이재실 옮김, 까치, 1993.]

Rites and Symbols of Initiation. See Birth and Rebirth.

Shamanism: Archaic Techniques of Ecstasy. Translated by Willard R. Trask. Bollingen Series 76. New York: Pantheon, 1964. Princeton: Princeton University Press, 1972. [《샤마니즘》, 이윤기 옮김, 까치, 1993.]

Symbolism, the Sacred, and the Arts. New York: Crossroad, 1985. [《상징, 신성, 예술》, 박규태 옮김, 서광사, 1991.]

Tales of the Sacred and the Supernatural ("Les Trois Graces" and "With the Gypsy Girls"). Translated by Mac Linscott Ricketts and William Ames Coates. With a Foreword by Mircea Eliade. Philadelphia: Westminster Press, 1981.

The Forbidden Forest. Novel. Translated by Mac Linscott Ricketts and Mary Park Stevenson. Notre Dame: University of Notre Dame Press, 1978.

The Forge and the Crucible: The Origins and Structures of Alchemy. Translated by Stephen Corrin. London: Ridder; New York: Harper & Bros., 1962. [《대장장이와 연금술사》, 이재실 옮김, 문학동네, 1999.]

The Myth of the Eternal Return. Translated by Willard R. Trask. New York: Pantheon, 1954. Reprinted, with new Preface, as Cosmos and History. New York: Harper Torchbooks, 1959. [《영원회귀의 신화: 원형과 반복》, 심재중 옮김, 이학사, 2003.]

The Old Man and the Bureaucrats. Novel. Translated by Mary Park Stevenson. Notre Dame and London: University of Notre Dame Press, 1979. [《만툴리사거리》, 홍숙영 옮김, 전망사, 1982]

The Quest: History and Meaning in Religion. Chicago and London: University of

Chicago Press, 1969. [《종교의 의미: 물음과 답변》, 박규태 옮김, 서광사, 1990.]

The Sacred and the Profane: The Nature of Religion. Translated by Willard R. Trask. New York: Harcourt, Brace, 1959. [《聖과 俗: 종교의 본질》, 이동하 옮김, 학민사, 1994;《성과 속》, 이은봉 옮김, 한길사, 1998.]

"The Secret of Dr. Honigberger." *See Two Tales of the Occult*.

The Two and the One. See Mephistopheles and the Androgyne.

Two Tales of the Occult ("Midnight in Serampore" and "The Secret of Dr. Honigberger"). Translated by William Ames Coates. New York: Herder & Herder, 1970.

Yoga: Immortality and Freedom. Translated by Willard R. Trask. Bollingen Series 56. New York: Pantheon, 1958. Princeton: Princeton University Press, 1969. [《요가: 불멸성과 자유》, 정위교 옮김, 고려원, 1989]

Youth without Youth and Other Novellas ("The Cape," "Youth without Youth," and "Nineteen Roses"). Novel. Romanian Literature and Thought in Translation Series. Columbus: Ohio State University Press, 1988.[《열아홉 송이의 장미》, 김경수 옮김, 천지서관, 1993]

Zalmoxis, the Vanishing God: Comparative Studies in the Religions and Folklore of Dacia and Eastern Europe. Translated by Willard R. Trask, Chicago: University of Chicago Press, 1972.

엘리아데의 영어판 논문

"Afterword", In Nae Ionescu, Roza Vânturilor, Bucharest: Ed. *Cultura Nationala*, 1937.

"Archaic Myth and Historical Man", *McCormick Quarterly* 18(1965): 23~36.

"Comparative Religion: Its Past and Future", *In Knowledge and the Future of Man*, edited by Walter J. Ong, S. J., 245~54, New York: Holt, Rinehart and Winston, 1968.

"Cosmical Homology and Yoga", *Journal of the Indian Society of Oriental Art*
5(1937): 188~203.

"Cosmogonic Myth and 'Sacred History'", Religious Studies 2(1967): 171~83,
Reprinted in Eliade, The Quest: History and Meaning in Religion.

"Crisis and Renewal in History of Religions", *History of Religion*s 5(1965): 1~17.
Reprinted as "Crisis and Renewal" in Eliade, *The Quest: History and
Meaning in Religion.*

"Cultural Fashions and History of Religions", In *Occultism, Witchcraft, and Cultural
Fashions: Essays in Comparative Religions,* 1~17, Chicago: University of
Chicago Press, 1976, Reprinted from *The History of Religions: Essays on
the Problem of Understanding,* edited by Joseph M. Kitagawa, 21~38,
Chicago: University of Chicago Press, 1967.

"Foreword", In Douglas Allen, *Structure and Creativity in Religion,* The Hague:
Mouton Publishers, 1978.

"Fragment autobiographic", *Caete de Dor* 7(1953): 1~13.

"Historical Events and Structural Meaning in Tension", *Criterion* 6, no. 1(1967):
29~31.

"History of Religions and 'Popular' Cultures", *History of Religions* 20(1980): 1~26.

"History of Religions and a New Humanism", *History of Religions* 1(1961): 1~8, This
appears as "A New Humanism" on Eliade, *The Quest: History and Meaning
in Religion.*

"Homo Fabor and Homo Religions", In *The History of Religions: Retrospect and
Prospec*t, edited by Joseph M. Kitagawa, 1~12, New York: Macmillan, 1985.

"Le symbolisme des ténèbres dans les religions archaïques", In Polarités du
symbole, Études Carmélitaines 39(1960): 15~28, Translated as "The
Symbolism of Shadows in Archaic Religions" in Eliade, *Symbolism, the
Sacred, and the Arts,* edited by Diane Apostolos-Cappadona, 3~16, New
York: Crossroad, 1986.

"Literary Imagination and Religious Structure", *Criterion* 17, no.2(1978): 30~34.

"Masks: Mythical and Ritual Origins", In *Encyclopedia of World Art,* Vol. 9, col. 524,
London and New York: McGraw-Hill, 1964, Reprinted in Eliade, *Symbolism,
the Sacred, and the Arts,* edited by Diane Apostolos Cappadona, 64~71,
New York: Crossroad, 1986.

"Methodological Remarks on the Study of Religious Symbolism", In *the History of Religions: Essays in Methodology*, edited by Mircea Eliade and Joseph M. Kitagawa, 86~107, Chicago: University of Chicago Press, 1959, Reprinted as "Observations on Religions Symbolism", in Eliade, *Mephistopheles and the Androgyne: Studies in Religious Myth and Symbol*.

"*Mircea Eliade*"(interview of Eliade by Delia O'Hara), Chicago 35, no.6(June 1986): 147~51, 177~80.

"Myths-and-Symbols Tracer Has a View to Conjure With"(interview of Eliade by Leslie Maitland), *New York Times*(February 4, 1979): 44.

"Nineteen Roses", In *Youth Without Youth and Other Novellas*, edited by Matei Calinescu and translated by Mac Linscott Ricketts, 153~285, Columbus, Ohio: Ohio State University Press, 1998.[『열아홉 송이의 장미』, 김경수 옮김, 천지서관, 1993]

"Notes for a Dialogue", In *The Theology of Altizer: Critique and Response*, edited by J. B. Cobb, 234~41, Philadelphia: Westminster Press, 1970.

"Notes on the Symbolism of the Arrow", In *Religion in Antiquity Essays in Memory of Erwin Ramsdell Goodenough*, edited by Jacob Neusner, 463~75. Leiden: E. J. Brill, 1968.

"On Understanding Primitive Religions", In *Glaube, Geist, Geschichte: Festschrift* für Ernst Benz, edited by Gerhard Muller and Winfried Zeller, 498~505, Leiden: E. J. Brill, 1967.

"Preface", In Thomas N. Munson, *Reflective Theology: Philosophical Orientations in Religion*, New Haven: Yale University Press, 1968.

"Recent Works on Shamanism: A Review Article", *History of Religions* 1, no. 1(1961): 152~86.

"Sacred Tradition and Modern Man: A Conversation with Mircea Eliade", *Parabola* 1, no.3(1976): 74~80.

"Structures and Changes in the History of Religions", Translated by Kathryn K. Atwater, In *City Invincible*, edited by Carl H. Kraeling and Robert M. Adams, 351~66, Chicago: University of Chicago Press, 1960.

"Survivals and Camouflages of Myths", *Diogenes* 41(1963): 1~25, Reprinted in Eliade, Myth and Reality.

"The Cape", In *Youth Without Youth and Other Novellas*, edited by Matei Calinescu and translated by Mac Linscott Ricketts, 3~47, Columbus, Ohio: Ohio State

University Press, 1988.

"The Dragon and the Shaman: Notes on a South American Mythology", In *Man and His Salvation: Studies in Memory of S. G. F. Brandon*, edited by E. J. Sharpe and J. R. Hinnells, 99~105, Manchester: Manchester University Press, 1973.

"The Myth of Alchemy", *Parabola* 3, no. 3(1978): 7~23.

"The Quest for the 'Origions' of Religion", *History of Religions* 4(1964): 154~69. This appears in Eliade, *The Quest: History and Meaning in Religion*.

"The Sacred and the Modern Artist", *Criterion* 4, no. 2(1965): 22~24.

"The Sacred in the Secular World", *Cultural Hermeneutics* 1(1973): 101~13, The title of this Journal was changed to P*hilosophy and Social Criticism* in 1978.

"The Yearning for Paradise in Primitive Tradition", *Daedalus* 88(1959): 255~67, Reprinted as "Nostalgia for Paradise in the Primitive Traditions", in *Myths, Dreams and Mysteries*.

(with Lawrence E. Sullivan), "Hierophany", In The Encyclopedia of Religion, vol. 6, 313~17, New York: Macmillan, 1987.

◉

엘리아데에 관한 저술들

학위논문

Allen, Douglas. *The History of Religions and Eliade's Phenomenology*. Ph.D. dissertation, Nashville, Tennessee, 1971.

Avens, Robert. *Mircea Eliade's Conception of the Polarity "Sacred / Profane" in Archaic Religions and in Christianity*. Ph.D. dissertation, Fordham University, 1970.

DiNardo, Mark A. *A Study of the Role of Symbol in the Writings of Karl Rahner, Mircea Eliade, and H. Richard Niebuhr*. Ph. D. dissertation, Catholic University of America, 1971.

Doeing, A. Dennis. *Mircea Eliade's Spiritual and Intellectual Development from 1917 to 1940*. Ph.D. dissertation University of Ottawa, 1975.

Dudley, Guilford. *Mircea Eliade and the Recovery of Archaic Religions: A Critical Assessment of Eliade's Vision and Method for the History of Religion*. Ph.D. dissertation, University of Pennsylvania, 1972.

Greenberg, Leonard. *Mircea Eliade's Mythology: A Descriptive Analytical Study*. M.A. Thesis, McGill University, Montreal, 1977.

Kraay, Robert Wayne. *Symbols in Paradox: A Theory of Communication Based on the Writings of Mircea Eliade*. Ph.D. dissertation, University of Iowa, 1977.

Saliba, John A. *The Concept of "Homo Religiosus" in the Works of Mircea Eliade: An Anthropological Evaluation for Religious Studies*. Ph.D. dissertation, Graduate School of Arts and Sciences, Catholic University of America, 1971.

Schreiber, David. *The Value of History and of Jesus Christ in the Works of Mircea Eliade*. Union Theological Seminary, Richmond, Virginia, 1969.

Slater, R. George. *The Role of Myth in Religion: A Study of Mircea Eliade's Phenomenology of Religion*. University of Toronto, 1973.

Welbon, Guy Richard. *Mircea Eliade's Image of Man: An Anthropogeny by a Historian of Religions*. M.A. thesis, Northwestern University, 1960.

Wheeler, Carol, R.S.M. *Contrasting Modes of Archaic and Modern Consciousness according to Mircea Eliade*. M.A. thesis, Georgetown University, 1971.

Yrian; Stanley Orton. *Mircea Eliade and a "New Humanism."* Ph.D. dissertation, Brown University, 1970.

단행본

Allen, Douglas. Structure and Creativity in Religion: Mircea Eliade's Phenomenology and New Direction. The Hague: Mouton, 1977.

______. *Myth and Religion in Mircea Eliade*. New York: Garland Pub., 1998. [《엘리아데의 신화와 종교》, 유요한 옮김, 이학사, 2008.]

Allen, Douglas and Doeing, Dennis. *Mircea Eliade: An Annotated Bibliography*. New York: Garlnad, 1980.

Altizer, Thomas, J. J. *Mircea Eliade and the Dialectic of the Sacred*. Philadelphia: Westminster Press, 1963.

Bean, Wendell C., and Doty, William G. eds. *A Mircea Eliade Reader.* New York: Harper/Colophon, 1975.

Cave, David. *Mircea Eliade's Vision for a New Humanism.* New York: Oxford University Press, 1993.

Culianu, Ioan P. *Mircea Eliade.* Assisi: Orizonti Filosofici, 1977.

Dudley, Guilford, III. *Religion on Trial: Mircea Eliade and His Critics.* Philadelphia: Temple University Press, 1977.

Girardot, Norman J. and Ricketts, Mac Linscott. Imagination and Meaning: *The Scholarly and Literary Worlds of Mircea Eliade.* New York: Seabury Press, 1982.

Idinopulos, Thomas A. and Yonan, Edward A. eds. *Religion and Reductionism: Essays on Eliade, Segal, and the Challenge of the Social Sciences for the Study of Religion.* Leiden; New York: E.J. Brill, 1994.

Kitagawa, J. K., and Long, Charles, eds. *Myths and Symbols: Studies in Honor of Mircea Eliade.* Chicago: University of Chicago Press, 1969.

Olson, Carl. *The Theology and Philosophy of Eliade: A Search for the Centre.* New York: Macmillan, 1992.

Rennie, Bryan S. *Reconstructing Eliade : Making Sense of Religion.* Albany: State University of New York Press, 1996.

______. ed. *Changing Religious Worlds: The Meaning and End of Mircea Eliade.* Albany, NY: State University of New York Press, 2001.

______. ed. *Mircea Eliade: A Critical Reader.* London; Oakville: Equinox Pub., 2006.

______. ed. *The International Eliade.* Albany: State University of New York Press, 2007.

Ricketts, Mac Linscott. *Mircea Eliade: The Romanian Roots, 1907-1945.* New York: Columbia University Press, 1988.

Saliba, John A. *"Homo religiosus" in Mircea Eliade: An Anthropological Evaluation.* Leiden: E. J. Brill, 1976.

Strenski, Ivan. *Four Theories of Myth in Twentieth-Century History: Cassirer, Eliade, Lévi-Strauss, and Malinowski.* Iowa City: University of Iowa Press, 1987. [《20세기 신화이론: 카시러 · 말리노프스키 · 엘리아데 · 레비스트로스》, 이용주 옮김, 이학사, 2008.]

비평 작업들

Allen, Douglas. "Mircea Eliade's Phenomenological Analysis of Religious Experience." *Journal of Religion* 52 (1972): 170-86.

Altizer, Thomas, J. J. "Mircea Eliade and the Recovery of the Sacred." *Christian Scholar* 45 (1962): 267-89.

Baird, Robert D. "Phenomenological Understanding: Mircea Eliade." In *Category Formation and History of Religions.* The Hague: Mouton, 1972.

Demetrio, Francisco, S. J. "Mircea Eliade: His Methodology and a Critique." In *Symbols in Comparative Religions and the Georgics.* Ateneo University Publications, no. 3. Manila, 1968.

Dudley, Guilford. "Mircea Eliade as the 'Anti-Historian' of Religions." *Journal of the American Academy of Religion* 44 (1976): 345-59.

Frye, Northrop. "World Enough without Time." *Hudson Review* 12 (959): 423-3l.

Gombrich, Richard. "Eliade on Buddhism." *Religious Studies* 10 (1974): 225-3l.

Hamilton, Kenneth. "Homo Religiosus and Historical Faith." *Journal of Bible and Religion* 33 (1965): 213-22.

Hudson, Wilson M. "Eliade's Contributions to the Study of Myth." In *Tire Shrinker to Dragster*, ed. Texas Folklore Society. Austin, Tex.: Encino Press, 1968.

Long, Charles. "Recent Developments in the History of Religions Field." *Divinity School News* (University of Chicago) 26 (1959): 1-12.

______. "The Significance for Modern Man of Mircea Eliade's Work." In *Cosmic Piety*, ed. Christopher Derrick. New York, 1967.

Luyster, Robert. "The Study of Myth: Two Approaches." *Journal of Bible and Religion* 34 (1966): 235-43.

Maguire, James J. "The New Look in Comparative Religion." *Perspectives* 5 (1960): 8-10.

Mairet, Philip. "The Primordial Myths: A Note on the Works of Professor Mircea Eliade." *Aryan Path* 34 (1963): 8-12.

Micu, Dumitru. "Mircea Eliade as a Romanian Writer." *Lisuba si Literatura Româna* 26 (1977): 63-7l.

"Myths for Moderns." *Times Literary Supplement* (London) 10 February 1966, p.

102.

Progoff, Ira. "Culture and Being: Mircea Eliade's Studies in Religion." *International Journal of Parapsychology* 3 (961): 47-60.

Rasmussen, David. "Mircea Eliade: Structural Hermeneutics and Philosophy." *Philosophy Today* 12 (1968): 138-46.

Ray, Richard A. "Is Eliade's Metapsychoanalysis an End Run around Bultmann's Demythologization?" In *Myth and the Crisis of Historical Consciousness*, ed. Lee W. Gibbs and W. Taylor Stevenson. Scholars Press, University of Montana, 1975.

Reno, Stephen J. "Eliade's Progressional View of Hierophanies." *Religious Studies* (Cambridge) 8 (1972): 153-60.

Ricketts, Mac Linscott. "Mircea Eliade and the Death of God." *Religion in Life*, Spring 1967, pp. 40-52.

______. "Eliade and Altizer: Very Different Outlooks." *Christian Advocate*, October 1967, pp. 11-12.

______. "The Nature and Extent of Eliade's Jungianism." *Union Seminary Quarterly Review* 25 (1970): 211-34.

______. "In Defense of Eliade." *Journal of Religion* 53(973): 13-34.

Smith, Jonathan L. "The Wobbling Pivot: Eliade and the Center." *Journal of Religion* 52 (1972): 134-49.

Welbon, G. Richard. "Some Remarks on the Work of Mircea Eliade." *Acta Philosophica et Theologica* 2 (1964): 465-92.

찾아보기

역자 **김종서**(金鍾瑞)는 서울대학교 종교학과를 나와 미국 캘리포니아대학교(UC Santa Barbara)에서 1983년 박사학위를 받았으며, 한국학중앙연구원 교수를 거쳐 1993년부터 서울대 종교학과 교수로 재직해왔다. 현대종교 이론을 전공하였고, 특히 종교공동체에 대한 연구와 한국종교연구사 분야를 개척해왔다. 한국종교학회 회장을 지냈고, 미국 하버드대, 캘리포니아대(UC Berkeley)와 일본 도쿄대 등에서 객원학자로 연구하고, 일본종교학회에서 그리고 호주국립대 주최 국제학술대회 등에서 기조강연을 하였고, 한국을 대표하여 세계종교학회와 아시아 유럽 종교간 대화회의, 동아시아종교문화학회 등에서 활동해왔다.

주요 저술로는 『현대 신종교의 이해』, 『종교사회학』, 『서양인의 한국종교 연구』, 『Reader in Korean Religion』, 『비교종교학』(역서), 『현대종교학담론』(역서), "Religious Pluralism and the Concept of Religious Revalorization," "A Study of Korean Church History: A Religio-Comparative Perspective," "Inter-religious Conflicts and Religious Education in Contemporary Korea," "Inter-religious Clash and Dynamic Faith in Contemporary Korea," "韓國宗敎と宗敎學" 등이 있다.

미로의 시련 – 엘리아데 입문

2011년 3월 20일 초판 1쇄 발행
2011년 9월 1일 초판 2쇄 발행

지은이 | Mircea Eliade(Claude-Henri Rocquet와의 대화)
옮긴이 | 김종서
펴낸이 | 이찬규
펴낸곳 | 북코리아
등록번호 | 제03-01240호
주소 | 462-807 경기도 성남시 중원구 상대원동 146-8
       우림2차 A동 1007호
전화 | 02-704-7840
팩스 | 02-704-7848
이메일 | sunhaksa@korea.com
홈페이지 | www.bookorea.co.kr
ISBN | 978-89-6324-112-8(93200)

값 20,000원

- 본서의 무단복제를 금하며, 잘못된 책은 바꾸어 드립니다.
- 이 도서의 국립중앙도서관 출판시도서목록(CIP)은 e-CIP홈페이지(http://www.nl.go.kr/ecip)와
  국가자료공동목록시스템(http://www.nl.go.kr/kolisnet)에서 이용하실 수 있습니다.
  (CIP제어번호: CIP2011001331)